노인상담

COUNSELING for the ELDERLY

노인상담

장선철 · 김남원

동 문 사

인구문제가 심각하다. 출산율은 전 세계 꼴찌인데 사회는 빠른 속도로 늙어 가고 있기 때문이다. 저출산 고령화는 전 세계적인 현상이라지만 대한민국의 인구문제는 위기 수준을 넘어 심각한 단계에 와 있다. 인류학자 데이비드 콜먼이 "대한민국이 인구문제를 해결하지 못하면 지구상에서 가장 먼저 소멸되는 나라가 될지도 모른다"고 경고했을 정도다.

대한민국의 인구문제는 크게 두 가지 원인에서 기인한다. 하나는 낮은 취업률과 높은 주거비용 등으로 청년들이 결혼을 기피하거나 출산을 포기하는 것이고, 또 다른 하나는 인구고령화 속도가 유례를 찾아볼 수 없을 정도로 빠르기 때문이다.

저출산 고령화 현상은 인구절벽, 내수붕괴, 청년실업, 부양부담 등으로 이어져 국가가 붕괴될 수도 있는 심각한 문제를 불러온다. 분명한 것은 이와 같은 위기가 미래에 벌어질 일이 아니라 지금 당장 직면하고 있는 현실이라는 점이다.

인구문제는 국가와 사회 전체에 크고 작은 부정적인 영향을 미친다. 특히 약자들에게 더 가혹한 아픔과 상처를 준다. 일반적으로 노인은 사회에서 가장 힘없는 존재로 평가받는다. 미래학자들은 과학기술이 발달하고 변화 속도가 그 어느 시기에 비해 빠른 21세기를 맞아 노인들의 지위는 지금보다 더욱 하락할 것으로 전망한다. 즉, 노인들을 누군가의 도움을 받아야만 하고, 생산자가 아닌 소비자로서만 기능하며, 급변하는 현대사회에 적응하는데 어려움을 겪는 쓸모없는 존재로 바라보는 사회적 시선이 증가할 것이라는 것이다.

필자들은 노인에 대한 이런 오해와 편견을 깨뜨리는데 일조하기 위하여 이 책을 집필하였다. 물론 나이가 들면 젊은 사람들처럼 변화에 잘 적응하여 민첩하게 행동하는 데 어려움이 있다. 그러나 속도가 조금 늦어질 뿐이지 적응하지 못하거나 민첩하게 행동하는 것이 불가능한 것은 아니다. 오히려 노인들은 오랜 시간 축적한 경험과 지혜를 바탕으로 젊은 사람들이 상상하지 못하는 미래

한국사회가 직면한 여러 난제들에 대한 명쾌한 해답을 제시할 수도 있다.

'건강하고 안정된 노년', '고상하고 품위있는 노인', '향기롭고 아름다운 죽음'.

나이가 들면서 잊기 쉬운 이런 삶의 목표를 다시 한 번 일깨움으로 이 세상 모든 노인들이 더욱 아름답고 충만한 삶을 살도록 돕는 심리적, 정신적, 영적 활동이 바로 노인상담의 본질이기 때문이다.

이런 관점에서 노인에 대한 올바른 이해와 노인을 위한 심리상담 서비스를 어떻게 제공할 것인가를 제시하기 위하여 집필한 이 책은 모두 3부로 구성되어 있다. 1부에서는 '현대사회와 노인상담'을 주제로 저출산 고령화의 정의와 개념, 인구문제의 역사, 인구문제가 가져올 노인문제 등과 함께 노인과 노화, 노인상담에 대하여 서술하였다. 2부에서는 노인상담기법과 노인예술치료의 유형과 방법 등을 정리하였다. 또한 노인상담에서 유용하게 활용할 수 있는 노인집단상담 기법과 사례를 소개하였다. 3부에서는 노인문제 영역별 상담을 다뤘다. 노인우울과 자살상담, 노인 성문제와 상담, 노인학대와 상담, 은퇴와 상담, 고부 장서갈등과 상담, 치매와 상담, 죽음과 죽음준비교육에 대한 정의와 이해, 실제적 상담 접근 방법 등을 제시했다.

이 한 권의 책이 이 땅의 모든 젊은 사람들과 노인들이 함께 행복을 노래하고, 희망을 꿈꾸는 일에 보탬이 되길 바란다. 하지만 막상 탈고를 하고 나니 아쉽고 부족한 부분이 너무 많다. 판을 거듭하면서 계속 수정하고 보완해 갈 것이다. 이 책이 세상에 나올 수 있도록 기획에서부터 출판까지 도움을 주신 동문사 이중수 사장님과 유재영 상무님 그리고 편집팀에게 감사를 드린다.

2018년 새해 아침
천잠골 연구실에서
저자 일동

차 / 례

• PART II • 노인상담

• PART III • 노인문제 영역별 상담

차 / 례

PART I

현대사회와 노인상담

01 CHAPTER 저출산 · 고령화와 노인문제

1 저출산·고령화

2006년, 인류학자 데이비드 콜먼(David Coleman)은 "대한민국이 저출산 문제를 해결하지 못하면 지구상에서 인구문제로 가장 먼저 소멸되는 나라가 될지도 모른다"고 경고했다.

대한민국은 6·25 한국전쟁 이후 생겨난 베이비붐 현상과 북에서 월남한 인구가 급증하면서 산아제한정책을 시행하던 나라다. 1950~70년대에는 "덮어놓고 낳다 보면 거지꼴을 못 면한다", "아들 딸 구별 말고 둘만 낳아 잘 키우자", "잘 키운 딸 하나 열 아들 안 부럽다" 등 산아제한 캠페인 붐이 불기도 했다.

1960년대 6명이던 우리나라 출산율이 1980년대 2.8명으로 20년 동안 반 토막이 났다. 그로부터 30여 년이 지난 지금 우리나라 출산율은 1.19명으로 세계에서 손꼽히는 초저출산 국가가 되었다. 이대로 간다면 30년 뒤인 2047년경에는 우리나라 인구가 4천만 명까지 줄어들게 된다.

저출산 문제를 극복하기 위해서 정부가 다양한 정책과 막대한 예산을 쏟아부었는데도 2006년 우리나라 출생률은 1.25명에서 2016년 출생률 1.24명으로 오히려 더 떨어졌다. 그동안 시행되었던 정책과 막대한 예산 지출도 별다른 효과가 없었다.

저출산 문제는 나라의 존립을 걱정할 정도로 심각한 문제이다. 혹자는 저출산과 고령화가 무슨 연관이 있냐고 묻는다. 다음 사례를 읽어보자

> "2030년부터 우리나라 노동인구가 절반으로 줄어든다. 2030년 노동인구(20~60세)가 되는 사람들은 지금 5~45세인데 그 연령대 인구는 30년 전보다 반이나 적다. 노동인구가 줄어들면 그에 맞춰 철도, 지하철, 병원 등 사회 시설들이 줄어야 하는 데 실상은 그렇지 못하다. 노인들의 숫자가 급증해서 2030년에는 병원이나 간호사, 의사가 지금보다 더 많이 필요해진다. 그런데 의사나 간호사 역할을 감당할 인구가 없다. 혹자는 외국인 이민자들을 받아들여 활용하면 된다고 하는 데 그 또한 한계가 있다. 우리 사회가 제대로 기능하려면 생산가능인구와 부양인구 사이의 빈틈을 메꿔야 한다. 이것이 바로 저출산 고령화의 늪이다."

저출산과 더불어 고령화 문제 극복에 우리나라의 미래가 달려 있다. 우리나라는 지금 매우 심각한 저출산·고령화 문제에 직면해 있다. 그것도 세계에서 유례를 찾아볼 수 없을 정도로 빠른 속도로 심각해지고 있다.

1) 인구고령화의 원인

인구고령화는 의료기술 발달로 인한 평균수명 연장과 저출산 현상이 맞물리면서 생겨난 위기이다.

우리나라 합계출산율(가임기 여성 한 명이 평생 동안 낳을 것으로 예상되는 평균 출생아수)은 10년 넘게 1.3명을 넘지 못하고 있다. OECD에서 가장 낮은 수준이다. 여기에 의료기술이 날로 발전하고 있다. 불치병이라는 개념이 난치병으로 바뀐지 오래다. 출생하는 신생아는 적고, 장수하는 노인은 늘어나다 보니 사회구조가 역삼각형 구조로 바뀌고 있다. 이것이 바로 '고령화사회'다.

65세 이상 인구가 전체 인구의 7%를 넘으면 '고령화사회', 14%를 넘으면 '고령사회', 20%를 넘으면 '초고령사회'라고 한다. 우리나라 노인인구는 2018년 14.3%를 넘어 2026년 20.8%에 도달할 것으로 관측되고

있다. 전 세계에서 이렇게 빨리 인구고령화가 진행된 전례가 없다.

고령화사회는 다양한 차원의 사회문제를 유발한다. 노인들에게는 빈곤, 질병, 고독, 소외라는 4중고(四重苦)에서 벗어나는 문제가, 젊은 세대에게는 부양문제를 어떻게 해결할지가 대단히 중요해졌다. 2007년에는 우리나라 생산가능인구(15~64세) 7명이 노인(65세 이상) 1명을 부양했는데 2030년에는 생산가능인구 2명이 노인 1명을, 2050년에는 생산가능인구 1.4명이 노인 1명을 부양해야 한다. 여기에 거대인구 집단인 베이비부머(baby boomer) 세대들이 한꺼번에 은퇴하고 노인인구로 편입되는 2018년부터 2020년 사이에는 인구절벽 현상이 발생할 것으로 예상되고 있다.

- 고령화사회(65세 이상 인구 비율 7%)
- 고령사회(65세 이상 인구 비율 14%)
- 초고령사회(65세 이상 인구 비율 20%)

2) 저출산의 원인

이미 많은 사람들이 저출산·고령화 문제가 심각하다는 것을 인식하고 있다. 2013년 출생통계에 따르면 서울시 합계출산율이 0.968명으로 전 세계 최하위를 기록했다. 출산이 가장 낮은 나라가 '대한민국'이고, 최하위 출산율을 보유한 도시는 '서울'이다. 서울시 합계출산율 0.968명은 서울에 거주하는 여성들이 일생동안 아이 1명도 낳지 않는다는 것을 의미한다.

출산율이 높아져야 고령화 문제 해법을 찾을 수 있다. 따라서 저출산·고령화 문제 극복을 위해서는 먼저 청년문제 해결이 급선무다. 그렇다고 청년들에게 결혼을 장려하고, 출산을 독려하면 될 것 아니냐 식으로 접근한다면 문제해결의 실마리조차 찾기 어렵다. 저출산 현상은 청년실업과 만혼, 인식 변화와 안정적으로 자녀를 키울 수 있는 환경 부족 등에서 그 원인을 찾을 수 있다.

(1) 청년고용 한파

저출산의 가장 큰 원인은 '청년고용 한파'이다. 기업들이 활력을 잃으면서 일자리 사정이 갈수록 악화되고 있다. 이에 따른 청년 실업률이 IMF 이후 최고 수준으로 지속되고 있다. 통계청에 따르면 2017년 4월 우리나라 청년 실업률은 11.2%로 전년 동기대비 0.3%포인트 상승했다. 외환위기(1998년 11.8%)이후 19년 만에 최고치를 기록했다. 우리나라 전체 실업률도 1년 전에 비해 0.3%포인트 상승한 4.2%로 2000년(4.5%) 이후 17년 만에 최고치를 보였다. 청년들이 안정적으로 경제활동을 해야 연애를 꿈꾸고 결혼을 소망하며 자녀출산을 기대하는 데, 그 시작점인 경제활동에 진출하지 못한 청년들이 늘어나면서 결혼율과 출산율이 낮아지고 있다. 결혼 연령이 늦어지는 만혼도 그 근원을 불안정한 청년들의 경제활동에서 찾을 수 있다.

(2) 만혼

만혼(晩婚)은 말 그대로 결혼연령이 증가하는 것을 의미한다. 자녀를 더 낳고 싶어도 나이가 많아서 더 낳을 수 없기 때문에 저출산의 원인이다. 2016년 1~2월 우리나라 혼인 건수는 4만 9,300건으로 전년보다 5.2%로 줄었다. 혼인연령 고령화도 뚜렷해졌다. 2015년 평균 초혼연령은 남자 32.4세, 여자 29.8세였다. 10년 전 남자 30.5세, 여자 27.5세에 비해 약 2년가량 늦어졌다. 초혼연령 고령화는 곧바로 저출산으로 이어진다. 한 통계자료에 의하면 30세 이하 결혼한 여성이 평균 2명의 자녀를 두는 반면 35~39세 사이에 결혼한 여성은 평균 0.8명의 자녀를 둔 것으로 나타났다.

(3) 막대한 생활비와 양육시설 부족

결혼해도 살 집이 없고, 아이를 낳아도 믿고 맡길 곳이 턱없이 부족한 것도 저출산의 원인이다. 집값은 천정부지로 오르는데 월급은 제자리걸음에, 직장마저 안정적이지 않다. 여기다 막대한 자녀양육비까지 가중되고 있다. 정부에서 자녀양육 비용을 보조해주는 제도를 시행하고 있지만 자녀양육 비용부담을 해소해 줄 수 있는 수준이 못된다. 상황이 이렇다보니 많은 청년들이 연애, 결혼, 출산을 아예 남의 일로 생각하고 시도조차 하지 않고 있다. 연애, 결혼, 출산뿐만이 아니다. 인간관계, 내 집 마련도 포기하고 있는 실정이다. 이와 같은 현상을 보이는 청년들을 '5포세대'라고 부르기도 한다. 취업난과 불안정한 일자리, 천정부지로 치솟는 집값, 물가상승에 따른 생활비 지출 등이 가중될수록 저출산 현상도 심화될 수 밖에 없다.

(4) 여성들의 인식 변화

여성들의 인식 변화도 저출산의 또 다른 원인이다. 자아실현이냐 자녀 양육이냐를 두고 선택하는 여성들이 늘고 있다. 자녀를 낳으면 꿈을 포기해야 하고, 꿈을 선택하면 자녀 낳는 것을 포기해야 한다는 의식부터 바꿔야 한다. 이를 위해서는 엄마로서의 삶이 얼마나 가치 있고 귀한지를 인정해주고, 깨닫게 해줘야 한다. 또한 자녀는 국가와 가정이 함께 키운다는 패러다임을 정착시킬 필요가 있다. 국가와 가정이 공동으로 육아를 책임지는 시스템이 도입되어야 저출산 문제 극복을 기대해 볼 수 있을 것이다. 이와 더불어 안전하고 안정적으로 자녀를 키울 수 있는 환경을 제공해줘야 한다. 아이 키우는 부모라면 누구나 공감하고, 체감할 수 있는 실질적인 정책과 제도가 뒷받침 되어야 한다. 예를 들어, 맞벌이 부부를 위하여 국가에서 적은 비용으로 늦은 시간까지 아이를 돌봐주는 방과후 프로그램을 운영하는 제도 등을 생각해 볼 수 있다.

2 인구문제

1) 인구절벽과 생산가능인구 감소

인구절벽은 미국의 경제전망전문가 해리 덴트(Herry Dent)가 고안한 용어인데, '생애주기에서 소비가 정점을 찍는 47~48세 연령대가 줄어드는 시기부터 경제가 급격히 둔화한다'는 뜻이다. 인구절벽 현상이 발생하면 내수가 확연하게 줄어들면서 경제에 심각한 타격을 줄 수밖에 없다. 사람들의 소비가 줄어들면 자연스럽게 극장, 학교, 부동산, 음식점 등 수많은 사업들이 줄도산 할 게 뻔하다. 사업뿐만이 아니다. 사회 모든 영역에서 심각한 경제적 타격을 입을 수밖에 없다.

우리나라는 2018년부터 소비가 얼어붙고, 연금을 내는 사람보다 연금 받을 사람이 많아지는 인구절벽 현상이 시작될 것이라고 한다. 지금부터라도 인구문제를 철저하게 대비하지 않으면 심각한 위기를 자초할 수밖에 없다.

아이 한 명이 태어나서 은퇴할 때까지 사회에 기여하는 경제적 효과가 약 13억 원이라고 한다. 그렇기에 인구가 줄어드는 현상은 그리 단순한 문제가 아니다. 정치, 경제, 사회, 문화, 종교적으로 매우 심각한 문제이다. 인구가 30년마다 반씩 줄어들면 사회 전반에 걸쳐 지각 변동을 가져올 것이고, 그 어떤 영역도 부정적인 영향에서 피해갈 수 없을 것이다. 많은 기업들이 문을 닫게 될 것이고, 학생수가 감소해서 문을 닫는 학교들이 속출하게 된다.

1945년 해방되던 때만 해도 한반도 인구는 2천만 명이 되지 않았다. 그러나 베이비붐 시대를 거치면서 남북한 인구를 합치면 7천5백만 명까지 치솟았다. 불과 70여 년 사이에 인구가 4배나 증가했다. 이 같은 현상도 유례를 찾아보기 힘든데 15년 전부터 상황이 역전됐다. 기우로 그칠 줄 알았던 저출산 문제가 심각한 사회문제로 부각되기 시작했다.

이제 대한민국은 저출산 공포에 직면해 있다. 저출산 문제는 비단 가정만의 문제가 아니다. 정치, 경제, 사회 전반에 걸쳐 심각한 위협을 초래하는 국가적인 위기다. 한국의 출산율은 세계 224개국 중에서 219위다. 그것도 모자라 매년 최하위를 향해 달리고 있다. 여기에 엎친 데 덮친 격으로 우리나라 인구고령화 속도는 세계에서 가장 빠르다. 우리나라보다 20년 먼저 인구고령화를 경험한 일본이 고령화사회에서 고령사회(14%)로 진입하는 데 25년, 초고령사회(20%)로 진입하는 데 11년 걸렸다. 그런데 우리나라는 고령사회로 가는데 18년, 초고령사회로 가는데 불과 8년 밖에 걸리지 않는다.

우리나라는 2017년부터 생산가능인구(15~64세)가 감소하고, 전체인구 중 65세 이상 고령자 비율이 14%를 돌파해 고령사회로 들어설 전망이다. 나라가 빠르게 늙어가면서 경제활동의 주축이 되는 인구도 줄어든다. 소비가 위축되고 축소되는 인구절벽 현상이 코앞으로 다가왔다.

일본은 우리나라보다 먼저 저출산·고령화에 따른 인구절벽을 경험했다. 일본은 1990년대 초 인구절벽이 시작됐다. 일본의 단카이 세대(1947~1949년 사이 태어난 베이비붐 세대) 소비가 1993년 정점을 찍고 내리막길로 돌아섰다. 그때부터 일본의 자산, 부동산 시장이 얼어붙기 시작했다. 생산가능인구 감소가 얼마나 큰 위기를 초래하는지를 적나라하게 보여 주는 사례이다. 그때부터 일본 경제가 심각하게 침체된 '잃어버린 20년'이 시작됐다. 당시 일본 경제는 그 어디에도 출구가 보이지 않을 지경이었다.

일본이 타산지석이다. 한국이 일본의 선례를 그대로 따라가서는 안 된다. 이를 위해서는 저출산·고령화, 인구절벽 문제를 국가에게만 해결하라고 손을 놓고 있어서는 안 된다. 정부와 사회가 힘을 합쳐야 극복할 수 있다. 누가 먼저라고 할 것 없이 하루 빨리 발 벗고 나서야 한다.

2) 인구문제의 역사

인류의 인구문제는 어제 오늘일이 아니지만 역사학자들은 20세기 후반부터 세계경제와 사회에 매우 큰 영향을 미쳤다고 지적한다.

1945년 2차 세계대전 직후 유럽은 폐허로 변했다. 수많은 집, 도로, 공장들이 사라졌다. 이러한 상황은 분명 비극이었지만 장점도 있었다. 일감이 많아졌기 때문이다. 2차 세계대전 이후 폐허가 된 사회를 복구하기 위해서는 누가 필요할까? 일차적으로 20~60세 사이의 힘센 남자들이 중심이 된다. 그런데 이 인력들은 전쟁 중에 가장 많이 희생당한 연령대들이다. 따라서 2차 세계대전 직후 젊은 남성근로자들의 몸값이 금값보다 비쌌다. 당시 유럽에서 근로자의 의견이 존중될 수밖에 없는 사회주의가 자리 잡은 이유도 이 때문이다. 당시 근로자들은 두둑한 휴가, 든든한 연금 등이 보장되지 않으면 일하는 것을 거부했다. 지금으로서는 상상도 못할 일이지만 그때는 그랬다.

그로부터 수십 년이 지났다. 국토가 완전히 복구됐다. TV, 자동차, 가구 등도 갖춰졌다. 기술도 눈부시게 성장했고 생활도 윤택해졌다. 그런데 단점이 생겼다. 인구는 증가했는데 일감이 줄어드는 세상이 되어버렸기 때문이다. 20세기 후반부터 일감이 줄기차게 줄어들었는데 인구는 계속 증가했다. 이 세대를 '베이비붐(Baby boom) 세대'라고 한다. 2000년대 가까이 되면서 일감은 바닥을 치고 인구 증가는 정점을 찍었다. 21세기에 들어서면서는 청년 일자리 부족현상이 전 세계적인 사회문제가 됐다.

3) 우리나라의 인구문제

우리나라는 1960년대가 되면서 출산율이 급증했다. 1945~1950년 사이 출생자가 200만 명이었는데 1960~1965년 사이 출생자는 400만 명으로 두 배나 뛰었다. 6.25 전쟁이 끝나고 사회가 안정되자 인구가 급속히 늘기 시작했다. 보건, 의약, 교육 등 생활수준이 향상되면서 출산율이 증가했을 가능성이 크다. 문제는 서양에서는 인구가 수백 년에 걸쳐 서서히 증가했는데 우리나라는 급속도록 증가했다는 점이다. 한국의 급속한 인구 증가는 인류역사에서 그 유례를 찾아보기가 힘들 정도다. 급속한 인구 증가는 사회 전반에 엄청난 문제를 야기했다. 베이비붐 세대가 10세, 20세, 30세로 성장하면서 다음과 같은 문제들이 차례대로 일어났다.

(1) 베이비붐 세대의 탄생과 학창시절

처음에는 산부인과 수요가 급증했다. 엄청난 출산 인파가 한꺼번에 몰려들면서 당시 산부인과 의사들은 행복한 비명을 질렀다. 그렇게 태어난 베이비붐 세대가 10살이 되면서 학교가 부족하게 됐다. 학생들이 갑자기 늘어나면서 콩나물교실이 되었고, 2부제, 3부제 수업이라는 웃지 못할 진풍경이 벌어졌다. 교사 일인당 담당해야 하는 학생수가 워낙 많아지다 보니 교육의 질이 떨어지게 됐다.

(2) 베이비붐 세대의 대학입시

베이비붐 세대가 20살이 되면서 대학 진학을 포기해야 하는 인구가 많아지게 됐다. '입시지옥'이 여기에서부터 시작됐다. 우리나라는 오랫동안 유교의 엄격한 신분제 속에 살아왔기 때문에 양반이 아닌 사람이 학사모를 쓰지 않으면 사람대접 못 받는 세상 속에서 살아왔다. 이러한 차별을 뼈저리게 경험한 부모들은 못 배운 것이 한이 되었다. 그래서 대다수의 부모들이 어떤 희생을 무릅쓰고라도 자녀를 대학에 진학시키려고 했다. 그러다 보니 대학입시가 무한 경쟁체제가 되었고, 사교육 시장이 크게 성장했다. 좋은 학원이 밀집한 지역은 부동산 값이 크게 뛰었다. 당시 우리나라 대학이 70개에서 250개로 늘었다. 국내 교육에 실망한 부모들은 외국 중고등학교, 대학교로 유학을 보냈다. 서울 소재 대학에 진학하지 못한 학생들도 부지기수로 나왔다. 서울 학생이 지방으로 유학을 가는 일이 다반사였다. 변별력이 높아야 학교 간, 학과 간 배정이 가능하다 보니 대학입시는 갈수록 어려워졌다.

(3) 베이비붐 세대의 사회진출

베이비붐 세대가 30세에 다다르면서 대학을 졸업하고, 군복무를 마치고 직장 문을 두드리는 나이가 됐다. 많은 대학 졸업생들이 직장 문을 두드리다보니 취업문이 좁을 수밖에 없었다. 이 시기 법대 졸업생을 위해 사법고시 정원을 500명에서 1,000명으로 늘렸다. 사범대 졸업생들을 위해 기존 교사들의 정년을 조정했다. 현역병이 넘쳐나다 보니 그들 모두를 전선에 배치할 수 없어 의경 제도가 등장했다.

베이비붐 세대가 40세에 도달했는데도 그 나이까지 직장을 구하지 못한 청년들이 누적되기 시작했다. 이때부터 일자리문제가 사회문제로 대두됐다. 21세기에 들어서면서 이제는 베이비붐 세대들이 은퇴를 하고 있다. 앞으로 은퇴자의 복지, 은퇴자의 연금 등이 화두가 될 수밖에 없다.

4) 인구 증가와 저출산

인구가 과도하게 증가하면 사회적 피로감 때문에 저출산이 뒤따르게 된다. 인구가 급격하게 늘면서 한정된 자원과 일자리를 두고 경쟁이 격화될 수밖에 없다. 경쟁이 격화되면 물가가 올라가고, 취업문이 좁아지고, 더 높은 스펙을 쌓기 위해 교육비가 올라가게 된다. 자녀나 부모 모두 삶의 질이 떨어지게 된다. 내가 이렇게 야박하고 격렬한 세상에 애를 굳이 낳아야 되는지 회의하는 젊은이들이 늘기 시작한다.

500년 전 영국에서도 인구가 크게 증가했는데 그때도 저출산 문제를 동반했다. 영국은 1520년 250만 명이던 인구가 1680년 500만 명으로 두 배 늘었다. 이 기간 동안 영국에서는 농산품 값이 6배로 뛰었다. 소출은 유한한데 인구가 두 배로 늘어나니까 농산물 값이 6배나 뛰었다. 반면 노동자의 실질임금은 절반으로 줄었다. 인구가 두 배나 증가했기 때문이다. 지주들은 아무런 노력 없이도 수입이 6배나 뛰었고, 근로자 수입은 반으로 줄었다. 그 결과 양극화가 진행됐다. 젊은이들의 결혼 연령도 급속히 올라갔고, 저출산으로 이어졌다. 영국의 인구가 급속히 늘어나자 식량수요가 급증했고, 이는 다시 생산성 향상을 위한 인센티브 제도로 이어졌다. 이때 종자를 개량하는 기술, 토양 개량 기술, 2모작 기술 등이 개발됐다. 이것이 바로 농업혁명이다. 소출이 늘어나자 임금이 올라갔다. 임금이 올라가자 구매가 늘었고, 이는 산업혁명으로 이어졌다.

우리나라 베이비붐도 영국처럼 저출산 문제로 이어졌다. 1970년대 매해 100만 명 이상 출생하던 신생아가 최근에는 매 40만 명 이하로 줄어들었다. 우리나라 저출산 문제는 1997년 IMF 외환위기 이후 두드러졌다. IMF 사태가 일어나자 경제적인 어려움 때문에 젊은이들이 결혼을 늦추고, 자녀도 적게 낳기 시작했다.

우리나라에서 저출산 현상이 두드러지기 시작한 1997년에 태어난 세대들이 성장하면서 사회문제들이 생겨나기 시작했다. 1997년 이후 산부인과가 부지기수로 문을 닫았다. 그로부터 10년 뒤 지난 2007년부터 학급당 학생수가 반으로 줄었다. 전국에서 문을 닫는 학교가 부지기수로 나오게 됐다. 학생수가 줄어들면서 앞으로는 수학능력시험 난이도가 높을 필요가 없어진다. 수능을 못 봐도 얼마든지 대학에 들어갈 수 있는 길이 열리게 된다. IMF 사태 이후 20년이 지난 2017년부터는 대학 신입생이 대폭 줄어들기 시작한다. 이러한 추세가 이어지면서 앞으로는 대학 등록금 수입이 절반으로 줄고, 반값 등록금 압력까지 가해져 많은 대학들이 폐교하게 될 것이다. 수많은 교수와 직원들이 직장을 잃을 것이다.

또 군대 입영 대상자들이 줄어드니 군복무 기간을 늘려야 한다는 목소리가 나오게 된다. 그래도 못 채우는 군인은 직업군인으로 대체해야 한다는 대안이 나오게 될 것이다. 저출산 세대보다 앞서 태어난 베이비부머 세대는 아직도 많은 수가 직장에서 현역으로 일하고 있기 때문에 20~30대들의 비정규직 취업이 늘어날 수밖에 없다. 이러한 이유로 정규직과 비정규직의 갈등이 심화될 가능성이 농후하다. 2030년이 되면 IMF 출생 세대가 30세를 넘게 된다. 2030년이 되면 세상은 어떻게 바뀔까? 2030년이 되면 15개 경제대국 대부분이 저출산으로 인력부족 문제를 겪게 된다고 예상하고 있다. 아마도 우리나라는 인구부족 문제가 가장 심각한 나라가 될 전망이다.

3 인구고령화

대한민국이 정말 빠른 속도록 늙고 읽다. 이미 고령시대에 진입했다. 고령화사회가 되면 다양한 사회문제에 직면하게 된다. 경제문제, 부양문제, 노인들의 삶의 질 문제, 세대 간 갈등문제 등이 바로 그것이다. 다가오는 고령화의 물결이 어떤 파도를 일으킬지 불안하다. 손 놓고만 있을 문제가 아니기 때문에 정부와 지역사회가 앞다퉈 고령화사회를 대비하는 정책들을 내놓고 있다. 고령화사회를 이해하려면 그 실태부터 파악해야 한다.

1) 100세 시대 축복일까? 저주일까?

바야흐로 100세 시대다. 축복일까? 저주일까? 단언컨대 준비 없이 맞이하는 100세 시대는 저주다. 서울대학교와 메트라이프가 공동으로 베이비부머(1946년 이후 1965년 사이에 출생한 사람들) 3,783명을 대상으로 노후준비를 얼마나 잘 하고 있는지에 대해 조사한 결과, 100점 만점에 평균 62.22점을 받았다. 낙제 수준이다. 사회적 관계(68.62점), 건강(66.36점), 심리(61.3점), 재정(52.6점) 순이었다.

특히 재정 문제가 심각했다. 베이비부머 세대들은 왜 노후준비를 하지 않았을까? 100세 시대를 예측하지 못해서일까? 아니다. 하지 않은 것이 아니라 못한 것이다. 자녀 한 명을 대학까지 공부시키는데 2억 원이 든다고 한다. 그것이 끝이 아니다. 자녀들 결혼까지 시켜야 한다. 막대한 결혼비용, 취업난, 치솟는 집값을 자녀 스스로 감당할 수 없기 때문이다. 조선일보(2016)가 실시한 설문조사에 따르면 우리나라 남녀 한 쌍이 결혼하는 데 지출하는 비용이 2억 원을 넘었다고 한다. 남성이 결혼하는 평균 연령을 32세라고 가정했을 때 군대 갔다 오고, 대학 졸업하고, 취업해서 자기 힘으로 평균 2억 원을 웃도는 전셋집 한 채 구하는 것은 현실적으로 불가능하다. 그 몫이 고스란히 부모들에게 전가될 수밖에 없다. 베이비부머들은 자녀들을 교육시키고, 결혼시키느라 노후준비를 할 여력이 없다.

2) 대한민국 노인들의 자화상

대한민국에 살고 있는 노인들의 자화상은 어떨까? 노인들은 은퇴를 기점으로 생산자가 아니라 소비자로 전락해버렸다. 찾아오는 이도 없고, 찾아주는 곳도 별로 없다. 자식들 키우느라 노후준비는 하나도 못했는데 말이다. 건강 하나만큼은 자신했는데 건강도 어제 다르고 오늘 다르다. 이것이 노인들이 가장 두려워하는 빈곤, 질병, 고독, 소외라는 '4중고(四重苦)'다.

세상을 쓸쓸하게 떠나는 고독사도 늘고 있다. 고독사는 죽는 순간마저도 아무도 보살피지 않는 안타까운 죽음을 의미한다. 노인자살률도 높다. 전 생애를 통틀어 노인 자살률이 가장 높다는 연구결과도 있다. 왜 노인들이 인생의 후반기에 죽음을 선택할 수밖에 없었을까? 세상에 홀로 남겨진 것 같은 사회적 죽음을 이미 경험했기 때문일 것이다. 더 이상 쓸모가 없어졌다고 느끼는 것이 바로 사회적 죽음이다. 한평생 처자식 먹여 살렸는데 나이 들었다고 가족들마저 외면하는 현실을 누구라도 참아내기가 어려웠을 것이다.

우리나라 노인 10명 중 8명은 자식들과 함께 살고 싶지 않다고 한다(김남원, 2017). 자식들에게 짐이 되고 싶지 않기 때문이다. 현대를 살아가는 노인들은 더 이상 자녀들에게 부양을 기대하지 않는다. 부모부양을 도리라고 생각하는 마지막 세대이자, 자녀들의 부양을 기대하지 못하는 첫 세대이다. 이를 일컬어 '샌드위치 세대'라고 한다.

그래도 산목숨은 살아야 하니 벌어야 한다. 어느 순간 길거리에 파지 줍는 노인들이 급증했다. 노인들의 궁핍한 경제 사정을 대변해주는 모습이다. 얼마 전 설탕물로 허기를 채우고, 하루 종일 파지를 주워 번 돈으로 라면 한 봉지 사서 연명하는 할머니의 사연이 케이블 방송에서 방영된 적이 있다. 생각만 해도 눈물이 난다. 호적에 자식이 있다는 이유로 생활보호대상자가 되지 못하는 노인들도 있다. 지금 이 순간에도 어디선가 홀로 죽음을 맞이하고 있는 노인이 있을지도 모른다. 누가 그들의 눈물을 닦아 줘야 할까?

3) 부양문제와 세대 간 갈등

고령화사회는 젊은 세대에게도 악재다. 부모를 누가, 어떻게 부양해야 할지 막막하기 때문이다. 처자식 먹여 살리면서 부모까지 부양하는 것은 만만치 않은 일이다. 2045년에는 인구 2명당 1명이 노인을 부양하는 시대가 올 것으로 예상되고 있다. 그 시간이 빨라지면 빨라졌지 늦춰지지는 않는다. 젊은 세대에게 놓인 노인부양문제가 심각하다. 부모를 누가, 어떻게 부양할지 고민하지 않을 수 없다. 시설에 맡기자니 불효하는 것 같고, 집에서 모시자니 사정이 녹록치 않다. 치매 걸린 부모가 있는 경우는 더욱 심각하다. 노인요양원에 모시는 것도 마음먹었다고 되는 것이 아니다. 괜찮다 싶은 시설에 입소하려면 1년 이상 기다려야 하는 경우가 비일비재하다. 거기다 남성노인들은 잘 받아 주지도 않는다. 개인이 더 이상 부모를 부양할 수 없는 시대가 온다. 노인부양문제는 개인의 문제가 아니라 사회문제로 여겨야 한다.

고령화사회는 일터에서도 문제를 일으킨다. 생산가능인구 중에서 젊은이들은 적고, 나이든 사람들은 많아지는 불균형이 나타나기 때문이다. 나이든 사람들의 연륜과 경험, 지혜가 일의 완숙도를 높이지만 힘과 효율성이 떨어지는 것은 어쩔 수 없다. 그래도 노후를 스스로 책임져야 하기 때문에 더 오래 일해야 한다. 임금피크제(근로자의 임금을 삭감하는 대신 정년까지 고용을 보장하는 제도)를 실시하거나 정년을 연장하는 것이 피할 수 없는 선택이 됐다. 그런데 중장년들의 은퇴 시기가 늦어지면서 그만큼 젊은 세대들이 취업할 기회가 줄어드는 경우가 발생한다. 아버지가 오랫동안 일하니까 아들이 취업할 곳이 없어지는 것이다. 과연 누구의 손을 들어줘야 할까? 쉽게 답하기 어려운 질문이다. 이 같은 문제로 인해 세대 간 갈등이 생길 수도 있다.

젊은 세대와 노인 세대는 서로 다른 세대를 살았기 때문에 가치관이 다를 수밖에 없다. 노인들이 젊은 세대를 보고 “요즘 것들은 이래서 문제”라고 지적하고, 젊은 세대들은 노인 세대를 “쓸모없는 고집쟁이”라고 생각하는 경우가 대표적인 예다. 두 세대 간의 간격을 좁히지 못하면 동시대를 사는 것 자체가 고통이 될 수 있다.

4) 은퇴 이후 생활과 삶의 질

은퇴한 노인들은 남아도는 시간을 어떻게 보낼지가 큰 고민거리다. 집에만 있다 보니 심심하고, 아내 혹은 며느리 눈치가 보인다. '삼식이(집에서 삼시세끼 다 먹는)' 취급받는 것도 곤욕이다. 집근처 복지관이나 경로당을 이용하기도 하는 데 노인들이 얼마나 많은지 발 디딜 틈이 없다. 노인들이 여가시간을 어떻게 보내느냐가 삶의 질을 결정한다고 해도 과언이 아니다. 노인들이 어디서, 누구와, 무엇을, 어떻게, 왜 해야 하는지에 대한 질문에 사회가 답을 줘야 한다.

60세에 은퇴했다고 가정하면 평균수명을 기준으로 최소 25년 이상을 더 살아야 한다. 그만큼 평균수명이 길어졌다. 그래서 은퇴 이후에도 노인들에게 역할이 필요하다. '역할부여'야말로 고령화사회에 발생하는 문제를 최소화 하는 명쾌한 해결책이다. 노인들은 사회나 다음 세대에 무엇인가를 전수하고 싶은 욕구를 가지고 있다. 여기서 아이디어를 얻어 모든 세대에게 유익한 방안을 찾아야 한다.

5) 노인문제 해결과제와 전망

고령화사회에 대한 정책이나 제도, 사회적 공감대와 인식전환 등을 통해 최적의 대안을 찾아야 한다. 앞서 살펴본 대로 고령화사회가 되면 노인들의 경제적, 정서적, 신체적, 심리사회적 문제가 야기될 수밖에 없다. 노인들이 직면한 문제를 극복하고, 성공적으로 노년기를 보낼 수 있도록 도와야 한다. 그것이 바로 최적의 대안이다. 필자는 하나의 대안으로 노인문제를 전담하는 부서나 부처 설치를 제안한다. 노인들이 은퇴, 사별, 고독과 소외, 역할상실 등의 문제를 극복할 수 있도록 적절하고 실제적인 돌봄 프로그램을 운영해야 한다. 노인문제 극복을 위하여 시행할 수 있는 프로그램은 다음과 같다.

- 시니어아카데미
- 은퇴학교
- 노인 일자리 창출 및 재취업
- 평생교육 과정 개설
- 부모부양
- 황혼 이혼과 황혼 재혼

시니어아카데미는 노인들이 노년기에 꼭 알아야 할 실제적인 지식과 정보를 제공하는 프로그램이다. 건강, 식생활, 운동, 인간관계 향상 등을 돕는 프로그램이 운영된다.

평생교육은 끊임없이 배우고 싶은 욕구를 충족하고, 실생활에서 활용할 수 있는 교육을 실시하는 것이다. 예를 들어, 노인들이 미용사 자격증과 사회복지사 자격증을 취득하도록 독려할 뿐만 아니라 실제로 그 직업에서 일할 수 있도록 돕는 것이 바로 평생교육이다. 독립적이고 자립적으로 인생의 후반전을 준비할 수 있도록 중장년층부터 평생교육 과정에 참여할 수 있도록 해야 한다. 노인대학도 평생교육 과정의 한 예이다. 노래교실, 웃음치료, 성교육, 공연관람, 견학 등 다양한 프로그램이 시행되고 있다. 여가시간을 의미 있게 보내도록 돕는 프로그램이 인기가 많다.

은퇴를 앞둔 사람부터 이미 은퇴한 세대들을 모두 아우르는 은퇴학교, 부양부담에서 벗어날 수 있도록 돕는 부모부양스쿨, 노인들을 위한 일자리를 창출하고 재취업까지 도와주는 일자리 창출사업, 황혼 이혼과 황혼 재혼 문제로 갈등하는 노인들을 돕는 이성교제학교 등도 필요하다.

4 현대사회와 노인문제

2012년에 발표된 고령자통계에 따르면, 노인들이 겪고 있는 어려운 점은 경제적 어려움(40.2%)이 가장 높았고, 건강문제(39.8%), 소일거리 없음(6%), 외로움과 소외감(4.1%) 등의 순이었다. 이와 같이 노년기에는 경제적 어려움, 건강, 부양부담, 역할상실 등의 문제에 직면하게 된다.

1) 경제적 문제

노년기에 당면하는 가장 큰 문제는 소득상실로 인한 경제적인 어려움이다. 노인들은 은퇴를 기점으로 일선에서 물러나는데 노후생활이 준비되어 있지 못하면 경제적 어려움에 직면하게 된다. 2011년 실시한 전국노인생활실태조사에 따르면 우리나라 노인 88.5%가 계속 일을 하고 싶어 했다. 그 이유는 생계비 마련(53.9%)이 가장 많았다. 생계유지를 위한 생활비와 병원비 등이 지속적으로 발생하기 때문에 수입이 없는 노인들은 경제적 어려움이 가중될 수밖에 없다.

2) 건강문제

나이가 들수록 신체적, 심리적 노화를 경험하게 되면서 노인들은 한두 가지 이상 질병을 갖게 된다. 역할상실과 고립과 소외 등의 문제로 정신건강에도 문제가 생길 가능성이 높다. 가장 심각하게 거론되는 질병은 치매이다. 치매는 뇌기능 장애로 지적 능력이 떨어지는 퇴행성 질환이다. 알츠하이머(alzheimer's)와 혈관성 치매가 대표적이다. 치매 환자는 매년 크게 증가하고 있는 추세로 2025년에는 100만 명을 넘을 것으로 예상되고 있다(보건복지부, 2008). 치매가 발생하면 개인과 가족은 물론 사회경제적으로 부양부담이 매우 커진다.

3) 부양부담

과거에는 대부분의 노인들이 가족들로부터 부양을 받으며 노후를 보냈다. 그러나 산업화 이후 가족제도가 핵가족으로 변화하면서 전통적인 부양의식이 약화되었다. 여기에 여성들의 경제참여율이 높아지면서 과거 노인들의 부양을 책임졌던 인력이 부족하게 되었다. 또한 노인들도 경제능력만 있으면 자녀들과 불편하게 지내는 것보다 노부부 또는 홀로 지내는 것을 선호하게 되었다. 이러한 이유로 노인들에 대한 부양의식이 달라지고, 효 사상마저 약화되면서 누군가의 도움을 받아야 하는 노인들에 대한 부양부담이 가중되었다. 또한 평균수명 연장으로 노인이 된 자녀가 자신보다 나이가 많은 노부모를 모시는 '노노(老老)돌봄'이 늘어나면서 이에 따른 스트레스가 가중되고 있다.

4) 역할상실

평균수명 연장으로 영위해야 할 노년기는 길어졌는데 적절한 역할과 규범이 확립되지 못한 것이 사실이다. 이에 따라 원하지 않는 사회적 역할상실을 경험하면서 정신적, 정서적 고통이 발생하게 됐다. 역할상실은 성별에 따라 양상이 다르다. 남성들은 은퇴로 인한 직업상실, 여성들은 자녀들을 독립시킨 이후를 기점으로 역할상실을 경험한다. 대부분 권위가 낮아지고, 사회적 관계망이 축소되는 부정적인 경험을 하게 된다. 이와 같이 역할상실을 경험한 노인들은 특별한 사회활동이 없고 적합한 역할도 없이 무료하게 시간을 보내는 경우가 많다.

역할상실은 노인들의 인간관계 단절 및 고립으로 이어져 의욕의 상실과 고독감을 가중시킬 수 있다. 노년기에 발생하는 경제적 불안전성, 역할상실, 가족갈등 문제로 우울증에 노출될 가능성이 높고 자살로 이어질 위험성이 크다. 따라서 노인에 대한 편견과 선입견을 배제하고 이해와 수용을 바탕으로 노인들의 다양한 욕구와 문제에 대한 적응력을 향상시킬 수 있도록 도와야 한다. 그것이 바로 노인상담이다.

함께 읽고 생각 하기

다가온 인구절벽

2030년 어느 휴일. 결혼식장에 가기 위해 지하철에 오른 A(72)씨는 빈자리를 찾을 수 없었다. 몇 해 전부터 노약자석이 일반석만큼 늘어났지만, 노인인구의 증가 속도를 감당하기에는 역부족이었다. 지하철 안 승객 중 절반 가량은 자신과 나이가 비슷하거나 많아 보였다. 불과 15년 전만 해도 지하철 풍경은 이렇지 않았다.

15년 뒤 우리나라 지하철 안의 모습을 상상한 내용이다. 우리나라 지하철에 노약자석(당시는 경로우대석)이 처음 생긴 건 1979년부터다. 지하철 1량당 맨 끝에 노인들을 위한 자리를 만들어 경로사상을 보여 줬다. 당시 65세 노인인구 비율은 약 4% 수준에 머물렀다.

2017년은 인구절벽 원년으로 기록될 듯하다. 경제활동의 주역인 생산가능인구가 지난해(3763만 명)를 정점으로 올해부터 감소해 2065년 2065만 명까지 줄어들 것으로 추정되고 있다. 출산율은 날로 곤두박질치고 노인인구는 급격히 불어나고 있다. 노령화 지수는 경제협력개발기구(OECD) 회원국 중 가장 빠른 속도로 증가하고 있다.

생산가능인구(15~64세)는 지난해 3763만 명으로 정점을 찍은 뒤 올해부터 감소세로 돌아선다. 50년 뒤 생산가능인구는 지난해의 절반 수준(55.1%)까지 급락할 것이란 전망이다. 경제활동의 주체가 줄어들어 그만큼 경제 활력이 떨어질 수밖에 없다는 뜻이다. 2017년 65세 이상 고령인구는 708만 명으로, 0~14세 인구(675만 명)를 앞지를 것으로 관측된다. 2016년까지는 유소년 인구가 686만 명(13.4%)으로 고령인구(676만 명·13.2%)보다 약간 많았다. 50년 뒤 고령인구는 폭발적으로 증가한다. 2065년 고령인구는 1827만 명으로 전체 인구의 42.5%에 달한다. 같은 기간 유소년 인구는 413만 명(9.6%)에 그친다.

고령인구 비중은 지난해 12.8%로 OECD 35개 회원국 중 다섯 번째로 낮았다. 우리나라보다 낮은 국가는 멕시코(6.5%), 터키(7.5%), 칠레(11.0%), 이스라엘(11.2%)뿐이다. 그러나 50년 뒤에는 OECD 1위로 올라서게 된다. 일본에 비해 5.5%포인트나 높은 수치다. 고령화가 진행되면서 인구 피라미드 모형도 변화한다. 우리나라의 인구 피라미드 모형은 삼각형(1965년)에서 두꺼운 항아리형(2015년), 역삼각형(2035년)으로 변화할 것으로 전망된다(세계일보, 2017).

CHAPTER 02

노인과 노화

"내가 그렇게 될 줄은 몰랐다. 어디까지나 남들 얘기였다. 그런데 갑자기 그 일이 닥쳤다. 어느 날 아침 문득 내가 늙었다는 사실을 깨달은 것이다. 덜컥 겁이 났다. 전날까지만 해도 멀쩡해 보였는데 이제 온몸에 노화가 퍼졌다는 명백한 사실에 항복할 수밖에 없었다. 나도 이제 노인이 되고야 말았다."

1 노인의 이해

노인을 단순히 '나이가 많은 사람' 혹은 '늙은 사람'이라고 정의하는 경우가 많은데 노인의 정의는 그렇게 간단하지 않다. 노인에 대한 정의는 노인의 본질, 시대적, 사회적, 정치적, 문화적, 경제적, 배경, 노인에 대한 전통적·일반적 개념, 노인의 현재와 미래를 예측하는 내용까지 포함되어야 한다(이호선, 2012). 일반적으로 노인의 정의는 국제노년학회와 학자의 정의, 행정적 규정에 따른 정의, 역연령, 자각연령, 기능적 연령으로 구분한다.

1) 국제노년학회 정의

국제노년학회에서는 노인을 환경변화에 적절히 적응할 수 있는 조직기능이 감퇴되고 있는 사람, 인체의 자체 통합능력이 감퇴되고 있는 사람, 인체의 기관, 조직, 기능에 쇠퇴현상이 일어나는 시기에 있는 사람, 인체의 적응능력이 점차 결손되고 있는 사람, 조직의 예비능력이 감퇴되어 적응이 제대로 되지 않는 사람이라고 정의하고 있다. 즉, 노인은 '노화의 과정 또는 그 결과로서 생리, 심리, 사회적 기능이 약화되어 적응능력이 약화된 사람'으로 정의할 수 있다.

2) 행정적 정의

우리나라 노인복지법에서는 65세 이상인 사람을 노인이라고 규정하고 있고, 생활보호법에서는 65세 이상의 노인을 '보호노인'으로 규정하고 있다.

3) 역연령(曆年齡)과 자각연령

역연령은 달력상의 나이를 의미한다. 자각연령은 개개인이 노인이라고 인지하는 심리적 나이를 의미한다. 역연령에 따라서는 초령노인, 고령노인, 초고령노인으로 구분한다.

자각연령에 따른 노인의 정의는 누가 보아도 노인이 분명한데도 불구하고 당사자는 자신을 노인이라고 생각하지 않는 경우를 의미한다. 외모가 어려보이거나 건강상태가 좋은 경우에는 대부분의 노인들이 자신을 노인이라고 자각하지 않는다. 이처럼 개인이 가지고 있는 주관적인 평가에 따라 노인을 정의하는 것을 '자각연령'이라고 한다. 자각연령은 실제 연령보다 낮아지는 것이 일반적이다. 자각연령은 신체적, 심리적, 사회적 노화에 따라 개인차가 있어서 객관성이 결여될 수 있다는 단점이 있다.

(1) 초령노인

초령노인의 나이는 55~64세이다. 생활에 활력이 있고 직장에서 은퇴를 했거나 은퇴를 준비하는 사람들이 대부분이다.

(2) 고령노인

고령노인의 나이는 65~74세이다. 대부분 직장에서 퇴직한 노인들이다. 정도의 차이가 있지만 대부분 신체적·정신적·사회적 상실을 경험하고 있는 상태이다. 자녀들의 원조, 사회적 지지, 건강에 대한 염려 등이 고조되기 시작하는 연령집단이다.

(3) 초고령노인

초고령노인의 나이는 75세 이상이다. 신체적으로 노쇠하고 질병에 걸린 경우가 많다. 사회적 활동이 어려운 경우가 많다. 초고령노인에 속한 노인들 대부분이 경제적 어려움을 겪고 있고, 가정과 사회로부터 고립되어 있거나 고립되어 가고 있다.

4) 사회적 역할상실에 따른 정의

나이가 들어가면서 개인은 사회의 규범에 따라 다양한 지위와 역할을 획득하고 상실한다. 사회적 역할상실에 의한 노인의 정의에서는 주요한 사회적 지위와 역할을 상실한 사람을 노인이라고 규명한다. 사회적 역할상실에 의한 노인의 정의에 따르면 직장이나 직업에서 은퇴한 사람을 노인으로 규정할 수 있다. 그러나 사회적 지위와 역할이 불분명하거나 일생 동안 특정 사회적 지위를 수행하지 못한 사람에게는 이 정의를 적용하기가 어렵다.

5) 기능연령에 따른 정의

기능연령에 따른 노인의 정의는 산업노년학 관점에서의 주장이다. 개인이 어떤 특수한 신체적·심리적·사회적 영역에서 업무를 적절하게 수행할 수 없는 경우를 노인이라고 규정한다. 기능연령에 의한 정의에 의하면 역연령과 자각연령에 상관없이 노인으로 정의할 수 있다. 그러나 판단기준이 불명확하다는 단점이 있다.

이와 같이 노인을 정의한다는 것은 그리 단순하지도 간단하지도 않다. 특정 정의만 가지고 노인을 규정하는 것은 한계가 있다. 따라서 노인을 정의하는 과정은 신체적, 심리적, 사회적 변화와 적응과정이 반드시 포함되어야 한다. 또한 노인은 '살아있는 도서관'이라고 불릴 정도로 오랜 시간 살아오면서 축적된 지혜가 있다. 이와 같은 내용을 포함해서 내린 노인의 정의는 다음과 같다.

> "노인이란 신체적 기능이 쇠퇴하고, 사회적 기능의 약화와 상실에 따른 심리적, 사회적, 경제적 변화에 적응하고 있는 사람을 말한다."
>
> "오랜 시간 축적해온 지혜와 노하우를 바탕으로 젊은 사람들 못지않게 열정적으로 살아가고 있는 '노'하우 '인'력이다."

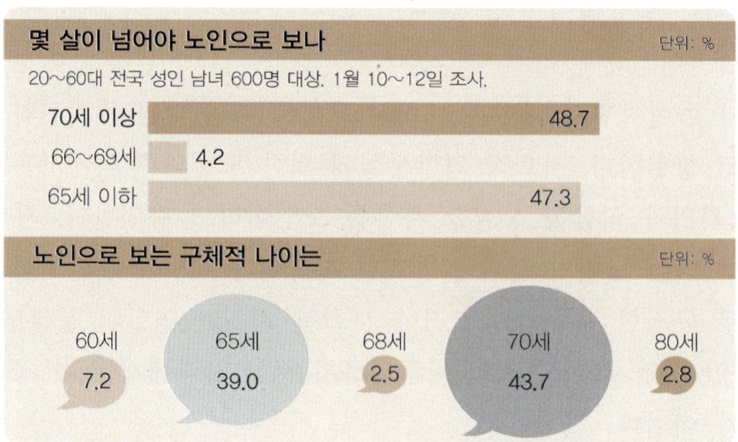

출처: 동아일보(2017).

함께 읽고 생각하기

몇 세부터 노인일까

한국인 절반은 '70세'부터 노인이라고 생각하는 것으로 나타났다. 법적 노인 연령 기준(만 65세)보다 다섯 살 많다. 동아일보가 여론조사업체 엠브레인과 함께 20~50대(100명·남녀 각각 50명), 60대 이상(200명) 등 총 600명에게 '몇 살이 넘어야 노인이라고 생각하나'라고 설문조사한 결과 가장 많은 43.7%가 '70세'라고 답했다. 노인복지법 등 현행 법적 노인 연령 기준인 '65세'라고 답한 이는 39.0%에 그쳤다. '70세부터 노인'이라고 답한 50대의 비율이 55%로 전 세대 중 가장 높았다. 반면 40대에서는 45%, 30대는 49%, 20대는 42%였다.

법적 노인 연령 기준 상향 조정을 놓고선 찬성(38.7%)과 반대(37.2%) 의견이 팽팽했다. 찬성 이유로는 '60, 70세도 충분히 건강하다'(69.0%)는 응답이 가장 많았다. 1970년 65세 남성의 기대여명은 75.2세, 여성은 79.9세였지만, 현재는 각각 83.2세, 87.4세(2015년 기준)로 늘었다. 이에 따라 법적으로 55세 이상을 지칭해온 '고령자(高齡者)'라는 명칭이 '장년(長年)'으로 바뀐다. 그만큼 노인인구가 늘어난다는 뜻이다. 65세 이상 인구(707만5518명·2017년 추계)는 전체 인구의 13.8%로, 15세 미만 유소년 인구(675만1043명·13.1%)를 추월했다.

노인 연령 기준 상향을 찬성하는 두 번째로 높은 응답은 '각종 사회비용이 젊은 세대에게 큰 부담이 되기 때문'(52.2%)이었다. 2015년 생산가능인구 100명이 부양해야 할 노인인구수는 2015년 17.5명에서 2065년 88.6명으로 급증한다.

50~60대 이상이 노인 연령 기준 상향 조정을 반대하는 이유는 '노인 빈곤'(65.9%)과 '노인 일자리 부족'(57.0%)을 꼽는 것과 일맥상통한다. 65세 이상 노인의 빈곤율이 49.6%(통계청 기준)에 이르는 상황에서 일자리는 선택이 아닌 필수다. 노인 취급당하는 것은 거부하면서도 연금, 대중교통 무료 등 노인복지 혜택과 연관된 노인 연령을 높이는 데에는 찬반이 팽팽하게 엇갈린 이유이기도 하다(동아일보, 2017).

2 노년기 발달이론

인간은 태어나서 죽을 때까지 지속적으로 발달하고 성장하고 변화한다. 이러한 과정은 연령에 따라 여러 단계로 구분되는데 그 마지막 단계가 바로 노년기이다. 일반적으로 노년기는 60세 이후를 의미한다.

1) 에릭슨의 8단계 자아발달 이론

에릭슨(Erikson)의 8단계 자아발달 이론에 의하면 노년기는 마지막 단계인 8단계에 해당한다. 이 단계에서 완수해야 할 가장 중요한 과업은 '자아통합'이다. 여기서 말하는 자아통합은 자신이 살아온 인생이 만족스러웠다고 여기고 다가올 죽음을 인정하고 기다리는 태도를 의미한다.

자아통합을 이루면 살아온 인생을 긍정적으로 수용하지만, 자아통합을 이루지 못하고 절망감에 사로잡히면 살아온 인생에 대한 후회와 분노에 휩싸여 긍정적인 노년기를 보내지 못하는 태도를 갖게 된다. 에릭슨이 주장한 노년기의 주요 발달과업과 특성은 다음과 같다.

- 노년기 발달과업 '자아통합 대 절망감'
- 자신이 살아온 삶을 되돌아봄
- 절망감, 나약함, 무상함에 대한 비탄은 불가피
- 노년기 성공적 발달과업의 요소 '지혜'

2) 펙의 발달과업 이론

펙(Peck)은 에릭슨의 8단계 자아발달 이론의 7단계와 8단계를 통합한 7단계 이론을 주장하였다. 펙은 노년기 발달과업을 자아분화 대 직업역할몰두, 신체초월 대 신체몰두, 자아초월 대 자아몰두로 구분하였다.

(1) 자아분화 대 직업역할몰두

자아정체감과 가치감은 직업역할에 크게 의존하는 데, 자아가 잘 분화되어 있는 경우에는 직업역할 이외에도 여러 가지 역할이 있는데 자아분화가 약한 경우에는 거의 전적으로 직업역할에 두고 있다.

(2) 신체초월 대 신체몰두

신체초월은 노화에 따른 신체적 기능쇠퇴 현상을 극복하고 잘 적응함으로써 생활의 만족감을 얻는 것을 의미한다. 이와 반대로 신체적 기능쇠퇴 현상에만 몰두하고 변화를 극복하지 못하면 생활만족감을 얻지 못하고 심리적, 사회적 기능도 크게 손상당하게 된다.

(3) 자아초월 대 자아몰두

자아초월은 현실적인 자아를 뛰어넘는 것을 의미한다. 불안이나 두려움 없이 자신의 죽음을 불가피한 것으로 인정하고, 긍정적으로 받아들이며, 미래까지 연결시키는 능력을 의미한다. 이러한 자아초월 과업을 완수하지 못하면 현재의 삶이 지나가는 것을 인정하지 못하고, 죽음을 두려워하게 되면서 불안과 초조한 태도를 가지게 된다.

3) 레빈슨의 인생계절론

레빈슨(Levinson)은 생의 구조, 즉 개인의 생에 내재된 양식과 설계를 의미하는 '인생계절론'을 주장하였다.

(1) 성인 후기 전환기(60~65세)

이 시기에는 질병에 걸리기 쉽고, 정신적, 신체적 능력의 변화로 노화와 죽음에 대한 인식이 강화된다. 자기 자신뿐만 아니라 주변 사람들의 노화를 확인하는 시기이기도 하다.

(2) 노년기(65세 이상)

인생의 마지막 단계로 죽어가는 과정을 이해하게 되고 자신의 죽음을 준비한다. 이 시기의 궁극적인 관심은 인생이란 무엇인가에 대해 마음의 정리하는 것이다. 레빈슨은 이것을 '다리 위에서의 조망'이라고 표현하였다.

4) 뉴가튼의 성인기 성격변화

뉴가튼(Neugarten)은 성인기 성격변화는 인생의 사건과 관련이 있다고 하였다. 그는 규범적 사건과 비규범적 사건이 성인발달에 지대한 영향을 미친다고 보았다. 규범적 사건은 제때에 일어나는 사건으로 결혼, 부모, 사별, 은퇴 등이 해당된다. 비규범적 사건은 뜻밖의 사고와 이별 등을 의미한다. 뉴가튼이 주장한 사건의 발생시기 모델에서는 인생에서 예상했던 순서와 리듬을 깨는 비규범적 사건들이 문제가 된다고 하였다.

5) 해비거스트의 발달과업

해비거스트(Havighurst)는 연령에 따라 개인이 직면하는 발달과업이 있다고 주장하였다. 그는 인생주기를 아동초기(0~6세), 아동중기(6~12세, 13세), 청소년기(13~18세), 성인 초기(대략 18~30세), 중년기(대략 30~60세), 성숙후기(대략 60세 이후)의 6단계로 구분하였다. 노년기에 해당하는 성숙후기에서는 활발한 사회적 참여로 새로운 역할에 참여하는 것이 주요한 문제가 된다고 하였다.

해비거스트의 노년기 발달과업

- 체력감소 용납 및 건강관리 적응
- 배우자 사망에 적응 및 죽음 준비
- 사회적·공인적 책임의 이행
- 은퇴 준비와 수입감소에 적응
- 동년배와 친밀한 관계 형성
- 만족스런 생활조건의 구비

6) 하인즈 코헛의 자기애적 손상

하인즈 코헛(Heinz Kohut)은 노인들이 노화 과정에서 '자기애적 손상'에 맞서야 한다고 주장했다. 그는 노년기에는 다음과 같은 요인들이 필요하다고 하였다.

- 경제적 안전
- 지지적인 사람들
- 심리적 건강
- 신체적 건강

7) 로버트 버틀리의 노인차별주의

로버트 버틀리(Robert N. Butler)는 '노인차별주의(ageism)'라는 용어를 만들었다. 노인차별주의는 젊은 사람들이 가지고 있는 노인에 대한 차별과 고정관념을 의미한다. 그에 따르면 젊은 사람 65%가 노인이 외로울 것이라고 예상하지만 실제 노인(65~75세)의 13%만이 외로움을 경험한다.

3 노화와 노화이론

1) 노화의 이해

인간은 태어나서 죽을 때까지 변화하는 데 유독 늙는 것을 원하지 않는다. 그러나 노화(aging)는 그 누구도 피해갈 수 없는 필연적인 과정이다. 그렇기 때문에 노화를 거스르는 무의미한 노력(anti-aging)보다 성숙하게 노화(well-aging) 과정에 적응하는 것이 지혜롭다고 할 수 있다.

노화는 시간의 흐름에 따라 신체적, 사회적, 심리적 변화와 기능저하에 적응하는 과정을 의미한다. 이 같은 현상은 정상적인 발달과정으로 질병과 동일시될 수 없다. 노화는 생물학적 노화, 심리적 노화, 사회적 노화 과정을 포함해서 이해해야 한다. 하지만 노화는 개인차가 매우 크기 때문에 명확하게 설명하기에는 한계가 있다.

- 생물학적 노화: 시간의 경과에 따라 신체 기능과 구조가 변화하는 현상
- 심리적 노화: 시간의 경과에 따라 행동, 감각, 지각 기능, 자아에 대한 인식 등의 변화
- 사회적 노화: 은퇴를 기점으로 사회에서 요구받던 기능과 역할의 축소 내지는 약화

2) 노화의 원인

노화의 원인은 아직까지 정확하게 밝혀져 있지 않다. 현재까지 알려진 노화의 원인은 생물학적 차원, 심리적 차원, 사회문화적 차원, 환경적 차원에서 설명하고 있다.

(1) 생물학적 차원

생물학적 차원은 신체적 노화를 중심으로 그 원인을 설명하는 데 매우 자연적인 현상임을 강조하고 있다(이호선, 2012).

① 분자 수준의 노화이론

- 유전자이론: 유전자이론은 유기체가 가지고 있는 어떤 해로운 유전자가 노년기에 활성화되면서 노화를 발생시킨다는 이론이다.
- 유전변이이론: 유전변이이론은 비정상적인 세포가 노화를 유발시킨다는 이론이다.
- 프로그램이론: 프로그램이론은 '생체시계이론'이라고 한다. 노화과

정이 이미 우리 몸속에 프로그램되어 있다고 주장하는 이론이다.

② 세포 수준의 노화이론

- 산화기이론: 산화기이론은 '산화기'라는 고도로 불안정한 세포 구성물질이 증가하면서 노화를 초래한다는 주장이다.
- 교차연결이론: 교차연결이론은 화학적 반응에 의해서 정상적으로 분리되어 있어야 하는 분자구조가 연결구조를 형성하면서 노화를 발생시킨다는 이론이다.
- 마모이론: 마모이론은 인간의 몸이 기계와 같다고 주장하는 이론이다. 우리 몸도 기계처럼 많이 사용하면 어느 부위가 닳아서 신체 기능이 저하된다는 주장이다.

③ 기관계 수준의 이론

- 신경내분비 조절이론: 신경내분비 조절이론은 태내 수정에서부터 사망에 이르기까지 신경과 호르몬의 특정한 신호에 의하여 조절된다고 보는 이론이다. 이 이론에 따르면 신경과 호르몬 조절활동이 균형을 잃거나 둔화 혹은 손상되면 신경과 근육 기능과 내분비 기능에 영향을 미쳐 노화현상이 나타난다.
- 면역이론: 면역이론은 '자가면역이론'이라고도 하는데 노화를 면역계의 기능변화로 본다.

(2) 노화의 심리적 차원

노화의 심리적 차원은 감각, 지각, 학습, 기억, 정서, 태도, 사회적 관계 등의 변화를 의미한다. 노화의 심리적 차원은 분리이론(disengagement theory), 활동이론(activity theory), 지속이론(continuity theory) 등으로 설명하고 있다.

① 분리이론

분리이론(disengagement theory)은 노인과 사회는 분리되기를 원하며, 분리는 상호적 은퇴과정으로서 자연적으로 발생한다고 설명한다. 은퇴를 통한 사회로부터의 분리는 정상적이고 불가피한 것이기 때문에, 사회적 분리과정이 노인들에게 만족감을 높여준다고 주장하는 이론이다.

② 활동이론

활동이론(activity theory)은 분리이론과 반대되는 입장이다. 중년기 이후 사회활동 참여 정도가 높을수록 노인의 심리적 만족감과 생활만족도가 높다고 설명하는 이론이다. 은퇴로 인한 역할 상실을 대체할 수 있는 활동이나 새로운 역할을 수행하는 것이 은퇴 후 생활만족과 관련이 있다고 주장한다.

③ 지속이론

지속이론(continuity theory)은 개인의 특성으로 노년기 적응과정을 설명한다. 이 이론에 의하면 개인의 특수한 습관, 성향, 흥미, 소속감 등이 성격의 일부가 되고, 이러한 특성들이 은퇴 후 생활패턴에 영향을 주기 때문에 노화과정을 예측할 수 있다고 주장한다(Onega, 1997). 분리이론과 활동이론은 노화과정을 단정지으려고 하지만, 지속이론은 다양한 방식으로 접근하려는 것이 차이점이다. 노화이론에서는 은퇴를 이러한 관점으로 설명하고 있지만, 은퇴는 여러 개념을 포함하고 있기 때문에 한 가지 이론에 국한하여 설명하기에는 논란의 여지가 있다(고화정, 2013 재인용).

(3) 사회·문화적 차원

사회문화적 차원의 노화이론은 연령문화이론과 현대화이론 등이 있다(이호선, 2012).

① 연령문화이론

연령문화이론(ageculture theory)은 연령별로 사회적 계층과 지위를 형성하고 그에 걸맞은 역할과 규범을 완수해야 한다고 규정하고 있는 이론이다. 이 이론에 따르면 노인도 사회에서 부여한 지위에 따라 소속된 사회의 문화에 적합한 역할을 해야 한다고 주장한다.

② 현대화이론

현대화이론(modernization theory)은 현대화가 사람들의 기본관념을 변화시키고 노인의 지위와 역할에도 영향을 미친다는 이론이다. 이 이론에 따르면 과거의 노인과 현대의 노인은 지위와 역할이 완전히 변화했다는 것을 알 수 있다.

(4) 환경적 차원

환경적 차원에서는 인간의 행동은 개인과 환경 간의 상호작용에 의한 산물이라고 주장한다. 이 이론에 따르면 인간의 행동이 환경에 영향을 미치는 것과 동시에 환경도 인간의 생활과 신체구조에 영향을 미친다는 것이다. 예를 들어, 공기오염, 방사선 노출, 유해한 광선 등의 환경적인 영향이 노화에 직접적인 영향을 미친다는 것이다.

4 노년기의 특징

노년기가 되면 노화에 따라 다양한 변화가 나타나는데 신체적 변화, 심리적 변화, 성격적 변화, 사회적 변화로 구분해서 설명할 수 있다(설순호, 2016).

1) 신체적 변화

노화는 신체적 변화를 통해서 가장 실감할 수 있다. 일반적으로 50세 이후부터 체력과 건강 상태가 점진적으로 저하된다. 나이가 들어가면서 이러한 현상이 가속화되고 두드러진다. 40대부터 신장(키)이 약 2~5cm 정도 줄어든다고 한다. 50세가 지나면 손발과 얼굴의 피하지방이 소실되고, 복부와 둔부의 피하지방이 축적된다. 이때부터 몸이 둔해지고 힘이 빠진다. 뼈 조직도 재생보다 소실이 더 우세해진다. 주름살이 증가하고, 머리털이 빠지며, 색깔이 회백화된다.

일상생활의 적응을 어렵게 만드는 신체적 변화들도 나타난다. 대표적인 증상으로는 신체 기능의 퇴화, 감각기관의 퇴화, 수면시간의 감소, 반응속도의 감소, 성기능의 감퇴 등이다.

(1) 신체 기능의 퇴화

연령이 증가함에 따라 신체기관의 활동이 감소하면서 기초대사율이 감소한다. 기초대사율은 휴식 상태에서 소요되는 산소소모량을 의미한다. 호흡 기능이 감퇴되고, 그 결과 공기흡입량도 감소한다. 이러한 호흡 기능의 감퇴는 호흡기 질환의 가능성을 높인다. 일반적으로 55세 이후부터는 혈액순환이 둔화되고, 심장박동이 느려진다. 혈관벽 이상으로 인한 동맥경화증도 발생된다. 소화 효소와 위액 분비가 감소되면서 소화 기능도 감퇴된다. 이외에도 미각과 치아 기능도 약화된다. 이와 같이 나이가 들어가면서 전반적인 신체 기능이 떨어진다. 20대 청년과 75~80세 노인의 신체 기능을 비교해보면 뇌중량 85%, 폐활량 55%, 간중량 63%, 간혈류량 50%, 신장의 크기 65%, 심박출량 65%, 신경섬유 전달속도 85%, 기초대사율 80%로 감소하게 된다.

노년기가 되면 신진대사의 속도가 느려지기 때문에 칼로리 요구와 소비가 감소된다. 하지만 단백질과 비타민, 무기질의 결핍은 노화 과정을 촉진시키기 때문에 균형 있는 영양섭취가 중요하다. 적절한 활동과 운동이 노년기 신체 기능 감퇴의 속도를 지연시키는 역할을 한다.

(2) 감각기관의 퇴화

노화가 진행될수록 외부 환경을 파악하기 위한 자극이 필요한데 시력은 40세 이후 급격히 감퇴한다. 동공의 크기가 감소되고 수정체가 황색화된다. 빛에 대한 민감성은 증가하지만 암순응 능력은 오히려 감소한다. 그 결과 시각의 정확도가 40~50세 이후 급격히 감퇴되기 때문에 70세 이후 안경을 사용하지 않는 사람을 찾아보기가 어렵다.

청각 능력도 감퇴된다. 노화에 따른 청각 감퇴는 음의 고저 변별에서 차이가 크게 나타난다. 약 25세부터 55세까지 점진적으로 감퇴하다가 55세 이후에 급격히 감퇴하는 데 특히 높은 주파수의 소리를 식별하지 못한다.

미각 역시 60세까지 큰 변화 없이 유지되다가 60세 이후에 급격히 감퇴된다. 성인 초기에는 각 돌기에 250개 정도의 미뢰를 가지고 있으나 70세에 이르면 100개 정도로 감소된다.

촉각의 경우 민감성이 50대 중반까지 일정하게 유지되다가 그 이후에 감퇴되는데 특히 다리의 민감성이 신속하게 감퇴된다.

후각의 경우는 연령에 따른 변화가 잘 밝혀져 있지 않다.

(3) 수면시간의 감소

나이가 들어가면서 수면시간도 줄어든다. 아침에 일찍 깨서 다시 잠들지 못하는 경향이 짙어진다. 수면은 소모되고 손상된 신체적, 심리적 기능을 회복시켜 주는데 수면시간 감소는 이러한 회복 기능을 저하시켜서 인지적 기능과 정서적 기능의 감퇴를 가져온다고 추정하고 있다.

수면 상태는 REM(rapid eye movement) 수면과 NREM(Non rapid eye movement) 수면으로 구분할 수 있다. REM 수면은 단백질 합성을 증가시켜 뇌의

소모된 기능을 회복시켜 주고, NREM 수면은 신체와 근육을 회복시켜 주는 기능을 하는 것으로 알려져 있다. 수면시간의 감소는 인지적, 정서적 기능의 저하와 관련이 있는 것으로 추정되고 있다.

(4) 반응속도의 감소

노화가 진행되면서 자극에 대한 반응속도가 감소한다. 이를 '행동 둔화(behavioral slowness)'라고 하는 데 운동반응, 반응시간, 문제해결, 기억 및 정보처리 과정에서 이러한 현상이 나타난다.

반응속도 감소의 원인은 생물학적 원인, 학습요인, 동기요인에서 찾아볼 수 있다. 생물학적 원인으로는 노화가 진행되면서 뇌의 신경신호 전달 속도가 느려지기 때문에 나타나는 것으로 추정된다. 특히 대뇌의 기능이 현저하게 감퇴된다.

반응속도가 감소하는 이유는 조심성에서 기인한 것일 수도 있다. 보편적으로 나이가 들면서 조심성이 증가하는 데 신체적, 심리적 기능의 쇠퇴가 그 원인일 수도 있다. 낮은 동기 수준도 반응속도 감소의 원인이 될 수 있다.

(5) 성기능의 변화

노화가 진행되면서 성기능도 크게 감퇴하는 데 여성들의 변화가 남성들보다 두드러진다. 폐경(완경)이 여성들의 대표적인 성기능의 변화이다. 폐경 이후에는 성적 자극을 받을 때에도 질내 윤활이 늦어지고 분비물의 양도 현저히 줄어든다. 남성들의 경우에는 여성들의 성기능 변화보다 그 속도가 느리다. 정자 생산은 50세 이후에도 적절하게 이루어질 수 있다. 젊은 시절과 비교했을 때 발기하는 시간과 사정 이후 다음 발기까지 소요되는 시간이 길어진다. 또한 사정되는 정액의 양도 현저히 감소된다.

이러한 신체 변화는 모든 노인들에게 동일한 방식으로 나타나지는 않는다. 노화는 개인차가 매우 크기 때문에 노화에 따른 신체 기능의 변화를 일반화할 수는 없다.

2) 심리적 변화

(1) 지적 능력의 변화

노화가 진행되면서 지적 능력이 감퇴하는 데 60대가 되면 가속화된다. 일반적으로 노인들은 지능 저하, 기억력 감퇴, 정보처리의 둔화, 사고의 경직성 증가, 추상적 사고능력의 저하 등이 나타나는 것으로 알려져 있다. 그러나 지능은 연령에 따른 변화를 속단하기 어렵다. 지적 능력은 연령 증가와 함께 감퇴하는 능력, 변화하지 않는 능력, 증가하는 능력으로 나누어 구분할 수 있다. 일반적으로 과제수행 능력의 속도가 연령 증가와 함께 감퇴한다. 그러나 어휘능력, 일반상식, 이해능력은 노화의 영향을 적게 받는다. 언어지능은 연령이 증가해도 비교적 안정적이지만 비언어적이고 시각과 운동 기술 등에 의존하는 동작성 지능은 감퇴한다.

지능은 유동지능과 결정지능으로 구분된다. 유동지능(fluid intelligence)은 자료들의 관계를 파악하고 일반적 원리를 발견하는 지적인 능력이고, 결정지능(crystallized intelligence)은 판단 및 문제해결에 관여하는 지적인 능력이다. 개인의 경험과 지식에 기반한다. 연령의 증가에 따라 유동지능은 점차 감소하지만 결정지능은 오히려 증가하는 경향이 있다. 이는 오랜시간 살아오면서 축적한 지혜 덕분이라고 추측할 수 있다. 따라서 노년기가 되면 젊은 사람들과 비교해서 많은 정보를 빠르고, 정확하게 처리하고, 새로운 사실을 발견하는 능력은 떨어지지만, 삶의 문제에 직면했을 때는 풍부한 인생 경험과 지식을 바탕으로 젊은 사람들보다 더 지혜롭게 대처할 수 있다는 점을 시사한다.

기억력이 감퇴된다는 것은 널리 인정되는 사실이다. 특히 단기 기억능력이 현저하게 감소한다. 이는 노인으로 하여금 새로운 것을 기억하고 학습하는 것을 어렵게 만드는 요인이 된다. 또한 사망에 가까워지면 인지적 기능 감퇴가 급격하게 나타나는 경향이 있다.

3) 성격적 변화

인생 초기에 형성된 성격은 중년기까지 큰 변화 없이 그대로 유지되지만 성인후기에 이르면 변화한다. 신체적 능력의 약화, 문제해결 능력의 감퇴, 역할상실 등으로 생산성과 활동성이 위축되기 때문에 성격적 변화가 뒤따르게 된다. 일반적인 노년기의 성격 변화는 다음과 같다.

① 내향성 증가: 사회활동이 감소하면서 위축감을 느끼고 내면적 활동에 몰두하면서 내향성이 증가한다.
② 경직성 증가: 변화를 적절하게 수용하지 못하고 자신의 기존의 사고방식과 태도를 고집하는 경향이 증가한다.
③ 조심성 증가: 감각기관이 퇴화하면서 행동이 조심스러워진다.
④ 의존성 증가: 노년기에는 자기중심성과 타인에 대한 의존성이 증가한다. 그래서 가족들 간의 감정적 유대관계를 중시하고 의지할 수 있는 사람을 찾는다.
⑤ 우울 경향 증가: 노년기에는 신체적 기능 저하, 사회적 역할 상실, 중요한 사람들과의 이별 등 다양한 상실을 경험하면서 우울 경향이 현저하게 증가된다.

4) 사회적 변화

(1) 은퇴

은퇴(retirement)는 인생에서 매우 중요한 사건이다. 가정과 사회적 의무에서 상대적으로 자유로워지면서 개인적인 성숙을 이루는 시기이다(Laslett, 1989; R. Atchley, 1989; 이장호, 2013). 그러나 은퇴준비를 하지 못하면 심각한 사회문제를 초래할 수 있다(박주영·유소이, 2014). 은퇴로 인한 심리적 상실감에다 건강과 경제적인 어려움까지 더해져 삼중고(三重苦)를 겪을 수밖에 없기 때문이다.

또한 은퇴에 대한 적응도 매우 중요한데 은퇴에 대한 인식에 따라 그 결과가 달라질 수 있다. 은퇴를 위기로 인식하는 사람들에게는 사회적 지위의 상실, 정체감 혼란, 비생산적 여가시간, 경제적 무능력과 같은 부정적 요인이 부각될 수 있지만, 은퇴를 인생의 한 과정으로 인식하는 사람에게 은퇴는 예측 가능한 인생주기이며 새로운 삶의 단계로 나아가는 기회로 여겨질 수 있다.

(2) 조부모 역할

노년기에는 손자녀를 얻게 되면서 조부모의 역할을 요구받게 된다. 조부모가 되는 일의 만족도는 상황적 요인에 따라 달라진다. 배우자의 생존 여부가 중요하다. 배우자의 생존은 조부모 역할을 즐겁고 보람된 일로 지각하게 하는 반면, 혼자된 노인들은 조부모 역할을 거부하는 경향이 있다. 경제적인 여유도 간과할 수 없다. 경제적으로 여유로운 조부모들은 자녀와 손자녀에게 도움을 줄 수 있지만 그렇지 못한 조부모들은 오히려 경제적 지원을 받아야 하기 때문에 어려운 상황에 직면할 수 있다

조부모들은 손자녀와의 접촉을 통해서 세대의 변화를 인식하고, 문화유산의 전승을 확인할 수 있다. 또한 자신의 죽음 이후에도 계속될 개인

과 가문의 역사를 확인할 수 있기 때문에 편안한 마음으로 죽음을 준비할 수 있다.

(3) 배우자의 사망(사별)

사별은 불가피한 일이지만 배우자의 사망은 심각한 충격과 영향을 준다. 배우자가 사망하면 슬픈 감정, 불면증, 식욕상실, 체중감소, 활동에 대한 관심 상실, 자기비판적, 불안, 우울, 분노, 비통, 죄의식에 사로잡히는 경향이 있다. 정신적, 육체적 충격의 강도와 기간이 개인에 따라 차이가 있고, 시간이 지남에 따라 이러한 증상들의 강도는 약화되고 배우자가 없는 생활에 적응하지만 심리적 충격이 매우 큰 사건이 아닐 수 없다.

(4) 사회적 책임 감소

노년기에는 사회적 책임이 감소한다. 남성들은 경제적 책임이 감소하고, 여성들은 가정 일에 대한 책임이 줄어든다. 사회적 활동에서는 책임이 감소한다. 이러한 사회적 책임 감소는 사회적 지위와 역할을 상실하는 부정적인 측면이 있지만, 과거에 감당해야 했던 사회적 책임으로부터 해방되는 긍정적인 측면도 있다.

함께 읽고 생각하기 **서귀숙 여사, 뒷방 늙은이 되다**

"어머님은 모르셔도 돼요."

며느리의 말 한 마디가 비수가 되어 꽂혔다. 몰라도 되다니, 내가 왜 몰라도 된단 말인가. 이 집이 어떤 집인데? 우리 부부가 평생을 등골 휘게 일해서 아들한테 물려준 집이다. 그런 이 집이 은행에 담보로 넘어갔다는데 내가 왜 몰라도 되단 말이냐. 칠십 평생 이렇게 억울한 일은 처음이다.

> "애비가 사업을 한다나 봐요. 근데 이것저것 복잡한 게 많아서, 어머님은 들어도 몰라요. 어차피 이 집 애비한테 주셨잖아요. 그럼 애비 믿고 도와주세요. 어머님이 모른 척하는 게 도와주시는 거예요."

차라리 되도 않은 말로 거짓말을 할 것이지, 모른 척하라니. 그게 자식 일 도와주는 일이라니, 나를 무시해도 유분수지. 어디서 이런 싹퉁 바가지 같은 것이 며느리로 들어와서 이날 이때까지 나의 마음을 상하게 하는지. 결혼할 남자의 집에 인사드리러 오면서 미니스커트에 염색에 매니큐어까지 바르고 왔을 때부터 알아봤다. 가정교육을 어떻게 받았기에. 하지만 더욱 괘씸한 건 아들놈이었다.

> "엄마가 몰라서 그러는데 요즘 여자애들 다 그렇게 다녀요. 그리고 안 온다는 애 억지로 데리고 왔단 말이에요. 인사드리러 온 게 아니라고요. 일단 엄마한테 눈도장을 찍어놔야 결혼하기 더 쉬울 것 같아서."

모자라도 한참 모자라는 놈 같으니라고, 뭐가 부족해서 저런 여자애랑 결혼을 못해서 안달을 하는지. 하지만 뒤이은 아들의 말에 나는 그만 탄식을 내쉬고 말았다.

> "엄마, 진짜 착한 애예요. 내가 홀어머니에 외아들이라는 것을 알면서도 만나주잖아요."

억장이 무너지는 소리였다. 내가 처음부터 홀어미였던 것도 아닌데 그게 어디 내 잘못이란 말인가. 천년만년 사는 사람이 어디있다고. 나중엔 누구나 다 홀어미 홀아비가 되는데…….

1) 노후, 걱정 대신 준비하라

어떻게 하면 그런 노후를 맞이할 수 있을까? 무슨 준비를 해야 할까?
그 전에 간단한 테스트를 먼저 해보자. 주로 남성 어르신들에게 해당되는 테스트이다.

(1: 아니다. 2: 조금 아니다 3: 조금 그렇다 4. 그렇다 5: 많이 그렇다)

1. 깨우지 않아도 혼자서 일어난다.	1. 2. 3. 4. 5.
2. 스스로 이불을 펴고 갠다.	1. 2. 3. 4. 5.
3. 청소기 사용법을 안다.	1. 2. 3. 4. 5.
4. 세탁기를 쓸 줄 안다.	1. 2. 3. 4. 5.
5. 빨래를 널고 갤 수 있다.	1. 2. 3. 4. 5.
6. 밥을 지을 줄 안다.	1. 2. 3. 4. 5.
7. 라면, 달걀 프라이 외에도 할 수 있는 요리가 많다.	1. 2. 3. 4. 5.
8. 설거지를 할 수 있다.	1. 2. 3. 4. 5.
9. 단추를 달 수 있다.	1. 2. 3. 4. 5.

10. 구두를 닦을 수 있다. 1. 2. 3. 4. 5.
11. 목욕물 온도를 맞출 수 있다. 1. 2. 3. 4. 5.
12. 쓰레기 분리수거를 할 수 있다. 1. 2. 3. 4. 5.
13. 속옷, 양말, 양복이 어디 있는지 알고 있다. 1. 2. 3. 4. 5.
14. 집의 중요 서류가 어디 있는지 알고 있다. 1. 2. 3. 4. 5.
15. 화장지를 값싸게 파는 곳을 알고 있다. 1. 2. 3. 4. 5.
16. 혼자 장보기가 가능하다. 1. 2. 3. 4. 5.

1번부터 16번까지 합산한 점수가 30점 이하인가?

- 젖은 낙엽족: 노년에 직장도 잃고 힘없이 젖은 낙엽처럼 부인에게 붙어 사는 의존적인 남편들을 두고 하는 용어이다.
- 오팔족: 'Old People with Active Life'의 머리글자를 딴 오팔(OPAL)족은 왕성한 사회활동을 하는 50~80대를 일컫는 새로운 개념의 용어이다.

2) 아름다운 노후를 맞이하는 방법

(1) 건강하고 활기찬 몸을 유지하라
- 바른 식습관을 가져라
- 많이 움직이고 적당하게 운동하라
- 정신의 건강도 지켜라

(2) 경제적으로 당당해져라
- 일하는 노인의 아름다움을 즐겨라
- 당당하게 자신을 위해 살라

(3) 친구, 가족 간의 유대 관계를 소중히 여기라
- 들으라
- 포용하라
- 본을 보여라

(4) 즐거운 마음으로 새로운 삶에 도전하라
- 배우는 즐거움을 누려라
- 즐겁게 배운 것은 남을 위해 사용하자
- 작은 일에도 감사하자
- 표정은 밝게, 몸가짐은 단정하게
- 타인을 배려하는 마음을 갖자
- 신앙을 갖자
- 노인이 된다는 것은 축복이다

03
CHAPTER

노인상담 개관

1 노인상담의 개념

1) 노인상담의 정의 및 목표설정

(1) 노인상담의 정의

노인상담의 정의도 일반상담의 정의와 크게 다르지 않다. 학자들에 따르면 노인상담은 "노인문제에 관한 전문적인 지식과 훈련을 받은 상담자 노인들이 당면한 제반 문제를 의논하고 그 해결점을 찾을 수 있는 과정"(박재간 외, 2016)이며, "노인들의 개인적, 가족적, 경제적, 신체적 문제를 해결하고 감정, 사고, 행동 측면의 인간적 성장을 성공적 노후생활을 영위하기 위하여 노력하는 과정"이다(김희수 외, 2009). 또한 노인상담은 "도움을 구하는 노인 및 가족과 상담자 간의 전문적 대면관계를 통하여 일상생활의 부적응 문제를 해결 또는 예방하기 위한 조력과정"이다(이장호 외, 2013). 이와 같은 맥락에서 노인상담을 정의하면 다음과 같다.

"노인상담은 신체적, 정신적, 영적, 사회적 어려움을 호소하는 내담자와 상담자가 만나 통찰을 통한 문제의 본질에 직면하고, 내담자가 겪는 일상의 문제에 바람직하고 적절하게 적응하고, 오랜 세월 경험을 통해 축적해 온 삶의 지혜를 긍정적으로 발현할 수 있도록 돕는 전문적인 과정이다."

이를 위하여 노인 상담자는 노인들이 겪고 있는 다양한 문제들을 제대로 이해하고, 그 문제를 극복할 수 있도록 정서적 지지와 더불어 필요에 따라서는 경제적, 법률적 지원까지도 제시해야 하고, 향후 발생할지도 모르는 문제를 예방할 수 있도록 돕는 역할을 해야 한다.

(2) 노인상담의 목표설정

일반상담과 마찬가지로 노인상담 역시 개인차가 있기 때문에 개인에 따른 상담 목표를 설정해야 한다. 노인상담의 목표는 발달과제에 근거한 상담목표, 노인내담자들의 호소에 근거한 상담목표, 건강한 노인의 특성을 근거로 한 상담목표로 구분해서 설명할 수 있다.

① 발달과제에 근거한 상담목표

노년기에 완수해야 할 주요 발달과제는 은퇴, 노화에 대한 적응, 죽음과 상실 등이 있는데, 발달과제에 따라 상담목표를 설정할 수 있다.

- 은퇴: 노년기에 접어들면서 직면하게 되는 발달과업 중 하나가 바로 은퇴이다. 은퇴는 기회일 수도 있고 위기일 수도 있다. 은퇴를 그동안 짊어지고 있던 무거운 책임감을 벗어버리고 여유로운 생활을 하면서 새로운 삶을 살아가는 또 하나의 기회로 여기면 기회가 되지만, 은퇴를 더 이상 경제적 수입이 사라지고 가정에서나 사회에서 역할을 상실한 채 의미 없이 살아가는 사건이라고 여기면 위기가 될 수밖에 없다. 따라서 은퇴는 성인후기에 누구나 직면하는 발달과업으로 인정하고 사전에 은퇴 이후 삶을 준비할 수 있도록 돕는 상담목표를 설정할 수 있다. 은퇴 이후 사회에서 가정으로 돌

아오는 남편 혹은 아버지를 맞이하고, 원만한 관계 형성을 돕는 상담목표를 설정할 수도 있다.

- 노화에 대한 적응: 인간은 수정되는 순간부터 죽을 때까지 끊임없이 성장하고 성숙한다. 단 한순간도 변화하고 적응하는 일을 멈추지 않는다. 신체적 노화는 시간의 흐름에 따라 신체적, 심리적, 성격적 기능이 일부 쇠퇴하는 발달단계 중 하나다. 따라서 노화는 그 누구도 피할 수 없는 필연적인 것이다. 신체적, 심리적, 성격적 노화에 따른 변화에 적절하게 적응할 수 있도록 돕는 상담목표를 설정할 수 있다.
- 죽음과 상실: 인간은 누구나 죽는다는 것을 모두가 알고 있지만 죽음만큼 다가오지 않았으면 하는 주제가 없다. 노년기가 되면 죽음의 불가피성을 실감하고 그에 대한 두려움을 누군가에게 이야기 하고 싶어진다. 예를 들어, 유언장은 어떻게 작성해야 하는지, 생명을 연장하기 위하여 산소호흡기를 착용할 것인지 안할 것인지, 전기충격기를 사용해서 심장을 다시 뛰게 할 것인지 등 사전의료의향서 작성은 어떻게 할지 등을 사전에 준비해두고 싶기 때문이다. 이와 관련된 문제들도 노인상담의 목표가 될 수 있다.

또 하나의 발달과제는 상실을 경험하는 것이다. 나이가 들어가면서 배우자, 가족, 친구나 친척 등의 죽음을 경험하게 된다. 특히 평균수명이 남자들보다 긴 여성들 대부분이 배우자와 사별하는 경험을 한다. 중요한 사람을 상실하면 다양한 심리적, 정서적, 신체적 충격을 받을 수밖에 없는데, 이때 노인상담을 통해서 건강하고 적절하게 애도과정을 보내고, 달라진 일상에 적응할 수 있도록 돕는 상담목표를 설정할 수 있다.

② 노인내담자의 호소에 근거한 목표

노인내담자의 호소에 따른 상담목표 설정은 너무나 당연한 것처럼 여겨질 수 있지만 자신의 이야기를 꺼내놓기를 꺼리고, 특히 가족과 관련된 문제를 피하려는 노인들의 특성을 고려해서 상담목표를 설정해야 한다. 보편적으로 노인내담자들이 주로 호소하는 문제는 우울과 불안에서 기인하는 경우가 많다.

- 우울: 노년기에 나타나는 가장 흔한 심리적 문제 중 하나가 바로 우울이다. 국내 65세 이상 노인 중에서 약 5%가 치료가 필요한 주요 우울증을 앓고 있으며, 약 5% 정도는 그보다는 경미하지만 일상생활에 지장을 받는 경우울증이라는 연구결과 있다(서울대학교병원, 2017). 그만큼 현대사회를 사는 노인들이 행복하지 않다는 증거이다. 노인 우울의 원인은 매우 다양하지만 신체적 질병 발생, 사회적 역할 상실, 가정 내에서의 역할이 축소되면서 우울 경향이 나타나는 것으로 예측되고 있다. 따라서 노인 상담자는 내담자가 우울 증상을 호소하면 그 이유가 무엇이고, 우울에 기인할 만한 사건이 없었는지, 살아온 역사는 어떠했는지 등을 종합해서 상담목표를 설정해야 한다. 또한 병원 치료를 요하는 중증 우울증인지를 정확하게 진단하고 적절한 치료를 받을 수 있도록 정신과 전문의와의 협력도 상담목표를 설정할 때 반드시 고려하여야 한다.
- 불안: 노인 혼자 사는 10가구 중에서 4가구 이상이 불안을 느끼고 있다. 독거노인의 43.1%가 우리 사회의 전반적인 안전에 대해 불안을 느끼고 있고, 전체 노인 42.4%도 불안을 호소했다. 독거노인들이 느끼는 주된 불안 요인은 범죄(29%), 안보(24.7%), 경제적 문제(9.4%) 등의 순이었다(고령자통계, 2017). 또한 우리나라 70대 이상 공황장애 환자수가 인구 10만 명당 2010년 82명에서 2015년 276명으로 3.4배나 증가했다(국민건강보험공단, 2017). 이와 같은 불안을 호소하는 노인 내담자들은 상담의 효과를 의심하거나 거부하는 경우가 많기 때문에 상담목표를 설정할 때에도 이를 반영해야 한다. 불안해서 상담자를 만나러 가는 것도 주저하게 만들고, 자신의 이야기를 꺼내놓

는 것도 더욱 힘들게 만든다. 따라서 상담자는 이러한 노인들의 반응을 이해하고 노인들이 호소하는 불안에 세심하게 주의를 기울여서 상담목표를 설정해야 한다.

2) 노인상담의 필요성

한국인의 기대수명은 82.4세로 40년 전에 비해 20년이나 증가하였다. 그 증가속도도 점점 빨라지고 있다(통계청, 2016). 평균수명 연장은 은퇴 이후에도 긴 시간을 더 살아야 한다는 것을 의미한다. 이로 인한 인구고령화, 은퇴 이후 노인들의 생활설계, 부양문제 등 노인들이 직면하고 있거나 직면해야 할 시급한 문제들이 산적해 있다. 이러한 상황에서 노인들의 정서적, 신체적, 사회경제적, 법률적 문제에 대한 도움을 제공하고, 노인들이 생활전반에서 겪고 있는 주요 사건들을 파악하고, 노인문제의 해결방법을 끊임없이 모색하는 노인상담만큼 노인문제 해결을 위한 좋은 도구를 찾기가 힘들다.

현대사회의 급진적 변화는 노인상담에 대한 필요성을 부각시키고 있다. 현대사회의 노인문제는 크게 '상실'과 '축소'로 압축할 수 있는데 남성들의 '은퇴'와 여성들의 '가정 내 역할 축소'에서 기인하는 경우가 많다.

남성들은 직업(직장)에서 은퇴를 경험하면서 경제적 기반은 물론 사회적 지위와 역할을 상실한다. 따라서 남성들에게 은퇴는 경제적·심리적·사회적 위축과 위기를 가져오게 하는 결정적인 사건이다. 물론 자녀양육, 가정경제 책임, 사회적 책임 등에서 벗어나 여가를 즐기고, 새로운 삶을 개척할 수 있다는 장점도 있지만 은퇴는 남성들에게 지대한 영향을 미치는 사건이 아닐 수 없다.

대부분의 여성들은 남성들이 경험하는 은퇴를 직접적으로 경험하지는 않지만 자녀들이 성장하면서 가정 내 역할이 축소된다. 이러한 여성들의 역할 축소는 '빈 둥지 증후군'을 유발시킬 수 있다. 또한 자녀양육에서는 비교적 자유로워지지만 주부로서의 역할에는 은퇴가 없다. 오히려 은퇴하고 가정으로 돌아온 남편을 돌보고, 시어머니 또는 장모로서의 새로운 역할에 적응해야 하는 과업이 주어진다. 이 과정에서 많은 여성들이 심리적 위기를 경험하게 된다. 여기에 남성들보다 평균수명이 길기 때문에 주로 여성들이 남편과의 사별을 경험하면서 고독감과 상실감이 고조된다.

노년기의 위기는 노화에 따른 신체 기능의 쇠퇴에서 기인하기도 한다. 특히 노년기를 편안하게 보낼 경제적 기반이 준비되어 있지 못한 경우에는 노년기에도 경제활동을 할 수밖에 없는데 신체 기능이 쇠퇴하기 때문에 심각한 위기를 경험하기도 한다.

현대사회의 가족구조의 변화도 노년기의 문제를 만들어내는 요인이다. 전통사회와 완전히 다른 현대사회의 가족구조와 가치관은 세대 간 갈등, 전통적인 효 사상 변화와 부재 등을 만들고 이는 노인들에게 상대적 박탈감을 안겨 줄 수 있다. 즉, 현대사회의 노인들은 부모 부양과 자녀양육을 당연히 여기는 마지막 세대이자 자녀들의 부양을 기대하지 않는 첫 번째 세대가 되면서 다양한 위기를 겪게 된다. 이러한 노인들의 신체적, 심리적, 사회적, 경제적 위기와 문제를 극복할 수 있도록 돕고, 노인들이 원만하고, 만족스러운 인생의 황금기를 보낼 수 있도록 돕는 노인상담이 더욱 필요하고 절실해졌다. 맥도날드와 하니(McDonald & Haney, 2003)는 다음과 같은 점에서 노인상담이 필요하다고 하였다.

- 노인들의 개인적인 문제를 해결하는 데 도움을 주기 위해서
- 노인들이 중요한 결정을 하는 데 도움을 주기 위해서
- 노인 스스로를 더 잘 알 수 있도록 하기 위해서
- 노인들이 행복하지 않고, 어떻게 해야 할지를 모를 때 도움을 주기 위해서
- 노인들에게 어려운 상황을 다루는 방법을 알려주기 위해서
- 노인들에게 공감적이고 지지적인 대화자가 되어주기 위해서
- 노인들이 위기를 겪는 동안에 도움과 위로, 지지를 제공하기 위해서

3) 노인들이 위기를 경험하는 이유

현대사회를 살고 있는 노인들이 위기를 경험하는 이유는 가족구조의 변화, 노인들의 경험적 가치 경시, 경로와 효 의식 변화 및 부재 등에서 찾을 수 있다.

(1) 가족구조의 변화

농경사회에서 산업사회로 변모하면서 가족구조의 변화가 나타나기 시작했다. 전통적인 대가족 구조에서 점차 핵가족화되면서 가족의 중심이 부모-자녀의 종적인 축에서 부부 중심의 횡적인 축으로 바뀌었다. 이러한 가족구조의 변화는 전통적인 가치관의 약화를 불러오는 결정적인 요인이 되었다. 따라서 현대사회의 가정에서는 부부와 자녀가 중심역할을 하고 상대적으로 노인들의 역할과 가치가 줄어들게 되면서 노인들이 위기를 경험하게 되었다.

(2) 노인들의 경험적 가치 경시

농경사회에서는 노인들의 경험적 가치가 결정적인 정보이자 지식이었다. 예를 들어, 논에 언제 물을 대야 하는지, 추수는 언제 해야 하는지 등 작물 재배와 수확 방법 등은 노인들이 오랜 시간 축적한 경험에서 근거하는 경우가 많았지만 산업사회와 지식정보사회에서는 노인들의 경험적 가치가 크게 경시되고 있다. 인터넷 포털사이트에 검색만 해도 필요한 정보와 지식을 훨씬 빠른 시간에 정확하게 획득할 수 있게 되었기 때문이다. 또한 현대사회는 힘, 기술, 지식, 정보가 경험적 가치보다 유용하게 활용되기 때문에 노인들의 역할과 지위가 크게 하락하였다. 이러한 현상이 가속화되면서 더 이상 젊은 사람들이 노인들의 경험적 가치를 인정하지 않게 되면서 노인들의 지위하락과 상대적 박탈감을 증가시켰다.

(3) 경로와 효 의식 변화 및 부재

전통사회에서는 노인들이 가정의 중심에 위치하였는데 현대사회에서는 부부와 그 자녀가 가정의 중심이 되면서 가치관이 달라지면서 경로와 효 의식 변화 및 부재 현상이 나타나고 있다. 새로운 것과 능률을 가치 있게 여기는 현대사회가 노인들을 삶의 중심부에서 주변으로 몰아내면서 노인들의 지위하락과 소외와 고독을 경험하게 만들었다. 그러면서 노인을 공경하는 경로사상과 부모 부양은 당연하다는 효 의식이 약화되고 말았다. 자본주의가 만연한 현대사회에서는 현실적으로 노인을 부양하기 어려운 처지에 있는 가족들이 늘어나고, 이는 자녀세대에게 경제적, 정서적인 부양부담을 가중시키며 다양한 가족문제를 초래하게 되었다.

4) 노인상담의 중요성

노인상담은 노인들의 특성(성향) 반영, 노인상담 수요 증가, 노인 자살률 증가, 노인학대와 부양 스트레스 해소, 행복한 노년기 설계 측면에서 그 중요성을 설명할 수 있다.

(1) 노인들의 특성 반영

우리나라 노인들은 자신의 문제를 누군가에게 꺼내놓지 않으려는 특성이 매우 강하다. 가족에 대한 치부가 다른 사람에게 노출되는 것을 죽기보다 꺼려하기 때문에 심각한 문제가 발생해도 도움을 요청하지 않고 혼자 삭히는 경향이 매우 짙다. 화병이 그 대표적인 예이다. 따라서 자신의 이야기를 안전한 공간에서 편안하게 꺼내놓을 수 있는 노인상담이 중요하고 필요하다. 노인 상담자는 무엇보다 노인들이 자신의 이야기를 꺼내놓는 것에 대한 거부감을 줄이고, 적극적이고 전문적으로 상담할 수 있는 역량을 갖춰야 한다.

(2) 노인상담 수요 증가

최근 들어 심리적, 정서적, 신체적, 법률적 문제를 호소하며 전문적인 도움을 구하는 노인상담 수요가 증가하고 있다(이장호 외, 2013). 여기에 노년인구의 증가와 함께 전문시설 등 공동생활을 하는 노인수도 증가하고 있다. 이들을 위한 적절한 상담서비스 수요도 꾸준히 증가하고 있기 때문에 노인상담의 역할이 더욱 중요해졌다.

(3) 노인 자살률 증가

우리나라 노인 자살률은 인구 10만 명당 58.6명이다. 미국이 14.5명인 것과 비교하면 매우 높은 수치이다(보건복지부, 2015). 혹자들은 죽음을 앞둔 노인들이 자살하는 이유를 이해하지 못한다고 하는 데, 그만큼 우리나라 노인들이 목숨을 버릴 만큼 고통 속에 살고 있다는 반증이다. 노인 자살률이 증가하는 이유도 노년기에 적절한 삶을 영위하지 못하고, 지속적으로 좌절감을 경험하면서 그 고통을 극복하지 못하고 자살을 하는 비율이 높아지는 것이다. 노인들이 경험하고 있는 소외와 고독, 외로움을 적절하고 합리적인 방법으로 해소할 수 있도록 돕는 노인상담이 중요한 이유도 그 때문이다.

(4) 노인학대와 부양 스트레스 해소

평균수명이 연장되고 사회가 고령화되면서 노인들을 부양하는 이들의 스트레스도 급증하고 있다. 노인학대가 급증하고 있는 이유도 여기서 찾을 수 있다. 부양 스트레스와 노인학대는 떼려야 뗄 수 없는 관계에 놓여있다. 노인학대 피해를 당하고 있는 당사자뿐만 아니라 부양 스트레스를 호소하고 있는 가족구성원들의 심리적, 정서적 상담서비스를 제공하기 위해서 노인상담이 중요하다.

(5) 행복한 노년기 설계

노인상담이 중요한 이유는 무엇보다 노인들이 행복한 노년기를 영위할 수 있도록 돕는 거의 유일한 도구이기 때문이다. 또한 노인상담은 노인들만이 대상이 아니라 불행한 노년기를 보내지 않기 위해서 미리 준비하도록 돕는 예방차원에서도 중요한 역할을 한다. 중장기적으로 성공적 노화를 위한 준비와 그 중요성을 사전에 인지시켜 줄 수 있는 역할을 할 수 있기 때문이다.

5) 노인상담의 목적과 원리

(1) 노인상담의 목적

노인상담은 노인내담자의 문제를 해결하고 만족스러운 노년기를 보내도록 돕는 것을 주요 목적으로 한다. 따라서 상담자는 다음과 같은 노인상담의 목적에 관심을 가져야 한다(김희수 외, 2009).

- 1차적 사회관계망의 역할수행: 노인의 고립감과 소외감 해소
- 새로운 정보제공자의 역할
- 노인문제의 예방 및 치료
- 가족원조자의 역할: 노인을 부양하는 가족에 대한 정서적 지지

(2) 노인상담의 원리

노인상담 역시 일반상담과 같이 개별화의 원리, 의도적 감정 표현의 원리, 수용의 원리, 비심판적 태도의 원리, 자기결정의 원리가 있다. 특별히 노인상담에서는 죽음에 대한 긍정적 수용자세의 원리가 보태져야 한다.

① 개별화의 원리

- 노인을 특별한 개인으로 대할 것
- 노인 개개인의 독특한 자질과 성격을 알고 이해할 것
- 개성에 따라 처방을 달리할 것
- 다양한 노인의 경험과 성격에 대응할 것
- 개인차를 이해하고 개별적인 접근을 할 것

② 의도적 감정 표현의 원리

- 내담자의 잠재된 감정을 밖으로 표출시킬 것
- 부정적 감정도 자유롭게 표현하도록 도와줄 것
- 적절하게 위로하고 격려할 것

③ 수용의 원리

- 내담자의 있는 그대로 받아들일 것
- 노인의 선악에 대한 판단은 하지 말 것
- 그 사실을 선한 것으로 인정함이 아님을 주지할 것
- 노인의 지나간 과거를 하나의 사실로 수용할 것

④ 비심판적 태도의 원리

- 심판적 태도로 접근하지 말 것
- 노인의 문제에 대한 책임 소재를 따지지 말 것
- 상담자는 내담자의 행동에 대하여 올바른 평가기준은 가지고 있을 것

⑤ 자기결정의 원리

- 스스로 선택하고 결정하도록 도와줄 것
- 상담자가 대신 결정하고 지시하지 말 것
- 목표를 적극적으로 수행해 나갈 수 있도록 지지할 것

⑥ 죽음에 대한 긍정적 수용자세의 원리

- 죽음을 맞는 5단계(부정과 고립－분노－타협－우울－순응)를 이해할 것
- 인생의 마지막을 잘 준비하도록 도울 것
- 임종을 앞둔 노인의 경우 호스피스를 안내할 것

2 노인상담의 방법과 상담자

1) 노인상담 방법

상담자와 내담자의 관계형성 수준과 내담자가 처한 환경과 문제에 따라 차이가 있지만 일반적인 노인상담 방법은 신뢰감 형성, 긍정적인 사고로 바꾸기, 설정한 목표를 성취하도록 의사를 존중하기, 가족을 참여시키기, 내담자가 설정한 목표 성취하도록 의사존중하기, 자아통합 돕기 등이다. 구체적인 내용은 다음과 같다(권육상, 2007).

(1) 신뢰감 형성

무엇보다 노인내담자와 신뢰감을 형성하는 것이 중요하다. 상담자는 노인내담자가 아무리 부정적 감정을 표출하더라도 노인에 대한 관심과

사랑의 태도를 바꾸지 않는 것이 중요하다. 노인내담자가 호소하는 문제를 비난하거나 판단하지 말고 있는 그대로 이해해야 한다. 노인내담자 스스로 내재된 감정을 표현하면서 스스로 깨닫도록 독려해야 한다. 이러한 노력과 인내가 상담자와 노인내담자의 신뢰감 형성을 돕는다.

(2) 긍정적인 사고로 바꾸기

노인상담의 또 하나의 중요한 역할은 노인들의 무의식에 잠재해 있는 부정적인 사고를 긍정적인 사고로 바꾸는 것이다. 노인내담자 스스로 타인에 대한 부정적인 감정을 표현하는 것이 옳지 않다고 생각할 수도 있고, 개인적인 문제를 타인에게 드러내는 것을 원하지 않을 수도 있다. 왜냐하면 개인적인 감정을 표현하고, 자신의 문제를 이야기하는 것이 아무런 소용이 없다고 여기면서 자기만 참으면 모두가 편하고 유익하다는 인식을 갖고 있기 때문이다. 이때 노인 상담자는 참는 것이 능사가 아니고, 모두를 위해서도 좋지 않다는 것을 인식시키면서 부정적인 감정일지라도 표현할 수 있도록 지지해야 한다. 또한 자신의 감정표현마저 절제하며 살아온 노인의 희생과 헌신을 지지해줘야 한다.

(3) 설정한 목표를 성취하도록 의사를 존중하기

노인내담자 스스로 설정한 목표를 성취하도록 의사를 존중해야 한다. 노인상담은 노인내담자의 잠재능력을 활용해서 호소하는 문제를 해결하는 데 도움을 줄 뿐만 아니라, 자기 스스로가 선택한 목표를 향해 능동적으로 참여하도록 권장하는 과정이다. 노인 스스로가 잠재능력을 개발 및 활용하고, 필요한 자원을 원조해줘야 한다.

(4) 가족을 참여시키기

노인내담자가 호소하는 문제해결을 위해서 가족을 참여시키는 것이 좋다. 이 과정에서 노인의 가족들이 내담자의 사고와 감정을 비판하지 않도록 주의시켜야 한다. 어떠한 상황도 단정적으로 판단하지 말고, 노인의 행동이나 태도, 가치 등을 객관적으로 사정하려고 함께 노력하도록 지지해야 한다. 이와 같은 과정을 통해서 노인내담자와 가족들이 서로를 이해하고, 내재되어 있는 선입견이나 편견을 버릴 수 있다.

(5) 자아통합 돕기

노인상담의 궁긍적인 목표는 자아통합이다. 즉, 자신이 살아온 삶을 돌아보면서 실패하고 어려운 일이 많았지만 그럼에도 불구하고 만족스럽고, 의미 있게 살아왔다는 것을 수용하도록 돕는 것이다. 이 과정을 통해서 노인내담자는 죽음에 대한 무조건적인 불안이나 두려움에서 벗어나고, 남아 있는 삶을 만족스럽게 영위할 수 있게 된다.

2) 상담자의 역할과 책임

노인 상담자의 역할은 지향해야 할 바람직한 역할과 바람직하지 않은 역할로 구분할 수 있다. 상담자로서의 책임도 명시되어 있다.

(1) 바람직한 역할

① 자기 자신을 받아들일 수 있도록 지지하기

상담자의 수용적이고 지지적인 태도가 노인내담자의 방어기제나 심리적 긴장감을 제거해주면서 노인내담자 스스로를 있는 그대로 인정하고 수용하게 된다.

② 잠재적 자원 발견하고 활용하기

상담자는 노인내담자의 잠재적 자원을 발견하고 활용할 수 있도록 독려해야 한다. 노인내담자는 자신이 가지고 있는 자원을 바탕으로 호소하고 있는 문제에서 벗어나고, 변화된 삶에 적응할 수 있게 된다.

③ 노인내담자 스스로 문제 해결하도록 돕기

노인상담 과정을 통해서 상담자는 노인내담자 스스로 문제를 해결하고, 인격적, 성격적, 심리적 성장과 성숙을 이룩할 수 있도록 지지해야 한다.

(2) 바람직하지 못한 역할

① 상담자가 문제해결의 중심에 선다

상담자가 노인내담자가 호소하는 문제를 해결하는 주된 역할을 하고, 노인내담자는 문제해결에 소극적으로 참여하게 하는 경우를 말한다. 이는 바람직하지 못한 역할이다. 상담자는 노인내담자 스스로 문제를 해결하는 것을 방해하거나 제한해서는 안 된다.

② 노인내담자가 호소하는 문제보다 더 중요한 문제가 있다고 여긴다

상담자는 노인내담자가 호소하는 문제에 가장 큰 관심을 가지고 그 문제해결을 위해 노력해야 한다. 노인내담자가 호소하는 문제를 도외시하고, 상담자가 판단해서 필요하다고 여겨지는 문제에만 관여해서는 안 된다.

③ 노인내담자를 조정한다

노인상담 과정에서 상담자가 직·간접적으로 노인내담자를 조정해서 문제해결을 하려는 태도와 자세는 적절하지 않다. 노인내담자 스스로 문제해결 방법과 그 기술을 발전시키는 것을 제한해서는 안 된다.

④ 강제적인 방법으로 노인내담자를 설득한다

상담자가 판단하기에 아무리 옳은 결정이라고 해도 그것을 인지시키기 위해서 내담자에게 강제적인 방법으로 설득해서는 안 된다. 노인내담자 스스로 적절하게 판단하고 의사결정할 수 있도록 끝까지 인내하고 안내해야 한다. 결국 노인상담에서 배우고 익힌 기술들을 생활장면에서 실천하는 것은 내담자의 몫이기 때문이다.

(3) 상담자의 책임

미국 윤리강령제정위원회가 발표한 상담자의 책임은 다음과 같다(김희수 외, 2009 재인용).

① 상담자의 기본의무는 상담자가 도움을 주려는 내담자의 복지를 증진시키고 그의 인격을 존중해 주는 것이다.

② 상담관계와 그 관계를 통하여 얻어진 정보는 전문인으로서의 의무에 비추어 그 비밀이 유지되도록 해야 한다.

③ 면접기록, 조사자료, 녹음테이프 등을 포함하는 상담에서 얻어진 제반 자료는 연구와 상담자 교육 외에는 사용될 수 없으며, 그것이 정당하게 사용될 때에도 내담자의 이름을 식별할 수 없도록 적절한 조치가 강구되어야 한다.

④ 상담관계에 들어가기 전에 상담자는 어떤 조건하에서 상담이 실시된다는 것을 내담자에게 알려주어야 한다.

⑤ 상담자는 내담자의 문제에 관하여 타인의 전문적 자문을 받을 수 있다. 그러한 자문위원을 정할 때에는 자문위원의 자격을 충분히 고려하여야 한다.

⑥ 상담자는 자신의 능력을 한계로 느끼거나 더 이상 전문적 도움을 줄 수 없다고 판단할 때 상담관계를 종결지을 수 있다. 그러한 경우 상담자는 다른 적절한 전문가에게 위탁하여야 한다.

⑦ 상담과정에서 내담자가 타인을 해롭게 할 수 있는 조건을 발견하면 그 사람에 대하여 책임 있는 기관의 장에게 그 사실을 보고해야 한다. 그러나 내담자의 신분은 밝혀지지 않도록 해야 한다.

⑧ 내담자가 명백히 위급한 상황에 있게 될 때, 상담자는 해당기관의 장에게 이 사실을 보고하여야 하며, 또 상황에 따라서는 응급조치를 취하여야 한다.

3 노인상담의 특성

노인상담에서 노인들의 특성을 이해하는 일은 매우 중요하다(이장호 외, 2013). 노인들의 특성에는 나이, 문화차이, 변화에 대한 인식 차이, 노인의 가족, 죽음 등이 있다.

1) 나이

노인상담의 가장 큰 특징은 상담자보다 내담자가 나이가 많다는 것이다. 이러한 특징은 갈등을 유발하기도 하고, 변화 가능성을 높이기도 한다. 세대가 다른 상담자와 내담자가 감정적으로 친숙해지면 치료효과를 촉진시키지만, 서로의 차이를 인정하고 수용하지 못하면 또 다른 갈등을 만들어 내기도 한다. 상담자가 내담자에 대한 부담을 느껴 역동과 저항이 일어날 수도 있고, 상담을 위한 라포(rapport) 형성에도 문제가 될 수 있다. 내담자 역시 자신보다 나이가 어

린 상담자에 대해 신뢰를 형성하기가 어려울 수 있다. 이러한 나이와 관련된 특성이 상담에 임하는 자세와 상담과정에 중대한 영향을 미칠 수 있다. 따라서 상담자는 유연함과 전문성을 발휘할 줄 알아야 한다.

2) 문화차이

우리나라 노인 세대는 행복한 기억이 별로 없다. 말 그대로 고난의 연속이었다. 일제강점기, 한국전쟁, 산업구조와 가족구조의 변화, IMF 등 수많은 곡절을 겪었다. 반면 젊은 세대들은 상대적으로 풍족하고, 많이 배웠으며, 개성을 표현하는 것이 익숙하다. 노인 세대 삶의 목표가 생존이었다면 젊은 세대의 목표는 자아실현이다. 바로 여기서 세대 간 문화차이가 생긴다.

상담자는 노인내담자가 가지고 있는 문화나 가치관이 자신의 가치관이나 세계관과 차이가 있어도 그것을 성급하게 표현하지 않도록 주의해야 한다. 상담자 자신도 모르게 상담자의 가치관과 세계관이 옳고, 노인내담자의 가치관과 세계관은 틀렸다고 인식하는 것을 경계해야 한다. 따라서 상담자는 노인내담자에게 문화차이를 제대로 이해하지 못하고 있다는 느낌을 줘서는 안 된다. 그렇게 되면 내담자는 더욱 강한 감정적 억압이나 저항을 보일 수 있다. 또한 전이와 역전이를 주의해야 한다. 예를 들어, 상담자가 경험한 아버지나 어머니 혹은 할아버지와 할머니와의 대립과 갈등이 상담장면에서 무의식적으로 나타날 수 있다. 이와 반대로 노인내담자가 젊은 상담자를 자신의 자녀나 손자로 생각하는 경우도 있다. 노인상담에서의 전이와 역전이 발생은 드문 일이 아니기 때문에 전이와 역전이를 적절하게 활용할 필요가 있다.

3) 변화에 대한 인식 차이

노인들은 잘 변화하지 않고, 변화가 필요하지 않다고 생각하는 경향이 있다. 그런데 이것은 노인에 대한 심각한 편견이다. 노인도 얼마든지 변화할 수 있고, 더 나은 삶을 영위하기 위해서 변화가 반드시 필요하다.

노인내담자의 변화에는 두 가지 유형이 있다. 하나는 문제의 근본적인 틀 자체는 변화하지 않으면서 호소하고 있는 문제에 대한 변화를 일으키는 것이고, 또 다른 하나는 문제의 근본적인 틀을 변화시키는 것이다. 전자보다 후자가 진정한 문제 해결을 위한 변화라고 할 수 있다.

또한 노인들은 변화 이후 다시 원래의 상태로 되돌아가려는 경향이 있다. 처음에는 변화하겠다는 강력한 의지를 가지고 상담에 임하지만 시간이 지나면서 변화 의지가 약화되고 원상태로 복귀하려는 경향이 나타나기도 한다. 따라서 상담자는 내담자 스스로 끊임없이 변화하려는 노력과 의지가 필요하다는 것을 인식시켜줘야 한다.

또 다른 측면에서 보면 노인들은 새로운 삶에 대한 의지와 변화욕구가 상대적으로 약하다. 그래서 노인들은 기존의 습관을 유지하고 정체시키려는 경향이 있다. 따라서 상담자는 노인의 이러한 특성을 충분히 파악하고, 변화에 대한 동기를 끊임없이 불어넣어 줘야 한다.

4) 노인의 가족

노인내담자 가족 및 보호자의 지지가 약한 경우도 많다. 실제 노인상담에 임하는 노인들은 스스로 문제를 해결하고자 찾아오는 경우가 많지 가족의 지원을 받고 있는 경우가 드물다. 하지만 노인 가족 및 보호자의 적극적인 지지와 지원만큼 중요한 것도 없다. 노인내담자의 긍정적인 변화는 가족의 지지와 비례한다는 것을 유념해야 한다.

5) 죽음

노인들은 무슨 문제이든지 간에 죽음과 연결지으려는 경향이 있다. 이는 삶을 돌아보고, 다가올 죽음이라는 주제가 두렵다는 것을 반영하는 것이다. 실제로 노인에게 죽음보다 긴박한 문제는 없다. 노인상담에서 죽음의 문제를 중요하게 다루는 이유도 그 때문이다. 상담자는 내담자가 가지고 있는 죽음에 대한 의식적, 무의식적 태도와 공포를 이해하고 적절한 도움을 제공해야 한다.

4 노인상담 영역

노인상담은 경제적 영역, 신체적 영역, 정서적 영역 및 사회·법률적 영역에서 이뤄지고 있다.

1) 경제적 영역

노후생활에서 가장 문제가 되는 것은 경제적 어려움이다. 대부분의 노인들이 은퇴 이후 경제적 어려움에 직면하고 있다. 우리나라 은퇴자 10명 중 7명 이상이 은퇴 이후 생활을 영위할 수 있는 자금이 충분하지 않다고 인식하고 있고, 국민 46%가 경제적 은퇴준비를 잘 못하고 있으며, 잘 하고 있는 경우는 7%에 불과하다. 노후준비를 할 수 있는 능력이 없는 경우가 62.2%, 자녀나 친지에게 경제적으로 의존할 가능성이 있는 경우가 27.5%나 된다(김남원, 2017). 따라서 노인상담에서는 이미 은퇴했거나 노후를 보내고 있는 내담자에게 재취업, 사회복지적 도움 제공 등을 위한 상담서비스를 제공하고 있다. 젊은 세대들에게는 미리 경제적 노후준비를 할 수 있도록 교육과 상담을 실시하기도 한다.

2) 신체적 영역

우리나라 노인 대부분이 만성질환을 갖고 있고, 약 30%의 노인이 우울 증상을 보이는 것으로 조사됐다. 이 같은 노년기 건강관련 문제는 여성, 고연령, 저소득일수록 심각한 것으로 나타났다(전국노인실태조사, 2014). 빈곤한 노인들의 경우 만성질환과 우울증을 함께 앓고 있을 가능성이 높아 심각한 문제를 야기할 수 있다. 우리나라에서 건강과 관련된 상담서비스를 받을 수 있는 곳은 보건소, 사회복지관, 노인복지관, 지역사회 정신건강센터 등이 있지만, 건강과 관련된 상담을 받는 노인들이 제한적이다. 따라서 노인상담에서 의료비 지원, 노인시설, 노인성 질환 전문병원 이용, 예방적 건강관리 등의 정보제공을 해야 한다. 신체적 영역에서의 노인상담의 중요한 목표는 노인들이 잔존능력을 유지하고, 질병을 예방하고, 치료하는 데 도움을 주는 것이다.

3) 정서적 영역

정서적 영역에서의 노인상담 주제는 고독과 소외이다. 노인들이 고독과 소외, 외로움을 호소하는 주된 이유는 노년기에 대한 적응, 가족관계 회복, 사회참여, 황혼 이혼과 재혼 등과 관련이 높다. 왜냐하면 노년기에는 가정에서 보내는 시간이 늘어나면서 배우자, 자녀 등 가족과의 접촉이 빈번해지는데 이 과정에서 가족관계에서 갈등이 발생하거나 새로운 역할을 찾지 못한다거나 긴 여가시간을 적절하게 보내지 못해서 어려움을 호소하는 경우가 많기 때문이다. 최근에는 황혼 이혼과 황혼 재혼 등과 관련된 주제로 상담실을 찾는 경우도 늘고 있다. 따라서 정서적 영역에서의 노인상담의 목표는 노년기에 대한 적응, 가족관계 회복, 사회참여 독려, 황혼 이혼과 재혼 문제 해결 등이다.

4) 사회·법률적 영역

노인인구가 증가하고 평균수명이 연장되면서 종교생활, 봉사활동, 지역단체 가입 등 노인들의 사회활동 참여가 늘어나고 있다. 이러한 추세와 함께 사회·법률적 영역에 대한 노인상담이 증가하고 있다. 사회활동 참여를 위한 구체적 정보제공, 선호단체 및 기관 알선, 원조 등이 그 주제이다. 법률적 조언을 구하는 노인상담 사례도 늘고 있다. 재산 분할, 분가, 공문서 작성 및 발송 방법, 법률가 알선 등이 그 주제이다.

[활동지]

노인생활만족도 검사

구분	그렇지 않다 (0)	잘 모르겠다 (1)	그렇다 (2)
1. 지난 평생을 돌아볼 때 후회할 일이 별로 없다			
2. 나의 지난 평생은 성공적인 편이었다			
3. 나는 다른 사람들보다 다복한 편이었다			
4. 나는 내 동갑내기들보다 어리석은 판단을 많이 내린 편이다*			
5. 내가 살아온 길을 되돌아보면 이루어 놓은 게 별로 없다*			
6. 나의 지난 평생은 힘들고 괴로워서 생각하기도 싫다*			
7. 요즈음 나는 살맛이 난다			
8. 나이를 먹어가면서 보니 세상사가 생각했던 것보다는 좋게 느껴진다			
9. 요즈음이 내 인생에 있어서 가장 즐거운 때이다			
10. 나는 현대의 생활방식에 만족한다			
11. 매일 매일의 생활이 따분하고 지루하다*			
12. 요즈음 나는 매사가 짜증스럽고 귀찮다*			
13. 요즈음 기쁜 일보다는 슬픈 일이 더 많다*			
14. 요즈음 화나는 일만 점점 더 많아진다*			
15. 나는 오래오래 살고 싶다			
16. 앞으로 살아가는 데 희망이 있다			
17. 앞으로 내 주위에 재미있고 즐거운 일이 많이 생길 것 같다			
18. 앞으로 내가 할 만한 일은 거의 없을 것이다*			
19. 나는 가치 있는 일을 더 이상 할 수 없을 것이다*			
10. 더 이상 나이 먹는 것보다는 죽는 편이 낫다*			

* 역채점 문항
* 한국노년학포럼(2010).

PART Ⅱ

노인상담

04
CHAPTER

노인상담기법

1 상담의 원리와 기초 기법

1) 상담의 원리

일반적인 상담과 마찬가지로 노인상담도 관계의 원리, 개별화의 원리, 의도적 감정표현의 원리, 통제된 정서관여의 원리, 수용의 원리, 비판단적 태도의 원리, 자기결정의 원리, 비밀보장의 원리를 적용해서 진행하는 것이 효과적이다.

(1) 관계의 원리

상담관계는 어디에도 존재하지 않는 특별한 경험이다. 내담자가 존중받고, 공감받고, 이해받는 관계인 동시에 자기탐색과 성장을 촉진하는 아주 특별한 관계이다.

(2) 개별화의 원리

상담자는 내담자의 특성과 개인차를 인정하는 범위 내에서 상담을 전개해야 한다. 상담자의 고정관념이나 주관적 기준으로 내담자를 판단해서는 안 된다.

(3) 의도적 감정표현의 원리

상담자는 내담자가 최대한 편안한 상태에서 자유롭게 감정을 표현할 수 있도록 온화한 분위기를 만들어줘야 한다.

(4) 통제된 정서관여의 원리

상담자는 내담자의 정서변화에 민감하게 반응하고, 적극적이고 적절하게 관여하는 자세를 가져야 한다.

(5) 수용의 원리

상담자는 내담자를 따뜻하고 수용적으로 대해야 한다. 내담자의 인격을 존중한다는 의사를 분명히 해야 한다.

(6) 비판단적 태도의 원리

상담자는 객관적이고 중립적인 자세로 내담자의 행동과 태도, 가치관을 평가해야 한다. 나쁘다고 지적하거나 잘못되었다고 지적하는 등의 판단은 좋지 않다.

(7) 자기결정의 원리

상담자는 내담자가 자신의 가치와 존엄성을 존중하도록 돕고, 스스로 문제해결을 할 수 있다는 자신감을 심어줘야 한다.

(8) 비밀보장의 원리

상담자는 내담자와의 대화 내용을 타인에게 절대로 발설해서는 안 된다. 다만 내담자와 타인의 생명에 위협이 있을 경우에는 비밀보장 원칙을 지키지 않아도 된다.

2) 기초 기법

(1) 관심 기울이기

관심 기울이기 기법은 상담기법의 기본 중의 기본이다. 상담자가 내담자에게 관심을 표현하는 방법은 다음과 같다.

① 내담자를 정면으로 바라본다

시선이 정면을 향해 있으면 상담자가 내담자에게 적극적으로 관심을 보이고 있다는 사실을 전달해 줄 수 있다.

② 개방적인 자세를 취하고 가끔 내담자 쪽을 향해 몸을 기울인다

개방적인 자세는 상담자가 내담자에게 마음을 열고 있다는 것을 보여주는 표현이고, 가끔 내담자 쪽을 향해 몸을 기울이는 것은 일종의 신체적 커뮤니케이션 스킬이다. 유연성 또는 반응성을 나타낸다.

③ 좋은 시선으로 접촉을 유지한다

부드러운 눈빛만으로도 상담자가 내담자에게 "당신과 함께 있다", "당신에게 관심이 있다", "당신이 하는 말을 듣고 싶다" 등의 메시지를 전달할 수 있다.

(2) 적극적 경청

적극적인 경청(Active Listening)이란 내담자의 생각과 감정을 충분히 듣고 느끼며 내담자 입장에 서서 이해하는 것을 말한다. 적극적 경청은 내담자의 심정과 감정, 태도를 충분히 살피고 받아들이는 과정이며, 이 과정을 통해서 내담자가 마음의 문을 열고 경청을 하는 상담자와 감정적·정서적 신뢰관계를 형성한다.

적극적 경청은 내담자의 이야기를 잘 들어줄 뿐만 아니라 내담자가 이야기한 핵심 메시지를 되돌려주어야 한다. 그러면서 내담자가 생각이나 감정을 자유롭게 표현할 수 있도록 북돋아 주고, 문제를 탐색하게 하도록 도와야 한다.

적극적 경청에서 간과하지 말아야 할 것은 침묵이다. 침묵은 내담자만의 중요한 언어공간이다. 계속 말을 하던 내담자가 갑자기 말끝을 흐린다든가 침묵을 하는 순간이 바로 가장 중요한 정보나 상태를 파악할 수 있는 결정적인 시기이다. 또한 적극적 경청은 내담자의 언어적 특성과 비언어적 특성을 모두 살펴야 한다는 점을 염두에 두어야 한다.

① 언어적 메시지 이해

상담자가 내담자의 언어적 메시지에 귀 기울이고 관심을 보이면서 표현된 메시지뿐만 아니라 이면에 숨어있는 메시지를 발견하기 위한 기초 작업이다.

② 비언어적 메시지 이해

내담자는 언어적 메시지뿐만 아니라 비언어적 메시지를 통해서도 감정과 생각, 느낌과 정서 등을 표현하기 때문에 비언어적 메시지를 이해할 수 있어야 한다.

- 신체적 행동: 몸의 움직임, 자세 등

- 표정: 미소, 미간 찌푸림, 눈썹 치켜세움 등
- 생리적 반응: 음색, 음률의 고저, 억양, 침묵, 유창함, 동공확대 등
- 신체적 특징: 건강, 키, 몸무게, 안색 등
- 외관: 옷차림새, 청결상태 등

③ 공감적 경청과 이해

공감적 경청은 상담자가 내담자에게 관심이 많고, 내담자의 이야기에 귀 기울이고 있으며 함께 하고 있음을 표현하는 기법이다. 상담자는 내담자가 직면한 상황, 내담자가 추구하는 바 등을 정확하게 이해하고, 공감해주고, 견뎌주면서 내담자 스스로 문제해결을 할 수 있도록 대처기술을 제공해야 한다.

공감적 이해는 상담자가 직접 경험하지 않고도 내담자의 감정을 거의 같은 수준으로 이해하는 것이다. 상담자가 내담자의 감정에 공감을 잘 하는 것도 중요하고, 공감하고 있음을 전달하는 것도 중요하다. 공감적 이해를 통해 내담자는 자신이 이해받고 있다는 느낌을 갖게 되고, 상담자를 신뢰하고, 자신을 더 깊이 표현하게 된다.

- 표면 공감(sympathy): 표면 공감은 내담자가 가장 빠르게 인지한다. 동료가 하는 이야기에 대하여 건성건성 듣는다거나 대충 대답한다면 동료는 금방 당신이 진지하게 자신의 이야기를 듣거나 받아들이지 않는다는 것을 알게 된다. 이러한 대화는 신뢰는커녕 오히려 불신과 분노를 가져올 수 있다. 특히 어려움에 처한 내담자에게 심층 공감이 있지 않고는 내담자 내면의 진정한 이야기 핵심에 도달하기 어렵다.
- 심층 공감(empathy): 심층 공감은 표면적인 공감을 넘어서 상호 공감으로 가는 여정이다. 깊이 있는 대화와 이해, 정서적 연합, 신뢰를 토대로 한 발전과 협력이 심층 공감의 중요한 요소들이다. 심층 공감은 표현하고 싶었지만 하지 못했던 내담자의 진심에 상담자가

함께 머무르는 과정이다. 상담 초기에는 표면적 공감을 하지만 상담이 진행되어 가면서 상담자는 내담자의 문제에 동참하게 된다. 상담자와 내담자가 감정적 연대를 형성하고, 동력자라는 느낌을 받으면서 문제를 해결하고 절망에서 벗어나는 경험을 하게 된다.

(3) 수용과 일관된 진실성

수용(acceptance)은 상담자가 내담자에게 주목하고 있고, 내담자의 말에 귀 기울이고 있음을 나타내는 것이다. 이는 내담자로 하여금 자기가 수용되고, 존중되고 있음을 알게 하므로 자신의 이야기를 계속 꺼내도록 강화하는 효과가 있다. 내담자에 따라서 거짓말을 하거나 사실을 부풀리는 경우가 있기 때문에 요지를 잘 파악하는 것이 중요하다.

일관된 진실성은 상담자와 내담자에게 요구된다. 상담자와 내담자 모두 서로에게 솔직해야 한다. 상담자가 끝까지 구체적이고, 정확하며, 솔직하고, 일관되게 상담을 진행하면 내담자가 상담자를 모델링하게 된다.

(4) 맞추기와 이끌기

맞추기는 긍정적 피드백과 연결된다. 내담자가 겉으로 보여 주는 감정에 적절하게 대응하는 것이다. 때에 맞는 적절한 조언과 맞장구치기는 내담자의 마음을 활짝 열도록 도와주고 상담 분위기를 우호적으로 만들어준다. 상담자는 내담자의 요구가 무엇인지 파악하고, 지지해 주면서 지지적인 분위기를 조성해 줘야 한다.

이끌기는 상담을 한 단계 깊이 들어가기 위한 과정이다. 이끌기는 내담자가 자신의 문제를 드러내는 데 미숙하거나 새로운 시도를 하는 것을 어려워할 때 상담자가 실시하는 기법이다. 이 과정에서 상담자는 내담자의 상황, 감정, 예후 등을 고려하기 위해서 내담자의 의견을 반드시 반영해야 한다.

(5) 명료화, 확인하기, 요약

명료화(clarification)는 내담자의 말속에 숨어있는 메시지를 상담자가 내담자에게 재확인하는 것이다. 내담자가 미처 자각하지 못한 감정이나 느낌, 내용 등을 상담자가 말로 표현해 준다는 점에서 효과적이다. 내담자는 명료화를 통해 상담자가 자신의 이야기에 귀 기울이고 있으며 이해받고 있다는 느낌을 받는다. 확인하기(varification)도 명료화와 같은 의미로 사용되는데, 반복하기와 바꾸어 말하기를 통해 내담자의 이야기를 확인할 수 있다.

요약(summary)은 상담의 올바른 진행과 내담자가 미처 의식하지 못한 측면을 명료화시키기 위해서 사용하는 기법이다. 내담자의 탐색을 촉진하고, 상담자가 내담자의 이야기를 올바르게 이해하고 있는지를 점검할 수 있다. 요약의 기본은 내용과 요체, 일반적인 줄거리를 잡아내고 반응하는 것이다. 상담자 자신의 새로운 견해를 추가하지 않도록 주의해야 한다.

① 반복하기

반복하기(repetition)는 내담자의 문제를 정확히 정의하고, 상담자가 내담자의 진술에 관심이 있다는 것을 보여 주는 효과가 있다. 반복하기는 대개 짧은 문장을 사용해서 내담자가 그 중요성을 인지하지 못하고 그냥 넘어갈 때 자연스럽게 일깨우는 역할로도 활용할 수 있다.

② 바꾸어 말하기

바꾸어 말하기(paraphrase)는 내담자가 말하는 메시지를 상담자가 바꾸어 말하는 것이다. 이를 통해 내담자의 입장을 이해하려고 노력하고 있음을 알리고, 내담자의 생각을 재확인시키고, 내담자의 말을 상담자가 제대로 이해했는지 확인할 수 있다. 노인들은 자신이 살아온 삶에 대한 언어적 표현이 부정적이기 쉽다. 이러한 부정적인 진술은 상담자가 긍정적인 말로 대치할 수 있다. 노인상담에서 바꾸어 말하기는 대화의 분위기를 전환하는 견인차 역할을 하기도 한다.

(6) 직면과 해석

직면(confront)은 내담자가 모르고 있거나 인정하기를 거부하는 생각과 느낌, 가치관을 주목하도록 만드는 기법이다. 내담자의 말이나 행동에서 불일치가 발견될 때, 내담자가 자기의 상황을 있는 그대로 볼 수 있도록 할 때 사용한다. 내담자가 모르고 있는 과거와 현재의 연관성, 행동과 감정 사이의 유사점과 차이점을 지적하고 그것에 주목하도록 촉진한다. 내담자의 변화와 성장을 증진시킬 수 있다. 그러나 직면은 위협과 상처, 가르치는 느낌 등을 줄 수도 있기 때문에 노인들에게 사용할 때에는 특히 유의해야 한다.

직면을 시도할 때는 노인과 가족들의 심리적인 부담감을 감안해야 하며, 내담자와 그 가족들이 상담자의 호의적인 의도를 파악하고 있어야 한다.

해석(interpretation)은 내담자에게 어떤 의미를 전달하고자 하는 상담자의 시도이다. 상담이론, 성격심리 등 이론을 활용해서 내담자의 행동과 내면세계를 파악하는 것이 유용하다. 상담자의 선입견과 편견, 주관적 판단이 개입되지 않도록 주의해야 한다.

(7) 질문

질문(question)은 내담자의 생각과 감정, 느낌과 정서 등을 직접적으로 확인하는 기법이다. 좋은 질문은 내담자의 반응이 단답형(Yes/No)으로 나오지 않는 개방형 질문이다. 예를 들어, “친구와 재밌었니?”라는 질문보다 “친구와 무엇을 했는지 궁금하구나” 등의 질문이 좋다.

① 폐쇄적 질문과 개방적 질문

폐쇄적 질문은 상담의 부드러운 진행을 막을 뿐 아니라 내담자가 자신을 드러낼 가능성을 제한한다. 질문을 어떻게 하느냐에 따라 전혀 다른 분위기가 연출된다. 상담자는 내담자의 상황과 감정, 의도와 욕구를 알 수 있도록 개방적인 질문을 해야 한다.

② 직접질문과 간접질문

자칫 심문당하는 느낌을 줄 수 있는 직접질문은 내담자에게 상처를 주거나 공격당하고 있다는 인상을 줄 수 있다. 따라서 완곡한 방법으로 간접질문을 사용하는 것이 좋다. 간접질문은 상담분위기를 유연하게 하고, 긍정적으로 이끌어 가는 효과도 있다.

③ 이중질문과 단일질문

이중질문은 두 개 이상의 질문을 한꺼번에 하는 것이다. 질문은 가능하면 간결하고 명료한 한 가지 질문만 하는 것이 바람직하다. 이중질문은 중요한 문제를 간과하거나 문제의 초점을 흐리게 할 수 있다.

④ '왜'라는 질문

'왜'라는 질문은 상대방의 의도를 이해하지 못하거나 이해할 수 없다는 반응에서 나오는 경우가 많다. 따라서 질문을 할 때는 '왜'라는 표현보다 '어떻게'와 '무엇을' 질문하는 것이 바람직하다.

⑤ 질문 시기

질문은 상담자가 내담자의 말을 들을 수 없었거나 잘못 들었을 때, 이해할 수 없을 때, 내담자가 상담자의 말을 이해했는지 알아볼 때, 내담자가 표현한 생각이나 감정을 명확하게 탐색하고자 할 때, 상담자가 자세한 정보를 필요로 할 때, 내담자를 격려할 때 한다.

(8) 지지, 반영, 자기 노출

지지(support)는 상담자와 내담자의 신뢰감, 친밀감 형성에 도움이 된다. 내담자에게 변화가 일어날 가능성과 기대감을 높여주기도 한다.

반영(reflection)은 내담자의 말과 행동에 표현된 감정, 생각, 태도를 상담자가 다른 용어로 부연해 주는 것이다. 내담자의 자기이해를 돕고, 내담자가 이해받고 있다는 인식을 줄 수 있다.

상담자의 자기 노출(self-disclosure)은 내담자에게 개방을 촉진하는 효과가 있지만 주의를 기울여서 사용해야 한다. 예를 들어, 상담자가 내담자를 안심시키고자 자신의 경험을 노출시켰는데 그 얘기를 들은 내담자가 자신의 경험이 상담자의 경험에 비해 작고 초라하다고 생각해서 더 이상 자신의 감정을 드러내거나 상담받을 의지를 잃어버릴 수도 있다. 때에 따라 상담자의 자기 노출은 자제하는 것이 좋다.

9) 의사소통훈련과 피드백

노인들은 지나치게 자기주장을 하거나 자신을 표현하고 이해시키는데 미숙한 경향이 있다. 감정표현이 익숙하지 않고 감정표현의 방법에 미숙하기 때문이다. 이런 경우 의사소통(communication) 훈련이 필요하다. 상담자는 내담자가 가지고 있는 감정을 분명하면서도 적절하게 표현할 수 있도록 도와야 한다.

피드백(feedback)은 솔직하고 분명하게 이루어지는 것이 좋다. 긍정적인 피드백이 있고 부정적인 피드백도 있다. 두 가지 피드백 모두 개인을 성장시키고 알지 못했던 새로운 면모를 보게 하는 효과가 있다. 긍정적인 피드백은 치료적 관계(rapport)를 더욱 강화시키지만 다른 한편으로는 지나치게 서로의 눈치를 보면서 문제의 본질에 도달하는 데 장애가 되기도 한다. 부정적인 피드백은 내담자가 문제해결에 도달하지 못하는 사람이라는 인상을 주지만 때로는 격려 메시지가 되기도 한다. 내담자가 보지 못했던 것을 보게 하는 통찰을 제공하는 기회가 되기도 한다.

2 노인상담을 위한 주요 기법

1) 회상기법

회상기법(reminiscing technique)은 의미 있는 과거 경험을 떠올리거나 그 기억을 현실의 문제와 연관시키는 것이다. 노인상담에서 가장 많이 쓰이는 기법 중 하나이다. 말로 진술하는 구술방법, 글로 적어 내려가는 서술방법, 명상법 등이 널리 사용된다. 회상기법은 지난 날들의 기억들과 화해하고 용서하고, 가족들과의 관계를 회복하고, 현재의 심리적인 갈등을 해결하는 데 도움이 된다.

(1) 자서전 저술이나 녹음

자서전(autobiography)은 내담자 스스로 삶을 정리하고 기술하는 방법이다. 글로 쓰거나 음성을 녹음하는 방식이 주로 사용된다. 내담자들은 자서전에 주로 주요 사건, 관계 경험, 연관된 사람들을 기술한다. 자서전에 기술된 사건과 경험, 사람들과의 관계를 살펴보면 내담자의 역사는 물론 현재 직면하고 있는 문제와도 마주할 수 있다.

상담자는 자서전에 기술되지 않은 부분에도 주의를 기울일 필요가 있다. 감추고 싶거나 떠올리고 싶지 않은 경험이나 기억이 있을 수 있기 때문에 주의를 기울여야 한다.

(2) 생애순례여행

사람은 누구나 역사를 가지고 있다. 자신이 태어난 지역과 유년 시절을 보낸 곳을 그리워한다. 생애순례여행은 현재의 노인이 아동기, 청년기, 성년기를 보낸 곳으로 여행을 떠나는 프로그램이다. 현재와 과거를 만날 수 있다.

생애순례여행이 불가능하다면 지금까지 만난 사람들과 직·간접적으로 접촉하는 것도 좋은 방법이다. 기억을 최대한 활용해서 기억여행을 가는 것도 좋다. 그때 그 시절로 다시 돌아가 봄으로써 해결하지 못했던 과거의 감정들과 화해하고, 용서하고, 기억 속에 남아 있던 인물들을 만나면서 공백들을 채울 수 있다. 이와 같은 여행을 통해서 내담자는 지난날의 후회를 담담하게 받아들이고, 미래의 삶을 긍정적으로 정리해 볼 수 있다.

(3) 중요 인물들과의 재회

중요 인물들과의 재회는 자신을 돌아볼 수 있는 기회가 될 수 있다. 학창시절 친구, 가족모임, 종교나 시민단체의 모임에서 만났던 사람들과 재회하면서 내담자는 자신의 삶을 돌아보게 된다. 희망을 얻기도, 상처를 주고받았던 사람들과 재회하면서 자신의 가치를 다시 한 번 느끼고, 삶의 보람을 느끼도록 하는 데 도움이 된다.

(4) 가계 족보

가계 족보는 역사의 연속성을 느끼게 해주고, 자신이 역사의 어느 지점에 서 있는지를 알려준다. 선친이나 일가 친인척의 역사를 재조명하고, 묘지를 방문하는 등 후속행동으로 이어질 수도 있기 때문에 노인들에게는 가계 족보를 연구하는 일 자체가 의미와 흥미가 있을 수밖에 없다.

(5) 스크랩북, 사진첩 등 중요한 자료 살피기

사람들이 보관하고 있는 물건에는 특별하고 즐거운 기억들이 담겨 있다. 사람들은 보관해 오는 스크랩북이나 사진첩 등을 꺼내보면서 삶을 돌아본다. 노인내담자들과 오래된 자료들을 보면서 오랫동안 잊고 있었던 사건들을 떠올리고, 과거를 정서적으로 재경험하게 하면서 삶을 긍정적으로 인식할 수 있도록 도울 수 있다.

(6) 일생의 업적 정리

사람들은 누구나 세상에 기여했다고 여겨지는 일 자체에 자부심을 느낀다. 그것만으로도 통합감을 느끼는 계기가 된다. 업적 정리는 지난 시절 이룩했던 업적들을 상담자와 구체적으로 나누어보는 것이다. 세상에 어떤 기여를 했고, 그것은 다음 세대에 어떤 의미가 있을지 등 노인내담자가 성취감을 느낄 수 있는 기회가 된다.

(7) 역사적 경험과 정체감

노인들은 자신이 겪은 역사적 경험을 통해 획득한 정체감을 확인하고 이를 다음 세대에 전수하려는 특성이 있다. 한국전쟁, 가난 극복, 정치적 변화, 가문의 전통, 세계 속 한국인으로서의 자부심 등을 기억하고 그것을 다음 세대에 전수하는 기회를 제공할 수 있다.

2) 조각기법

조각기법(scalpting technique)은 내담자와 그의 가족들의 관계를 비언어적인 방법으로 표현하는 기법이다. 자신의 문제를 언어로 설명하는 데 어려움이 있는 노인내담자에게 짧은 시간에 손쉽게 가족관계에 대한 정보를 얻을 수 있다는 점에서 장점이 있다. 조각기법은 내담자의 가족의 관계형태, 위치와 서열구조 등을 시각적으로 나타낸다. 말을 하지 않고 몸짓과 자세, 위치와 표정 등으로 가족체계를 분명하게 표현할 수 있다.

조각기법의 장점은 가족구성원들의 저항과 회피, 거짓말 등을 방지할 수 있고, 가족구성원들의 생각과 감정, 느낌과 정서를 시각적으로 확인할 수 있다는 것이다.

조각기법을 사용하는 목적은 가족의 의사소통 유형, 권력구조, 경계선, 소속감, 개별화, 규칙, 가족체계의 융통성 정도를 파악하기 위해서이다. 가족관계, 동맹, 감정, 스트레스 상황에서의 대처방법 등을 파악할 수 있다. 조각기법은 진단과 평가, 치료목적으로 심리극에서 많이 활용되고 있다. 가족조각은 내담자 가족만을 대상으로 할 필요는 없다. 대리인이 가족조각에 참여할 수 있다.

상담자는 완성된 조각을 여러 관점에서 탐색하고 조각의 의미, 영향, 결과 등을 가족과 토론하는 데 이때 사용할 수 있는 질문은 다음과 같다.

1. 가족 안에서 자신의 위치에 대한 느낌이 어떻습니까?
2. 가족구성원들이 당신이 그렇게 지각한다는 것을 알고 있습니까?
3. 가족이 이 조각처럼 기능한다는 것에 동의하십니까?
4. 당신의 가족에게 어떤 변화가 있었으면 좋겠습니까?
5. 이 조각에 제목을 붙여 보시겠습니까?

상담자는 이러한 질문을 통해 내담자와 이야기 나눈 다음 이상적으로 원하는 것이 어떠한 것인지를 다시 조각하도록 한다. 그리고 나서 그 조각에 관하여 설명하도록 하고, 그 조각 같은 변화가 있으면 어떻게 하겠는지를 이야기하도록 촉진한다. 이와 같은 과정을 통해 상담자는 내담자가 가족구성원들 모두가 서로를 이해하고 신뢰할 수 있는 관계로 발전할 수 있도록 도와야 한다(김희수 외, 2009).

3) 문장완성기법

문장완성기법(complete a sentence technique)은 상담을 시작하기 전에 정보를 획득하기 위하여 사용한다. 내담자의 가치관, 고민, 문제 해결방식, 가족관계, 자아상에 대한 간접적인 정보를 얻을 수 있다.

문장완성검사는 미완성 문장을 읽고 자유롭게 떠오르는 생각을 아무런 제약 없이 쓰도록 한다. 각 문항에 대해 깊이 생각하기보다는 떠오르는 즉시 적도록 촉진한다. 문장완성검사의 유의점은 다음과 같다.

1. 솔직하게 적거나 대답할 수 있도록 한다.
2. 검사 결과는 내담자 이해를 위한 참고 자료다.
3. 해석된 내용이 선입견으로 작용되지 않도록 주의한다.
4. 검사를 실시하는 동안 편안한 분위기를 연출해준다.

4) 심리극 기법

심리극 기법(psychodrama technique)은 집단정신요법 중 하나로 정신과 의사 모레노(J. L. Moreno, 1912)가 창시했다. 연극적 방법을 통해서 인격의 구조, 대인관계, 갈등 및 정신적 문제들을 탐색하고, 치료도 하는 기법이다. 심리극 기법의 목표는 내담자의 통찰이다. 이를 위하여 내담자의 감정적, 정서적 문제 및 갈등 경험을 극화시키고 느낌을 자유롭게 표현하도록 한다. 이 과정을 통해서 편견이나 오해를 풀고 회복시키는 것이 치료목적이다.

심리극 기법은 내담자에게 문제를 직면시켜 주는 효과가 있다. 연극을 통해서 내적 갈등과 경험을 표현하면서 통찰을 경험한다. 동시에 새로운 역할을 학습할 수도 있다.

심리극 기법의 구상요소는 정서적 문제를 표현하는 주연, 주연의 느낌표현을 돕는 보조, 무대 감독이자 연출가인 상담자, 관중, 무대이다.

심리극 기법에는 역할 바꾸기, 거울기법, 마술상점, 빈 의자 기법, 이중자아기법, 죽음의 장면, 심판의 장면, 등보이기 기법 등이 있다.

(1) 독백

독백(soliloquy)은 상담 중에 침묵이 자주 발생한 경우에 사용하는 기법이다. 스쳐 지나간 생각이나 느낌을 있는 그대로 이야기하도록 독려한다. 독백은 자유연상과 달리 특정한 상황이 주어진다. 그 특정 상황에서 드러나지 않았던 사고 및 감정을 표현하고 명료화하는 데 도움이 된다.

(2) 역할 바꾸기

역할 바꾸기(role reversal)는 갈등상태에 있거나 문제가 있다고 여기는 두 사람이 서로의 역할을 바꾸어 보는 기법이다. 서로의 입장을 이해할 수 있다. 특히 가족 내에서 자신의 생각과 감정을 표현하는 데 어려움이 있는 노인들에게 효과가 있다. 상담자와 내담자가 라포가 충분히 형성되지 못했을 경우에는 사용하지 않는 것이 좋다. 역할 바꾸기에서 상담자는 내담자의 반응을 유발시키기 위해서 질문을 과장하거나 확대, 변경하거나 반복해서 역할 바꾸기를 이끌어 나가는 것이 좋다. 그러면서 문제나 갈등이 있는 당사자들이 서로의 상황과 감정을 이해할 수 있도록 도와야 한다.

(3) 거울기법

거울기법(mirror technique)은 자존감이 낮거나 대인관계에서 어려움을 겪는 노인, 비협조적인 노인, 우울 증상이 있는 노인들이 스스로를 살펴보도록 돕는 데 유용한 기법이다. 거울기법은 상담자가 내담자의 행동과 자세, 말투 등을 거울에 비춰 보듯이 똑같이 흉내내는 것이다. 내담자 스스로의 모습을 객관적으로 보고, 평가할 수 있게 해주며, 변화의지를 불러일으킬 수 있다. 다만 내담자에게 불쾌감을 줄 수 있기 때문에 상담자와 내담자 간의 충분한 신뢰관계를 형성하고, 내담자의 동의를 얻고 난 이후에 사용하는 것이 좋다.

(4) 마술상점

마술상점(magic shop)은 '기적의 가게', '소원상점'이라고도 부른다. 내담자의 긍정적인 자원을 탐색하고, 목표와 가치를 명백하게 하는 데 도움이 된다. 마술상점 기법은 다음과 같이 사용한다.

1. 모두가 가게 주인 흉내를 낸다.
2. 고객(내담자)에게 필요한 물건을 고르게 한다.
3. 왜 그 물건을 원하는지, 언제부터 바라고 있었는지 등을 묻는다.
4. 버리고 싶은 물건(감정, 정서 포함)을 내고 원하는 물건을 사게 한다.
5. 새로 산 물건을 가지고 살아가게 될 인생을 이야기하게 한다.

(5) 빈 의자 기법

빈 의자 기법(empty chair)은 내담자의 상상력을 자극하거나 역할 연기를 시도하도록 한다. 내담자 스스로 자신의 내면을 들여다보는 데 도움이 된다. 그 대상이 사람이 아니라 빈 의자이기 때문에 자연스럽게 떠오르는 감정과 느낌 등을 표현하는 데 용이하다. 상담자는 내담자가 떠올린 인물과 대화하도록 유도한다. 내담자가 상상 속의 인물이 되어 의자에 앉아 대답하도록 할 수도 있다. 가장 먼저 떠오르는 사람, 배우자, 자녀, 친구, 손자손녀, 흠모하는 사람 등 인물뿐만 아니라 한 번도 되어보지 못했던 이상적인 자기 자신을 형상화해서 대화를 나눌 수도 있다.

(6) 죽음과 재생의 장면

죽음과 재생의 장면(death and rebirth scene)은 긴 소파나 바닥에서 진행된다. 자살 충동을 느끼는 노인이나 죽음을 두려워하는 노인, 어느 한 가지 일에 지나치게 집착을 보이는 노인, 가족과의 갈등이 심각한 노인, 의심이 많거나 증오심이 강한 노인 등에게 유용하게 사용된다.

상담자는 내담자와 문제의 특징에 따라 그에 합당한 질문을 해야 한다. 죽음을 애도하거나 슬퍼서 우는 인물들을 참여시켜 감정을 극대화시키기도 한다. 이 기법은 내담자 스스로의 가치를 깨닫고, 변화 의지를 북돋아주는 효과가 있다.

(7) 심판의 장면

심판의 장면 기법(jedgemental scene)은 내담자가 신, 가상의 인물, 철학자, 이상적인 인물들과 만나고 그 역할을 맡은 보조자아가 삶에 대한 평가, 죄의식, 가치관 등을 공개재판 형식으로 진행한다. 질문과 답변, 추궁과 방어, 상징적인 상벌 행위도 가능하다. 재판에서 사용하는 질문은 다음과 같다.

1. 당신은 인생을 계획한 대로 살아왔습니까?
2. 당신 삶은 어떤 의미가 있다고 생각하십니까?
3. 당신은 남의 눈치만 보다 인생이 끝나지 않았습니까?
4. 어떤 죄를 지었습니까?
5. 다른 사람들을 미워하고 불신하지 않았습니까?

(8) 등보이기

등보이기 기법(behind your back)은 가족 관계에서 유난히 독단적이고 교만하거나 다른 사람들과 어울리지 못하는 노인에게 주로 활용한다. 우울하거나 다른 사람들로부터 배척 당하고 있는 노인에게도 사용한다.

이 기법은 다른 사람들이 내담자에 대해 하는 이야기를 엿들음으로써 자신을 평가하는 방식이다. 다른 사람들과의 관계 변화에 도움을 얻을 수 있다. 실시방법은 다음과 같다.

1. 내담자의 등을 돌리게 한다.
2. 내담자의 문제에 대한 원인을 가족(타인)과 함께 규명한다.
3. 다른 사람들의 이야기를 듣고 난 이후 느낌을 이야기하게 한다.

(9) 역할기법

역할기법(role playing)은 내담자나 내담자 가족들이 내담자의 문제와 관련된 일련의 상황들을 연극형식으로 표현하는 것이다. 특별히 정해진 대본 없이 내담자와 가족의 이야기를 연극으로 표현한다. 상담참여자들이 자신들의 이야기를 가지고 대본을 만들거나 연습을 하기도 한다. 이러한 역할극을 통해 개인이나 집단의 문제가 재연되고, 문제해결을 위한 대안을 찾아가게 된다.

5) 생태도와 매체학습

내담자의 문제는 다양한 원인에 의해서 발생하고, 그 문제를 해결하기 위해서는 내담자를 둘러싼 주변 환경을 이해해야 한다. 가족을 비롯한 다양한 체계의 구조와 환경 자원을 탐색하는 것이 필요하다. 내담자의 주변 환경을 파악하는 기법이 바로 생태도(ecomap)이다. 상담자는 생태도를 이용해서 내담자의 주요환경체계를 파악할 수 있다. 생태도와 달리 가계도는 내담자 개인을 둘러싸고 있는 가족체계를 파악하는 도구이다. 생태도를 그리는 방법은 다음과 같다.

- 중앙에 있는 원에 내담자와 가족의 가계도를 그린다.
- 바깥 원에는 내담자와 관계가 있는 사람이나 기관을 그린다.

- 중앙에 있는 원과 바깥 원들에 선을 긋는데 이 선은 내담자와의 연결성을 나타낸다.
- 직선은 강한 연결성, 점선은 약한 관계, 사선은 갈등 또는 스트레스 관계를 말한다.
- 선이 넓을수록 강한 결속을 나타낸다. 화살표는 에너지나 자원의 흐름을 나타낸다.

생태도를 작성하기 위해서는 적절한 정보수집이 필요하다. 상담자는 내담자와 그의 가족들의 협조를 얻어 생태도 작성에 참여하도록 독려해야 한다. 생태도를 통해 내담자의 다양한 상황과 관계망을 쉽고 효과적으로 파악할 수 있기 때문에 노인상담에서 널리 사용되고 있다.

노인과 같이 자신의 처지와 정황에 대해 적절한 정보를 주기 어려운 내담자에게 매체학습(video-taping)은 미리 설치해 둔 카메라나 음성녹음테이프를 이용해서 상담상황을 녹화 및 녹음해서 내담자와 그 가족원들에게 제공하는 것이다. 이를 통해 내담자와 그 가족들은 상담과정을 되돌아보고, 긍정적인 변화의 원동력을 얻을 수 있다.

3 노인예술치료

1) 노인 독서치료

100세 시대가 도래하면서 노인들은 단순히 오래 사는 것을 넘어 건강하고, 가치 있고, 의미 있는 삶을 살고 싶어 한다. 스스로 삶을 주도하고, 내적인 욕구를 충족시킬 뿐만 아니라 창조적인 활동에 참여하면서 삶의 질을 높이고 싶어 한다. 노인들의 이러한 욕구를 심리치료에도 적용할 수 있다. 그 방법에는 독서치료(biblio therapy), 미술치료(art therapy), 음악치료(music therapy), 실버레크리에이션(silver recreation) 등이 있다.

노인심리치료는 노인내담자들이 살아오면서 경험한 내적 갈등과 감정, 욕구, 생각 등을 돌아보면서 고통이나 상처, 아픔을 치유하는 과정이다. 노인심리치료는 치료적 차원뿐만 아니라 예방적 차원에서도 가치가 있다(임성관, 2011).

(1) 독서치료의 이해

인간은 독서를 통해 필요한 정보를 얻고, 고도의 지적인 능력과 삶의 지혜를 구할 수 있다. 또한 독서를 하면서 바람직한 정서와 올바른 가치관을 함양할 수 있다. 이처럼 독서는 인간적이고, 가치 있는 삶을 살아갈 수 있도록 해주는 대단히 중요한 기능을 가지고 있다.

노인 독서치료는 크게 두 가지 접근방법이 있다. 하나는 자신의 이야기를 글로 만들어가는 것이고, 또 다른 하나는 책을 읽으면서 자신의 문제에 대한 해결책과 발전방향 등을 찾아가는 방법이다.

인간의 삶은 그 자체가 하나의 이야기이다. 인간은 자기 자신의 경험을 통합해서 자신만의 이야기를 생성한다. 따라서 인간이 만들어낸 이야기에는 개인적인 경험뿐만 아니라 사회적, 역사적 경험도 함께 구성되어 있다. 노인 독서치료는 이렇게 구성된 노인내담자의 이야기를 재구성한다. 분명 노인내담자의 삶에는 행복하고, 현명한 선택을 한 순간도 있지만 불행하고 잘못된 선택을 한 순간도 존재한다. 따라서 노인내담자가 자신이 살아온 삶을 어떻게 구성하고 있느냐가 매우 중요한 의미를 지닌다. 만약 자신의 삶을 부정적으로 해석하고 있다면 우울한 이야기를, 반대로 긍정적으로 해석하고 있다면 행복한 이야기를 써내려 갈 것이다. 노인 독서치료의 궁극적인 목적은 자신의 삶을 부정적으로 해석하는 노인내담자가 긍정적이고 의미 있는 삶으로 인식전환을 시키는 것이다.

또한 사람들은 책 속에 등장하는 인물들의 어려운 상황이나 경험, 감정을 읽으면서 자신의 감정을 안전하게 처리하는 방법을 생각하게 된다.

자기 자신이 직접 겪는 것보다 허구적인 인물의 이야기를 통해서 문제점과 해결책을 발견하고 적용하는 것이 훨씬 안전하기 때문이다. 독서치료가 노인들의 심리적인 문제를 완화시키고, 자신의 문제를 객관적으로 받아들일 수 있는 효과가 있는 이유가 바로 이것이다. 노인을 포함한 대부분의 독자들이 자신의 내면과 밀접한 관련이 있는 책을 고르고 읽으면서 몰입하게 된다. 이 과정에서 자신을 주인공과 동일시시키면서 공감하고, 문제를 객관적으로 바라보게 된다. 이 과정을 통해서 자신의 문제를 객관적으로 인지하게 되고, 해결책이나 발전 방향을 발견하고 삶에 적용할 수 있다. 이와 같은 방법으로 노인들이 직면하고 있는 문제를 해결하고, 마주할 수 있는 문제들을 예방할 수 있는 방법을 학습하는 모든 과정이 바로 노인 독서치료이다.

(2) 노인 독서치료의 효과

우리나라에서 독서치료가 시작된 것은 1964년으로 비교적 오래되었지만 노인을 대상으로 독서치료가 활용되는 경우는 적다. 최근 들어 노인 독서치료의 필요성이 대두되면서 관심을 갖는 연구자들이 늘면서 앞으로 다양한 주제의 프로그램이 운영될 것으로 예상된다.

노인 독서치료는 노인우울증 해소에 효과가 있다는 연구결과가 있다. 이 연구는 노인들의 우울증에만 초점을 둔 것 같지만 노인우울증의 원인에는 신체적, 심리적, 정서적, 사회적 측면들이 모두 담겨 있기 때문에 다양한 노인문제 극복을 위한 심리치료방법으로 독서치료가 활용될 수 있다는 시사점이 있다. 독서치료가 치매노인의 사회적응력 강화를 위한 프로그램에 적용된 사례도 있고, 노화에 대한 적응과정을 돕는 방법으로 활용된 사례도 있다. 또 노인의 정신질환치료에서도 독서치료를 적용할 수 있다는 연구결과도 발표되었고, 회상과 독서치료 기법을 병행한 프로그램이 노인들의 인지기능 향상 및 우울과 대인관계향상에 효과가 있다는 연구도 있었다(임성관, 2017).

(3) 노인 독서치료 목표수립

노인 독서치료는 신체적, 심리·정서적, 사회적 측면에서 목표를 수립할 수 있다.

① 신체적 측면

노년기에는 개인차가 존재하지만 누구나 노화현상을 경험한다. 노화로 인해서 여러 가지 질환에 걸리기는 쉬운데 회복 과정은 느려진다. 신체 각 기관이 부조화 경향을 나타내고, 환경의 변화에 대한 적응력도 감퇴된다. 이와 같이 노화현상으로 인한 만성질환이 늘어난다고 할 수 있다. 따라서 노인 독서치료의 신체적 측면에서는 노화로 인해 발생하는 신체적인 문제에 대한 부정적인 감정을 해소하고, 수용하고 적응할 수 있도록 돕는 목표를 수립할 수 있다.

② 심리·정서적 측면

노년기에는 다양한 심리적 특성이 나타나는데 그 대표적인 특성이 우울 경향의 증가이다. 질병, 사별, 경제사정 악화, 고립, 지나온 세월에 대한 회환 등으로 우울 경향이 두드러진다. 이에 따른 불면증, 체중감소, 감정적 무감각, 강박관념, 증오심 등의 증세가 나타나기도 한다. 또한 사회활동이 감소하면서 활동 방향이 외부보다 내부로 향한다. 신체 및 인지능력이 감퇴하면서 자아상이 달라지고, 외부자극보다 내부자극에 더 많이 반응한다. 새로운 것에 도전하는 것도 꺼린다. 성 역할 지각의 변화와 경직성과 조심성이 증가한다. 이외에도 오랫동안 사용한 물건에 대한 애착, 흔적(유산, 전수 등)을 남기려는 갈망, 의존성 증가 등이 나타난다.

이러한 심리·정서적 측면의 변화를 대비해서 노인 독서치료를 활용한 우울경향 감소, 노년기 사회성 발달, 성 역할 정립, 융통성 획득, 자신감 회복 등을 돕는 목표를 수립할 수 있다.

③ 사회적 측면

현대사회 가족구조의 가장 큰 특징은 핵가족이다. 맞벌이가 보편화되어 있다. 이러한 가족구조에서는 노인부양 기능이 약화될 수밖에 없다. 은퇴를 하거나 자녀양육을 마치고 나면 지위와 역할이 상실되면서 소외와 고립, 외로움에 직면하게 된다. 따라서 사회적 측면에서는 은퇴와 어머니의 역할 마무리로 인한 사회적, 가족적 고립에서 오는 심리적 위협을 해소할 수 있도록 돕는 목표를 수립할 수 있다.

④ 노인 독서치료 활용

노인 독서치료에서는 작문활동(일기, 시, 편지, 수필, 유언장, 자서전 쓰기 등), 음악활동(부르기, 듣기, 연주하기 등), 미술활동(그리기, 만들기 등), 연극활동(역할극), 비블리오드라마(bibliodrama), 사이코드라마(pshychodrama) 등 다양한 활동을 할 수 있다. 어떤 활동을 할 것인지는 독서활동 참가자들이 어떤 유형을 가지고 왔는지, 선정한 자료가 무엇인지를 고려해서 판단해야 한다. 다음은 노인 독서치료의 주제가 될 수 있는 항목들이다(임성관, 2017).

- 인생의 전환점과 가족
- 일과 역할
- 사랑과 증오
- 고난과 역경
- 인간관계
- 이별과 죽음

독서 프로그램의 진행(안)

'부정적 스트레스를 긍정적 스트레스로 바꾸기'

• 선정자료: 할머니의 여름 휴가 / 안녕달 지음 / 창비

이 그림책의 주인공 손자는 할머니도 바닷가에 가서 놀고 오셨으면 하는 마음을 소라를 전해주는 것으로 표현하는 등, 할머니에 대한 마음이 애틋하다. 이와 같이 손자녀를 키우다 보면 뜻밖의 기쁨과 활기를 느낄 수 있는 순간들이 많을 텐데, 본 세션에서는 평소 받았던 부정적 스트레스가 손자녀의 말 한 마디 혹은 행동 하나로 녹아버렸던 경험들을 나누고자 한다. 그래서 부정이 아닌 긍정적 스트레스로 바꿀 수 있다면 건강에도 도움이 될 것이다.

내가 받고 있는 부정적 스트레스	긍정적으로 바꾸기 위한 방법

출처: 임성관(2017).

2) 실버레크리에이션

레크리에이션(recreation)은 라틴어 '레크레싸오(recreatio)'에서 시작해서 '리크리에이트(recreate)'가 된 것인데, 발음별로 그 의미를 분류할 수 있다. '리크리에이션(re-creation)'은 개조, 재창조, 새롭게 만든다는 뜻이고, 레크리에이션(recreation)은 오락, 유희, 소창, 취미, 휴양, 위안, 기분전환을 의미한다. 실버레크리에이션은 노인들을 대상으로 실시하는 레크리에이션을 뜻한다. 리크리에이션과 레크리에이션의 기능과 목적을 모두 포함하고 있다.

(1) 실버레크리에이션의 개념

실버레크리에이션은 신체적, 정신적, 정서적, 사회적 가치, 인격형성, 복지사회 발전에 기여하는 의의를 가지고 있다. 많은 사람들이 실버레크리에이션을 비생산적인 취미활동이나 놀이정도로만 오해하는 경우가 많은데, 이는 가치적, 교육적 의미를 포함하고 있는 전문적인 활동이다.

레크리에이션의 역할은 기분 전환, 친교, 창조, 공동체 의식 등이다. 따라서 실버레크리에이션은 나이가 들면서 여러 가지 상실을 경험하고 고독과 소외, 외로움을 느끼는 노인들에게 매우 유익한 활동이다.

(2) 실버레크리에이션의 필요성

실버레크리에이션은 은퇴한 노인들의 여가시간이 너무 많아서 그 긴 시간을 어떻게 보내면 의미 있고 생산적일지를 고민하다가 그 필요성이 대두되었다. 실버레크레이션이 노인들에게 건전한 여가활동, 신체적 건강, 정서적 유쾌감, 건전한 대인관계를 맺을 수 있도록 돕는 활동을 제공해 줄 수 있기 때문이다. 이와 같은 측면에서 보면 실버레크리에이션의 역할은 노인들의 신체적, 정신적, 사회적 행동을 바람직하게 변화시키고, 성장과 발전을 증진하기 위한 즐겁고 의미 있는 모든 활동을 제공하는 것이다. 즉, 노인들이 즐거운 활동에 참여하면서 신체적, 정신적, 사회적 기능을 회복시켜 나가는 과정이 되어야 한다.

(3) 레크리에이션의 기능

레크리에이션은 자유로운 시간에 즐거움을 추구하기 위해 자발적으로 행해지는 활동이다. 여가와 레크리에이션은 비슷한 부분이 있기는 하지만 개인과 사회에 공동의 유익을 주는 활동이라는 점에서 개인의 여가와 구별된다. 실버레크리에이션이 개인과 사회적 이익을 가져오는 조직적 행동이라면, 여가는 개인적 이익을 추구하는 활동을 의미한다. 실버레크리에이션은 심신의 조화, 사회화, 자기실현, 축복의 기능이 있다.

① 심신 조화기능

실버레크리에이션은 신체적인 건강뿐만 아니라 정서적인 면에서도 노인들에게 긍정적인 영향을 준다. 휴식과 회복, 건강한 생활리듬, 건전한 사교의 장(場)을 제공하기 때문에 노인들이 심신의 조화를 이루도록 하는 데 도움을 준다.

② 사회화 기능

실버레크리에이션의 가장 중요한 기능은 인간의 사회화를 돕는 것이다. 특히 동료와의 사교의 기회를 제공하고, 사회적 지위와 관계없이 사귐이 가능하도록 돕는 활동이기 때문에 자연스럽게 사회화 과정이 촉진된다.

③ 자기실현 기능

실버레크리에이션은 자기실현의 기회를 제공하기도 한다. 많은 사람들이 여가활동에서 자기실현을 위한 보상적인 활동을 찾는 경우가 있다. 이러한 측면에서 실버레크리에이션은 노인들에게 즐겁고 건강한 자아실현의 기회를 제공하는 기능이 있다.

④ 축복의 기능

실버레크리에이션에서 진행되는 모든 활동은 순종, 겸손, 충성, 감사, 인내, 용기, 성실, 정직, 절제, 기쁨, 온유, 관용, 신뢰, 섬김, 책임, 긍휼 등의 축복기능을 포함하고 있다.

(4) 실버레크리에이션의 원칙 및 활용

실버레크리에이션은 선택, 즐거움, 자유시간 활동, 적극적인 활동이라는 원칙이 있다.

① 선택

모든 실버레크리에이션 활동은 참여자들의 자유로운 참여가 원칙이다. 개인이 활동을 선택하는 데 있어서 자율성이 보장되어야 하고, 무엇을, 어디서, 언제, 어느 정도 참가할지에 대한 결정도 참가자에게 달려 있다.

② 즐거움

실버레크리에이션 참가한 이후 즐거움과 만족감을 얻지 못했다면 그 참가자는 동일한 실버레크리에이션 활동에 다시 참가하지 않을 것이다. 즐거움이 실버레크리에이션에 참가하는 직접적인 동기이기 때문이다. 따라서 레크리에이션은 참가자들을 즐겁게 해주는 전문적인 활동이어야 한다.

③ 적극적인 활동

적극적인 활동만큼 개인을 향상시킬 수 있는 방법은 없다. 적극적인 활동은 기술습득, 즐거움, 유익, 경험 등을 향상시킨다. 따라서 실버레크리에이션의 모든 활동은 필요한 기술을 습득하고, 즐겁고, 참가자들에게 유익하고, 의미 있는 경험이 되도록 구성되어야 한다.

(5) 실버레크리에이션의 프로그램 진행(안)

① 박수게임

박수게임은 실버레크리에이션 참자가들의 참여의식 제고, 시선집중, 부르는 노래의 박자 관념을 갖게 해준다.

- 신나는 박수
  〈방법〉
  - 무릎 2번, 손뼉 2번 친 후(4회)
  - 양손 가슴 앞에서 2회 돌리고 머리 위에서 박수 3회(4회)

- 옆 사람과 박수
  〈방법〉
  - 무릎 2번, 손뼉 2번(4회)
  - 파트너와 손뼉 2번(2회)
  - 파트너와 손뼉 2번(2회)을 코너와 실시(2회)

② 스킨십게임

스킨십게임은 실버레크리에이션 참가자들이 어색함을 버리고 단합을 도모하는 데 효과가 있다.

- ○○○ 없인 못 살아
  - 양손 손가락 마주본 상태에서 장지는 접는다.
  - 진행자의 동작을 따라하며 구호를 큰 목소리로 복창한다.

엄지 떼었다 댔다 하면서 - (아빠)없이 살 수 있어도
검지 떼었다 댔다 하면서 - (엄마)없이 살 수 있어도
장지 떼었다 댔다 하면서 - (누나)없이 살 수 있어도
약지 떼었다 댔다 하면서 - (그대)없인 못 살아요

③ 스트레칭

스트레칭은 관절이 뻐근할 정도로 힘을 주어야 시원함을 느낀다.

- 멘트: "깍지를 끼시고 앞으로 쭉~"
  "위로, 오른쪽, 왼쪽, 뒤로~"
- 응용: "배꼽 빠지도록 제치세요."
  "뒷사람 배꼽까지"

실버레크리에이션 프로그램 진행(안)

구분	항목	내용	준비물
여는 문	오프닝	• 진행자 등장 및 인사말	신나는 음악
	분위기 조성	• 흥겨운 노래와 함께 박수게임 • 스킨십게임	
모두 하나 되어	팀별게임	• 2~3개 테이블 단위로 팀구성 • 팀장선출, 팀장 댄스경연	
	더하고, 곱하고	• 팀원 10명이 0~9까지의 등번호 판을 착용 후 • 진행자가 4명이 합해서 10, 6명이 곱해서 0이라고 외치면 • 팀원들은 합(곱)을 계산해서 그 인원만큼 의자에 올라가 댄스 • 가장 빠르고 정확한 팀 승리	번호판, 신나는 음악
	퀴즈대회	• 팀별 OX판 지급	OX판, 퀴즈문제
	만보기 트위스트	• 각 팀 여자선수 1명이 만보기를 이마와 허벅지에 차고 흔들어 숫자 올리기	만보기, 신나는 음악
	훌라후프게임	• 훌라후프 오래 돌리기/많이 돌리기/이동하며 돌리기	훌라후프
닫는 문	노래자랑	• 팀별 노래 1~2명, 노래 부를 때 팀원들의 백댄서 4~5명 유도 • 심사 후 시상	상품
	어울마당	• 손에 손을 잡고 전원(함께 어우러지는 어울마당 연출) • 댄스! 댄스! 댄스파티	
	마무리	• 맺음말	

3) 노인음악치료

음악은 어렸을 때부터 누구에게나 친숙해서 쉽게 접근할 수 있다는 장점이 있다. 좋아하는 음악으로 환경을 조성해주면 다른 사람과의 관계 향상에도 도움이 된다.

(1) 노인음악치료의 이해

노인들을 위한 음악치료는 노화로 인한 신체적 기능의 변화에 적응하고 잔존능력을 유지하는 데 목표가 있다. 노인들의 삶의 질 향상에도 의미를 둔다. 즉, 노인음악치료는 노화로 인한 기능저하와 상실 등으로 자기개념이 낮아져 우울한 경향을 보이고, 불안함과 수동적인 행동 특성을 보이기 쉬운 노인내담자에게 음악적 자극을 통해 삶의 질 향상을 도모하기 위한 개입을 말한다(정현주, 2005).

노인음악치료는 노인들의 신체재활과 사회심리 영역에서 활용되고 있다. 노인음악치료는 단순히 노화를 경험한 사람부터 치매와 같이 치명적인 질병을 앓고 있는 노인에게까지 폭넓게 사용할 수 있다. 따라서 노인음악치료의 목적은 노인내담자의 필요에 따라 설정되어야 한다.

(2) 노인음악치료의 대상

노인음악치료는 질환이 없는 노인, 약간의 도움이 필요한 노인, 전적으로 도움이 필요한 노인. 치매노인과 그 가족에게 활용되고 있다.

① 질환이 없는 노인

의학적으로 질환이 없는 노인들은 신체적 활동을 하는 데 제한이 없다. 따라서 질환이 없는 노인들에게는 사회적 관계 유지, 원만한 인간관계 형성 등이 주요 관심사이다. 따라서 노인들의 자존감 회복, 의사소통 훈련, 사회성 증진을 위한 음악치료 프로그램 등을 운영할 수 있다.

② 약간의 도움이 필요한 노인

의학적인 질병으로 말미암아 타인으로부터 약간의 도움을 받아야 하는 노인들에게도 음악치료가 효과적이다. 노화나 질병으로 인한 변화에 적응을 돕거나 자존감 및 잔존능력 발견을 위한 프로그램에 음악치료를 활용할 수 있기 때문이다. 자유로운 환경에서 제공되는 음악치료에 참여하면서 다른 사람과 협동하고 감정을 표현하면서 억압되고 상심한 감정을 털어놓으면서 감정정화를 경험하게 할 수 있다.

③ 전적으로 도움이 필요한 노인

심각한 질병으로 누군가의 전적인 도움을 필요로 하는 노인들에게도 음악치료를 활용해서 도움을 줄 수 있다. 심각한 질환을 앓고 있는 노인들에게 가장 시급하게 필요한 것은 자신의 삶을 긍정적으로 정리하고, 남은 시간 동안 의미 있고 삶의 질을 높이는 것이다. 즐겨듣던 음악을 통해서 인생을 정리하고, 남아 있는 삶에 대해서도 의미 있게 해석할 수 있도록 도움을 제공할 수 있다.

④ 치매 노인과 그 가족

치매 노인을 대상으로 실시하는 음악치료는 치료적 효과를 기대하는 것은 어렵다. 하지만 스스로 참여하고 즐거움을 느낄 수 있는 음악적 자극에 반응하고 그 순간 느끼는 감정을 공유할 수 있는 것 자체만으로도 상당한 효과가 있다. 치매 노인의 가족들에게 적용되는 음악치료는 경제적, 심리적, 사회적, 신체적, 영적 부양 스트레스를 경감시키고, 부정적인 감정과 정서를 표현할 수 있는 기회를 제공하는 프로그램이다.

(3) 노인음악치료의 목적

노인음악치료의 목적은 감각기관훈련, 현실 인식, 재동기유발, 이완, 여가와 취미생활, 회고, 감정표현 등이다(고명환 외, 2017).

① 감각기관훈련

노인음악치료는 노인을 위한 재활 프로그램 중 하나다. 따라서 음악적 활동을 제공하면서 노인들이 사회적, 신체적, 심리적 기능을 향상시키는 것이 목적이다. 감각기관훈련은 현저히 낮은 기능을 보이는 노인을 훈련시키거나 집중력 향상, 기억력과 운동기능 증진, 타인과의 원활한 교류를 돕는 과정이다.

② 현실 인식

현실 인식은 시간, 장소, 사람을 포함한 현실적 환경에 대해 반복적으로 확인시키면서 현실을 유지시키는 방법이다. 자신이 생활하는 환경을 정확하게 인식하고 독립적으로 생활하도록 돕는 것이 목적이다.

③ 재동기유발

재동기유발은 음악적 도구를 사용해서 사고와 언어교류를 촉진시켜서 사회성을 발달시키는 것이다. 음악은 동기유발에 효과적인 도구이다.

④ 이완

편안하고 잔잔한 음악을 들려주면서 긴장과 불안에서 해방되도록 돕는 것이 바로 이완이다. 다른 사람과 함께 연주하는 활동도 활용되는데 이는 타인과 좋은 관계를 형성하게 하고, 심리적으로 편안함을 줘서 이완효과가 있다.

⑤ 여가와 취미생활

음악은 누구나 접근이 쉽고, 즐거움을 주고, 의미 있는 활동을 촉진할 수 있다. 음악을 활용한 여가와 취미생활은 노인들의 삶의 질을 높이는

데도 효과가 있다. 악기연주를 배운다거나 합창, 사교댄스 등의 활동은 노인들에게 양질의 여가와 취미생활을 제공할 수 있다.

⑥ 회고

음악은 지나간 시간, 장소, 사람, 감정, 감각을 떠올리게 하는 효과가 있다. 따라서 음악은 노인들에게 행복한 기억을 주기도 하고, 슬프거나 아픈 역사를 기억하게 만들기도 한다. 이러한 음악의 기능을 활용해서 노인들이 살아온 삶에 대해 긍정적으로 평가하고 회고할 수 있도록 돕는 활동을 할 수 있다.

⑦ 감정표현

음악은 비언어적으로 의사소통을 가능하게 한다. 또한 음악은 감정의 배출구 역할을 하기도 한다. 예를 들어, 타악기를 연주하는 데 매우 세게 두드린다든지 인상을 찌뿌린다든지, 참여하지 않는다든지 여러 가지 모습을 보이면 그에 대한 감정을 엿볼 수 있다. 그래서 음악적 활동을 통해서 노인들의 다양하고 폭넓은 감정을 표현하도록 촉진하는 것이다.

(4) 노인음악치료 방법

노인음악치료는 대집단, 소집단, 개인 형태로 이루어진다. 주 1회, 집단활동의 경우 소집단은 15명 내외, 대집단은 30명 정도가 적절하다. 또한 노인음악치료는 노인내담자의 특성과 환경을 고려해서 목표를 설정해야 한다.

예를 들어, 입원해 있는 노인들이 대상이라면 활력과 즐거움을, 의사소통 관련 문제를 호소하고 있는 노인내담자라면 의사소통 기술과 사회성 증진 등을 목표로 세워야 한다. 치매 환자의 경우에는 기억력, 집중력, 수행능력 등을 향상시키는 활동이 음악치료의 목표가 되어야 한다.

(5) 노인음악치료 고려사항 및 활용

노인음악치료는 내담자의 요구와 필요성이 각기 다르기 때문에 내담자의 기능수준과 특성을 파악하고 그에 걸맞은 음악활동을 구성해야 한다. 음악치료활동을 구성할 때에는 체계적이고 구조화되어 있어야 한다. 아주 쉬운 활동에서부터 복잡하고 어려운 활동으로 이어지는 체계적 접근방식이 좋다. 내담자의 특성과 기능수준을 고려해서 난이도를 결정하고 변경해 나가야 한다. 따라서 성공적인 노인음악치료를 위해서는 내담자에 대한 정확한 진단과 평가, 지속적인 평가를 통해서 끊임없이 정보를 획득해야 한다.

또한 악기연주나 노래 부르기, 춤추기 활동을 부담스러워 하는 노인 내담자들에게는 그들이 수용할 수 있도록 충분히 시간을 주고, 보조치료사가 곁에서 활동을 돕는 것이 매우 중요하다. 음악활동에 대한 지나친 부담감이나 불안, 거부감이 있으면 노인음악치료의 긍정적인 효과를 기대하기가 어렵다.

노인음악치료 프로그램 진행(안)

'생애순례여행 프로그램 '나의 살던 고향은'

구분	항목	내용	준비물
초기	오프닝	• 진행자 등장 및 인사말	신나는 음악
	분위기 조성	• 함께 노래 부르며 인사하기	
중기	고향 가는 기차	• 내 고향 떠올리고 자랑하기(풍경, 특산물, 지명 등 소개) • 고향에서 뛰놀던 내 모습 떠올리기(즐겨했던 놀이, 음식, 취미 등) • 꼭 한 번 만나고 싶은 사람들(부모님, 친구, 형제자매 등)	잔잔한 음악 지역과 관련된 노래, 타령 등
	집에 오는 기차	• 소중했던 기억 떠올려본 소감 나누기	잔잔한 음악 행진곡 등
		• 현재와 미래의 삶에 적용하기(자존감, 존재의 이유 등)	
종결	소감나누기	• 활동했던 내용에 대한 소감 및 느낌	잔잔한 음악

4) 노인미술치료

노인미술치료는 미술에 대한 재능이나 전문적 능력과는 상관없이 비언어적, 시각적 표현을 통하여 노인들이 심리적, 신체적, 정서적, 심리사회적 갈등과 질병에 대한 문제를 극복하도록 돕는 과정이다. 노인들은 신체적, 심리적, 사회적 어려움을 언어로 표현하지 못하는 경우가 많은데, 이러한 경우 노인미술치료가 노인들의 의사표현과 의사소통의 또 다른 수단이 될 수 있다. 미술이라는 매체를 활용해서 신체적, 심리적, 정서적 안정감을 유지하도록 도울 수도 있다. 노인미술치료의 치료적 역할은 다양한 미술활동을 통해서 잠재되어 있는 건강한 기능을 회복시키는 것이다.

(1) 노인미술치료의 목적

노인미술치료의 목적은 살아온 삶을 긍정적으로 해석하고, 돌이킬 수 없는 상실에 적응하고 삶을 아름답게 마무리하도록 돕는 것이다. 노인들의 신체적, 정서적, 정신적, 영적 안녕을 유지하거나 회복할 수 있는데 초점을 맞춘다.

노인미술치료는 노인내담자의 심리적, 사회적, 신체적 기능을 고려해서 목적과 방법을 설정한다. 노인의 상황에 따라 목적과 목표가 달라진다. 미술치료의 구체적인 목적은 다음과 같다.

① 질병극복 및 완화

- 노인성 신체 및 정신장애 완화
- 일상의 활력을 불어넣고 재활기회 제공
- 독립성, 참여성, 생산성, 능동성 함양
- 심리적 안정감과 자심감 획득
- 정체성 및 자존감 회복

② 자기실현

- 잠재력과 창의성 개발
- 삶을 회고하면서 조화로운 현실성 유지
- 삶과 죽음을 통합
- 독립성과 자아실현 구현
- 사회적 관계 유지 및 증진

(2) 노인미술치료 영역

노인미술치료는 대상, 방향, 목표에 따라 영역을 구분할 수 있는데, 일반적으로 정서영역, 감각 및 운동 영역, 인지영역, 심리사회영역에서 활용되고 있다(정여주, 2010).

① 정서영역

- 갈등, 욕구, 소망 등을 비언어적으로 표현
- 억제된 감정 표출과 감정정화
- 심리적 안전감과 자신감 획득
- 자율성, 자기수용력 획득
- 긍정적이고 개방적으로 변화

② 감각 및 운동 영역

- 시각, 청각, 촉각, 미각, 후각 자극에 반응
- 대근육과 소근육 운동기능 향상
- 감각협응력 향상

③ 인지영역

- 기억력 자극
- 자기인식과 고찰의 기회
- 공간감각과 현실감각 유지
- 평가 및 건강한 비판 능력 향상

④ 심리사회영역

- 집단에서 자신을 표현하고 개방하는 기회
- 일상생활 적응력 향상
- 타인과 환경에 대한 수용력과 이해력 향상
- 삶의 경험 나누는 기회
- 공동체 의식 공유 및 통합성 함양

(3) 노인미술치료에서 유의할 사항

노인미술치료는 삶을 회상하는 프로그램이 주를 이룬다. 미술활동을 통해서 노인들에게 중요했던 사건이나 경험, 정체성, 죽음에 대한 불안, 상실감, 희망 등을 나누고, 삶을 긍정적이고 균형 있게 조망하고 현재는 물론 미래까지 건강하게 설계할 수 있도록 돕는다.

노인미술치료의 주제는 상담사와 노인내담자의 신뢰 정도, 내담자의 특성과 환경 등에 따라 조절될 수 있다. 내담자가 스스로 정한 주제를 선택하는 경우가 일반적이다. 노인미술치료를 할 때에는 재료선정에도 심혈을 기울여야 한다.

노인내담자의 인지적, 심리적, 감각적, 운동적 상태를 반드시 고려해야 한다. 정서적 이완과 안정감, 현실화 가능성도 고려해야 한다.

치료형태는 개인미술치료나 집단미술치료를 선택할 수 있다. 시간배정은 노인내담자가 규칙적으로 치료에 참가할 수 있도록 정해진 날짜와 시간을 가급적 지키도록 해야 한다. 너무 이른 시간이나 늦은 시간은 피해야 한다.

공간은 노인들의 선택적 문제나 장애 등을 고려해서 넓고 안전한 곳이 좋다. 미술치료 중간에 쉴 수 있는 공간이 마련되어 있으면 더욱 좋다. 이외에도 빛이 충분히 들어오고, 따뜻하고, 손을 씻을 수 있는 화장실이 가까이 있는 곳이 좋다.

노인미술치료 프로그램 진행(안)

주제	만다라 그리기	형태	개인, 집단
목표	• 긴장완화와 심리적 안정 • 집중력 향상 및 소근육 운동기능 강화 • 색채감각과 형태감각 활성화		
시간	1시간		
준비물	• 만다라문양(a4 크기) 각 4~6종류 • 색연필, 싸인펜, 매직 등 • 명상음악, 플레이어		
활동	① 서로 인사하고 근황 묻기 ② 원형태에 대한 간단한 연상유도(달, 해, 시계 등) ③ 이미 완성된 만다라 보여 주기 ④ 만다라 감상하고 소감 나누기 ⑤ 빈 만다라 문양 펼쳐놓기 ⑥ 마음에 드는 만다라 문양 고르게 하기 ⑦ 선택한 문양에 색칠하기 ⑧ 완성된 문양 전시하고 느낌 나누기		

05
CHAPTER

노인집단상담

1 노인집단상담의 기초

1) 집단상담의 정의

집단상담은 소수(5~13명)의 비교적 정상인들이 한두 사람의 상담자의 지도 아래 역동을 토대로 신뢰롭고 수용적인 분위기에서 개인의 태도 및 행동의 변화 혹은 보다 높은 수준의 성장발달을 촉진시키는 대인관계적 학습과정이다(이장호, 2011). 즉, 집단상담은 전문적인 훈련을 받은 한두 사람의 상담자와 집단원들이 서로 신뢰하고, 이해하고, 수용하고, 개방하고, 촉진하는 역동적 관계를 바탕으로 개인의 문제해결과 집단 공동의 목표를 달성하는 과정이다.

집단상담은 내담자의 병리적인 문제보다는 발달, 생활과정의 문제, 자기이해, 대인관계 능력을 향상시키는 것이 목표다. 상담자(지도자), 내담자(집단구성원), 상호작용(역동적 관계), 집단 규범이라는 4가지 요소로 구성되어 있다. 집단상담을 구성하는 요소는 다음과 같다.

- 비교적 정상범위의 적응 수준에 속하는 사람들
- 전문적인 훈련을 받은 상담자

- 대인관계의 학습과정
- 집단규범이 있고 그것을 지키는 공동체

2) 노인집단상담의 의미

노인집단상담도 일반 집단상담과 구성, 목표, 방식, 기법 등이 동일하다. 다만 그 대상이 노인이라는 차이점이 있다. 노인집단상담은 노인들이 직면한 문제를 해결하기 위하여 목표를 설정하고 목표달성을 위한 전문적 실천과정이다. 상담자는 집단상담 이론과 과정을 적용하고, 내담자(집단원)들이 목표에 도달할 수 있도록 촉진하는 역할을 수행해야 한다.

노인집단상담을 통해 노인들은 다른 집단원들도 자신과 비슷한 문제를 경험하고 있고, 그 누구도 자신의 부족함이나 결함을 지적하거나 평가하지 않고 있는 그대로 수용해준다는 느낌을 받게 된다. 자신 또한 다른 집단원들을 이해하고 수용해 주면서 자기 자신의 문제와 타인의 문제에 대해 솔직하게 나누고 들으면서 궁극적으로는 문제가 해결되는 경험을 하게 된다.

역동적 관계와 치료적 기능이 포함된 노인집단상담은 노인문제에 접근하는 가장 좋은 방식이라고 할 수 있다. 성공적인 노인집단상담을 위해서는 다음과 같은 요소가 반드시 필요하다.

- 의식적 사고와 행동 촉진
- 허용적 분위기, 현실에 초점
- 정화(카타르시스), 상호신뢰, 돌봄
- 이해, 수용, 지지

한국의 노인들에게는 집단상담이 개인상담보다 효과적인데 그 이유는 문화에서 비롯된다. 한국사회가 집단문화이기 때문에 한국의 노인들은 개인상담보다 집단상담을 더 쉽게 받아들인다. 노인들의 경우 대체로 자신의 욕구, 가족 간의 갈등, 부정적인 감정 등을 드러내는 것을 꺼려 문제를 혼자 감내하는 경우가 많아 개인상담 접근이 어렵다. 반면 집단상담은 개인상담보다 접근이 용이하고, 집단상담에서 동년배들과 현실적이고 실제적인 의견을 주고받을 수 있다는 점이 노인들이 집단상담을 선호하는 이유다. 또한 노인들이 호소하는 주된 문제가 대인관계와 관련이 있는데 집단상담에 참여하면서 대인관계 기술을 향상시킬 수 있고, 개인상담에 비해 경제적인 면도 긍정적으로 작용한다. 노인집단상담에서는 때로는 참여자가 되기도 하고, 때로는 관망자가 되기도 하면서 심리적으로 안전감을 느낄 수 있다는 것도 장점이다. 노인집단상담의 가치는 다음과 같다.

- 동년배가 주는 편안함
- 비난, 징벌없이 현실검증
- 소속감과 동료의식 발전
- 다양한 사람을 만나는 기회
- 지도성 강점, 상호 상담자
- 때로는 참여자, 때로는 관망자

3) 노인집단상담의 치료적 요인

노인집단상담을 통해 노인내담자들은 긍정적 변화를 하게 된다. 노인집단상담의 치료적 요인은 보편성, 정보전달, 이타주의, 사회기술 발달, 모방행동, 집단 응집력, 감정정화 등이다.

보편성은 노인집단상담을 통해 내담자는 자신만 고통을 겪는 것이 아니라 다른 사람도 고통을 경험한다는 것을 알게 되고 위안을 받는 것을 의미한다. 개개인이 겪고 있는 문제는 다양하고 복잡하지만 공통점과 유사성을 깨닫게 된다.

정보전달은 내담자의 발달과 문제해결, 긍정적인 변화를 위해 필요한 모든 정보를 총칭한다. 건강정보, 대인관계 기술, 변화를 위한 시도 방법 등이 포함된다.

이타주의는 집단상담 과정에서 그 누구에게도 비판, 판단, 평가받지 않으면서 있는 모습 그대로 수용받고 이해받으며 자신도 타인을 있는 그대로 수용하면서 생긴다. 지금껏 그 어디서도 받아본 적 없는 이해와 수용을 집단상담에서는 '긍정적(역동적) 상호작용'이라고 한다. 집단상담의 효과는 긍정적 상호작용에서 기인한다. 또 노인집단상담에 참여하면서 원만한 인간관계 맺기와 유지하기, 적절하게 자신의 역할 수행하기 등의 사회기술을 향상시킬 수 있다.

모방행동은 말 그대로 타인의 긍정적인 행동을 따라 하는 것이다. 사람은 결정적인 영향을 준 사람의 행동을 따라 하기 마련이다. 집단에서 만난 사람들은 집단원 모두에게 긍정적이고, 수용적이며, 바람직한 행동을 하도록 촉진받기 때문에 긍정적인 모방행동을 이끌어낼 수 있다.

집단 응집력은 공통의 목표 달성을 위한 집단상담 과정을 완수해나가면서 생기는 힘이다. 노인들은 소속감과 사명, 공동체 의식이 강한데 집단상담 과정에서도 동일하게 나타난다.

감정정화는 집단상담 참여자가 자신의 이야기를 상담자와 집단원들에게 그동안 꺼내놓지 못했던 이야기를 나누고 다른 집단원들에게 들으면서 답답했던 마음이 트이고, 위로받고, 지지받으면서 문제를 극복하고 목표를 달성할 수 있는 힘을 제공받는 것을 의미한다.

4) 노인집단상담 절차 및 구성

(1) 절차와 방법

① 집단원의 구성

노인집단상담을 구성하기 위하여 상담자는 집단원이 되기를 원하는 내담자들이 적합한지를 확인해야 한다. 집단상담에 대한 기대와 변화의지가 있고, 집단상담에 잘 적응할 수 있는 내담자들로 집단을 구성하는 것이 효과적이다. 집단원을 선발하는 방법으로 접수면접을 선택할 수 있다. 접수면접은 노인집단상담 참여를 희망하거나 추천을 받은 내담자들을 개별적으로 만나 의사소통하는 과정이다. 이 과정에서 적절하지 않은 내담자는 제외하는 것이 좋다.

② 집단의 크기

집단상담의 크기는 참가자의 나이, 집단 형태, 집단 촉진자의 경험, 촉진자의 수 등에 따라 다르지만 노인의 경우 대체로 6~8명 정도가 적절하다. 상담자와 보조상담자가 집단과정에서 일어나는 일들을 보다 잘 파악할 수 있고, 상호작용의 예를 보여 줄 수 있는 장점이 있다. 집단상담은 대개 주 1회, 회기당 시간은 1시간 30분 정도가 적절하다. 특히 노인집단상담 참가자 중에 글을 모르거나 신체활동, 인지기능 등이 다른 집단원들에 비해 부족한 구성원을 위하여 보조리더를 두는 것이 바람직하다.

③ 상담시간 및 횟수

일반적으로 집단상담 시간은 1회 1시간 30분 이내가 좋다. 시간이 너무 길면 노인내담자들이 흥미를 잃고 적극성이 떨어지고, 너무 짧으면

회기마다 목표한 활동을 완수하는 데 어려움이 생긴다. 노인집단상담 횟수는 1주일 1회, 6회기 정도 하는 것이 좋다.

④ 개방집단과 폐쇄집단

개방집단은 집단참여를 원하면 언제든지 참여가 가능하지만 폐쇄집단은 한 번 집단이 만들어지면 더 이상 내담자를 수용하지 않는다. 개방집단은 더 많은 내담자에게 상담서비스를 제공한다는 장점이 있지만 집단 응집력 약화 등의 단점이 있다. 폐쇄집단은 깊이 있는 나눔이 가능하다는 장점이 있지만 집단원이 이탈했을 경우 집단을 계속 이어나갈 동력을 잃는 단점이 있다. 교육을 목표로 하는 집단의 경우는 개방집단, 심층적인 상담을 목료로 하는 경우에는 폐쇄집단이 좋다.

(2) 노인집단상담 구성

노인집단상담은 도입 – 준비 – 작업(활동) – 종결단계로 구성된다.

도입단계에서는 하고자 하는 노인집단상담의 목적과 목표, 성격 등을 안내하고, 상담자와 내담자, 내담자와 내담자가 만나 인사를 나눈다. 집단원 소개, 집단의 구조화, 목표설정 등을 이 단계에서 한다.

준비단계는 안정되고 신뢰로운 집단분위기를 조성하는 단계이다. 이 단계에서 상담자는 집단 분위기와 응집력을 해치는 경우를 제외하고는 무조건적인 수용과 격려하는 태도와 반응을 보여야 한다.

작업(활동)단계에서는 집단의 목표달성을 위하여 집단원들이 상호작용하며 긍정적인 변화를 촉진하는 단계이다. 이 단계에서 집단상담 참가자들은 각자의 문제를 노출하고 탐색하면서 이해하고 수용하는 경험을 한다. 바람직하지 않은 행동패턴을 버리고 생산적인 행동을 학습하기도 한다.

종결단계에서는 집단상담에 참여하면서 배운 것을 생활에서 활용할 수 있도록 격려하고 촉진하는 단계이다. 이 단계를 적절하게 다루지 못하면 긍정적인 행동변화는 물론 집단상담 자체에 대한 부정적 감정을 가지고 집단을 떠날 수 있으므로 유의해야 한다. 단계별 노인집단상담자의 역할은 다음과 같다.

① 도입단계

- 노인집단상담 참가자를 소개하고 예기 불안을 다룬다.
- 집단의 성격과 목적, 상담자의 역할, 집단의 규범, 유의사항을 알려준다.
- 집단원의 예기 불안을 감소시키고 집단 응집성을 높인다.
- 집단상담의 과정, 목표를 구체적으로 설정한다.

② 준비단계

- 집단원의 말과 행동을 신뢰, 수용, 격려해준다.
- 집단의 지도성이 상담자에게만 있는 것이 아니라 집단원에게도 있음을 알린다.
- 저항적 반응을 인정하고 다룬다.
- 신뢰성과 응집성을 높여 주는 집단원의 행동을 강화한다.

③ 작업단계

- 각자의 문제를 노출하고 탐색하며 이해하고 수용한다.
- 바람직하지 못한 행동패턴을 버리고 생산적인 대안행동을 학습하도록 돕는다.
- 집단원들이 찾은 대안행동의 실천 가능성을 높여준다.

④ 종결단계

- 부정적 감정을 가지고 집단을 떠나지 않도록 주의한다.
- 집단원에게 의미 있거나 도움이 되었던 경험을 나누게 한다.

- 집단상담 시작 시점과 현재를 비교하고 변화를 평가하게 한다.
- 미결과제를 다루고, 도움을 받을 수 있는 방법을 알려준다.

2 집단상담자의 역할과 한계

노인집단상담에서 상담자의 역할을 '집단이 설정한 목적를 달성하도록 돕는 리더의 모든 제반 행위'라고 정의할 수 있다. 집단상담자의 역할이 절대적이기 때문에 상담자의 집단운영능력이 곧 집단리더십이라고 볼 수 있다. 노인집단상담자의 핵심역할은 '집단통제'이다. 또한 노인집단상담에서의 변화는 상담자와 집단원, 집단원과 집단원들 간의 상호작용에 의해서 이루어지기 때문에 집단상담자는 효과적인 집단교류가 잘 이루어지도록 분위기를 조성하는 것이 매우 중요하다. 또한 소극적이거나 부정적인 정서를 가진 내담자들이 집단상담에 적극적으로 참여할 수 있도록 촉진하는 역할을 해야 한다.

노인집단상담자는 개입정도에 따라 독단형, 방임형, 민주형으로 구분된다. 독단형은 집단상담자가 지나치게 많이 개입하는 경우이고 방임형은 지나치게 개입을 하지 않는 유형을 말한다. 민주형은 개입할 때 개입하지만 집단원들이 자율적으로 활동하도록 촉진하는 유형이다. 어떤 유형이 옳고 그르다고 정의하기는 어렵지만 민주형 리더십이 효과적인 경우가 많다. 노인집단상담자의 구체적인 역할은 다음과 같다.

- 경청을 통해 개방을 촉진하고
- 공정성을 유지하고
- 자율적인 참여를 유도하고
- 집단상담의 한계를 인정하고
- 대처능력(기술)을 길러주고

- 지지와 격려를 보내고
- 혼자가 아님을 알게 하고
- 잠재력을 실현하도록 돕고

노인집단상담자의 한계 인식도 매우 중요하다. 집단의 목표달성을 위해 최선을 다하는 것은 맞지만 완벽한 목표달성이란 있을 수 없다. 구체적으로는 모든 집단원들이 동일한 변화나 학습효과를 얻을 수 없고, 비밀보장, 질서 등이 구조화한대로 되지 않는 경우가 발생할 수 있다. 따라서 노인집단상담자는 집단상담의 한계를 명확하게 인식하고 그럼에도 불구하고 목표를 향해 순항하는 선장이 되어야 한다. 집단상담자가 결코 잊어서도 안 되고 포기해서도 안 되는 요소들은 다음과 같다.

- 집단원과 집단에 대한 신뢰감
- 공동으로 설정한 목표와 방향
- 개별화의 원칙
- 집단의 기강유지
- 참여자들의 보호 및 독려

3 노인집단상담 유형과 기법

1) 노인집단상담의 유형

노인집단상담의 유형은 현실지향집단, 재동기화집단, 회상집단, 예술을 활용한 집단, 집단심리치료, 특정주제집단 및 예방교육집단 등이 있다.

(1) 현실지향집단

현실지향집단(reality orientation group)은 자신이 놓여있는 환경에 대해 제대로 지각하지 못하는 노인내담자들이 대상이다. 외부의 자극에 적절하게 반응하게 하고, 정체성에 대한 책임을 요구하는 집단이다. 상담자는 노인내담자 스스로가 자신이 누구인지, 어떤 기능과 역할을 해야 하는지를 자각하도록 돕는다. 현실지향집단에 참가하는 내담자들은 주로 시설이나 병원에서 생활하는 노인들인데, 그들이 지역사회로 다시 돌아갈 수 있도록 돕는 것이 목적이다. 현실지향집단은 집단의 크기가 작을수록 효과적이다.

(2) 재동기화집단

재동기화집단(remotivation therapy group)은 현재나 미래에 대해 더 이상 관심이 없는 노인들이 다시 일어설 수 있도록 독려하는 것이 목적이다. 그래서 재동기화집단이다. 시설에 입소한 노인들과 지역사회에서 생활하고 있는 노인 모두에게 적용할 수 있다. 구성원은 15명까지 참여가 가능하다. 가능하면 다른 사람과 상호작용할 능력이 있는 내담자가 좋다. 재동기화집단에서는 내담자들이 흥미와 반응을 보이게 하려고 오디오나 비디오 같은 감각적 도구를 사용하기도 한다.

(3) 회상집단

회상집단(reminiscing group)은 지난 날을 돌이켜보며 긍정적인 기억과 경험을 바탕으로 밝은 미래를 조망하는 데 그 목적이 있다. 회상과정을 통해 사회화, 상호작용, 박탈감 억제, 기억 자극, 세대차 극복, 자신과 다른 사람의 삶에 대한 재검토 등이 목적이다.

대부분의 노인들은 흥미 있는 기억을 다른 사람과 공유하고 싶어 한다. 이러한 특성을 활용한 집단상담 기법이 바로 '회상집단'이다. 노인 스스로 자신의 삶을 회상하게 하고 그 내용을 집단 내에서 꺼내놓고 공유하도록 장려하는 것이다. 그 과정에서 절망감을 느끼던 노인들이 자신의 인생에서 긍정적인 부분을 발견하고 자아통합을 이루도록 돕는 효과가 있다.

주의해야 할 점이 있다. 집단원 개개인이 가지고 있는 분노, 상처, 고통 등이 제대로 치료가 되지 않을 수도 있다. 단순히 그 순간 감정이 정화되고 고통을 경감하는 효과만 줄 수 있다. 따라서 회상집단 후에는 치료적 과정이 필요하다. 이 집단에서는 해석과 지도, 직면 등이 이루어지지 않는다. 공유와 경청 등을 바탕으로 한 상호작용이 강조된다. 따라서 도움이 더 필요하다고 판단되면 심리치료집단에 의뢰할 수 있다.

회상집단은 크기가 6~9명 정도가 적당하다. 회상집단에서는 함께 영화를 보거나 공원에 가서 소풍을 즐기는 등 외부활동이 많기 때문이다. 특히 회상집단을 이끄는 상담자가 잘 훈련되어 있어야 한다. 노인들이 스스로의 인생을 돌아보며 긍정적으로 해석하고 미래를 그려나갈 수 있도록 격려하고 지지하는 것이 회상집단의 목적이기 때문이다.

(4) 집단심리치료

집단심리치료(group psychotherapy)는 주로 우울하고, 현실에 적응하는 데 어려움이 있는 노인이 대상이다. 규칙적으로 정해진 시간에 노인들이 자율적으로 참여한다. 내담자들이 보다 건강하고 만족할 수 있도록 잘 훈련된 리더가 표현하고, 이끌어내고, 받아들이고, 일하도록 독려한다. 집단심리치료의 치료적 요소는 이타주의, 집단응집성, 보편주의, 대인관계 향상, 지도성, 감정정화 등이다. 집단심리치료는 '지금－여기(Here and Now)'를 강조하며 비구조화된 형태로 운영된다. 따라서 집단상담자의 기술과 인격 등이 매우 중요하다. 집단원은 6~12명이 적합하다.

(5) 특정주제집단과 특정성원집단

특정주제집단(topic specific group)은 독서치료, 성, 건강, 예술 등 특정한 주제를 가지고 모이는 집단이다. 심리교육적 본질을 가지고 있다. 목적은 노인들의 삶의 질을 높이는 것이다. 또한 노인들이 자신의 삶에서 의미를 발견하고, 지지집단을 형성할 수 있도록 돕는다.

특정성원집단(member specific group)은 슬픔, 입원, 시설생활 등 특정한 인생의 전환기에 초점이 맞춰져 있다. 노인과 그 가족을 위해 구성될 수 있다. 노인이 생의 문제를 극복하고 적응할 수 있도록 돕고, 가족들도 상황에 적응할 수 있도록 도와주는 집단이다. 집단 전체보다는 개인에게 초점을 두는 기술이 필요하다.

(6) 노인을 위한 성장집단

노인을 위한 성장집단(growth group for the elderly)은 노인들도 지속적·영적·정신적으로 성장한다는 것을 가정하고 있다. 노인들은 내면적, 환경적인 변화가 참 많다. 이제 65세 이상 노인들이 노쇠했다기보다 또 다른 성장을 한다는 가정에서 접근해야 한다.

(7) 사회, 레크리에이션, 교육집단

사회(social), 레크리에이션(recreation), 교육집단(educational group)은 노인내담자들이 적극적으로 활동에 참여하고, 즐거움을 느끼며, 학습을 자극하고, 건강을 증진시키는 목적으로 만들어졌다. 사회성 향상, 여가 증진, 평생교육을 위한 장(場)으로 활용되고 있다.

(8) 노인 가족을 위한 가족상담

노인 가족을 위한 집단상담(elder family group)은 노인내담자의 가족들이 위기상황을 겪고 있을 때 활용된다. 가족들과 집단상담자는 가족 내에서 가족규칙, 경계, IP(Identified Patient), 힘을 가진 사람이 누구인지를 고려해서 접근해야 한다.

시설에 거주하고 있는 노인내담자가 가족들과 함께 집단상담에 참여하는 경우도 있고, 시설 입소를 앞두고 가족들과 함께 상담을 받는 경우가 있다. 이때 상담자는 가족들에게 정보를 제공하고, 상황에 대처하는 기술을 가르쳐줘야 한다. 부모를 시설에 보내는 것에 대한 불안과 죄책감을 경감시키는 데 주력한다. 다른 가족들의 경험을 공유하고, 관련된 스트레스를 경감시키는 노력을 한다.

2) 노인집단상담 기법

노인집단상담 목표를 달성하기 위해서는 전문적인 기술(기법)이 필요하다. 노인집단상담에서 필요한 기법은 다음과 같다.

(1) 관심 기울이기

관심 기울이기는 말할 때 시선을 부드럽게 마주치고, 상냥한 얼굴 표정, 비언어적 표현으로 즉각적인 반응을 보이는 것을 포함한다. 집단상담자는 집단원 한 사람은 물론 집단 전체에 대해 골고루 관심을 기울여야 한다.

(2) 초점 맞추기

초점 맞추기는 집단에서 논의되고 있는 주제로 초점 설정, 초점 유지, 초점 이동, 초점 심화 과정을 연결하는 것을 의미한다. 예를 들어, 집단원들에게 "오늘은 ~에 대해 이야기해 보도록 하겠습니다"라고 이야기하면서 초점을 설정한 다음 돌아가면서 같은 주제의 의견을 나누면서 초점 유지, 초점 이동, 초점 심화 단계로 발전시켜 나가는 것이다.

(3) 연결하기

연결하기는 집단원 간의 상호작용이 매우 중요한 집단상담에서 자주 사용되는 기법이다. 연결하기란 한 집단원의 말과 행동을 다른 집단원의 관심사와 관련짓는 능력을 말한다. 집단상담자가 집단원의 공통 관심사에 유의하여 민감하게 포착해야 구현이 가능하다. 예를 들어, 두 사람의 집단원 간에 공통의 관심사가 있다는 것이 포착되면 두 사람이 감정을 표출하도록 촉진해서 상호작용하도록 조장하는 것이다.

(4) 피드백 주고받기

피드백 주고받기는 집단원 개개인에 대한 행동에 대한 반응을 솔직하게 이야기하는 과정이다. 이 과정을 통해 다른 구성원들이 자신을 어떻게 보고 있는지, 자신이 어떻게 반응하고 있고, 어떻게 반응해야 하는지를 학습하게 된다. 피드백 주고받기는 유용한 기법이지만 잘못 사용하면 상대의 마음을 상하게 할 수 있으므로 유의해야 한다.

피드백을 주고받을 때는 도덕적 가치판단으로 행동변화를 요구해서는 안 된다. 자신의 생각이나 느낌만 표현해야 한다. 피드백 주고받기는 행동이 일어난 직후에 구체적이고 정직하게 해야 한다. 피드백 주고받기는 받는 사람이 준비가 되어 있을 때 효과가 있다. 친근하고 신뢰하는 사람이 피드백을 주거나 한 사람보다 여러 사람이 줄 때 더 의미가 있다. 피드백을 받는 사람은 상대의 피드백에 귀 기울여 감사하고 그 의미를 생각해 보는 태도가 바람직하다.

(5) 모델링(자기 노출)

모델링은 상담자가 실시하는 기법이다. 상담자의 자기 노출은 집단원들에게 유사성과 친근감을 전달할 수 있고, 깊은 이해를 발달시킬 수 있으며, 자기탐색의 기회를 제공한다. 집단상담자가 자신의 경험을 꺼내면서 그때의 느낌과 생각 등을 전달하면 집단원들은 상담자의 이야기에 공감하고, 용기를 낸다. 집단상담에서 하고자 하는 활동의 가이드가 되기도 한다.

(6) 질문

좋은 질문은 누가, 언제, 어디서, 무엇을, 어떻게로 시작된다. 좋지 않은 질문은 왜로 시작되는 질문이다. 질문에는 개방형 질문과 폐쇄형 질문이 있다. 개방형 질문은 스스로 생각하고 고민하고 탐색하게 하므로 치료적 효과가 있지만, 폐쇄형 질문은 단답형으로 대답할 수밖에 없기 때문에 치료적 대화로 확장되지 못한다. 간접질문과 직접질문도 있는데 간접질문은 단도직입적으로 묻는 질문이고 간접질문은 완곡한 형태의 질문이다. 꼭 피해야 할 질문은 두 가지 중에 한 가지를 선택하게 해서 선택의 폭을 좁히는 이중질문이다.

① 개방형 질문

"문제해결을 위해 어떤 노력을 해봤습니까?"

② 폐쇄형 질문

"그를 좋아합니까?"

③ 직접질문

"이번 건강검진 결과 잘 나왔습니까?"

④ 간접질문

"그럴 때 마음이 어떠신지 궁금합니다"

⑤ 이중질문

"지금 기분이 좋아요 나빠요?"

(7) 저항과 전이의 처리

저항은 집단상담 과정을 방해하는 요소이다. 집단원들이 움츠러들고, 참여를 꺼리고, 자기 자신을 드러내는 것을 주저하는 형태로 나타난다. 집단상담 과정에서 저항이 발생하면 그 자리에서 스스로 자기감정을 말하도록 하기도 하지만, 집단상담이 끝난 후에 상담자와 저항을 보인 집단원이 이야기를 나누면서 문제를 해결하는 것이 효과적이다. 자칫하면 집단 운영에 부정적인 영향을 주게 되어 집단원 전체에게 피해를 줄 수 있기 때문이다.

전이가 발생했을 경우에는 어느 대상에서 왜 전이가 발생했는지를 파악해야 한다. 상담자와 집단원, 집단원과 집단원 간에 그릇된 지각이나 오해에서 비롯되는 경우가 많기 때문에, 상담자는 과거가 현재의 행동에 미치는 영향을 성찰하도록 조력하고 해석을 활용해서 전이를 극복하도록 도와야 한다.

(8) 행동 제한하기

집단상담 과정에서 집단원이 비생산적인 태도나 행동을 보일 때 상담자는 즉시 개입해야 한다. 집단상담 과정이 바람직한 방향으로 흘러갈 수 있도록 한다. 집단원의 행동을 제한해야 할 필요가 있는 경우는 지나치게 많은 질문을 하거나 제삼자를 험담할 때, 집단의 목표나 활동과 상관없는 이야기를 늘어놓을 때, 집단원의 사적인 비밀을 말하도록 강요할 때 등이다. 이런 경우 집단상담자는 문제행동을 하는 집단원의 행동을 지적하고 중단시켜야 한다.

4 노인 자아통합을 위한 집단상담 프로그램

'아름다운 삶, 아름다운 이별'

1. 프로그램의 목적

이 집단상담 프로그램은 노인들이 삶을 통합하고, 남은 삶을 보다 풍성하게 보내는 방법을 스스로 깨우치도록 돕는데 목적이 있다. 이와 같은 목적을 달성하기 위하여 '회상기법'과 '미술활동'을 통해서 출생부터 현재(노년기)까지 삶을 돌아보는 활동을 진행한다. 또한 건강박수, 율동 등 노인들의 건강 증진을 위한 활동들도 함께 실시한다.

2. 프로그램 진행 계획

회기	목표	내용
아동기 회상	아동기 수용 및 통합	아동기 시절 가장 행복했던 일 회상
청년기 회상	청년기 수용 및 통합	'인생의 전성기'를 회상하며 가장 자랑스러웠던 일 떠올리기
중년기 회상	중년기 수용 및 통합	'가족을 소개 합니다'를 주제로 가족들에 대한 감사의 표현, 용서와 회복 등
현재의 삶과 미래	노년기 수용 및 통합 미래의 삶 계획	하고 싶은 일, 소망하는 미래를 계획하기

3. 프로그램 진행 과정

회기	구분	내용
1회기	주제	어린 시절로 떠나는 여행
	준비물	색종이, 풀, 크레파스, 활동지, 싸인 펜
	집단 과정	• 율동배우기 • 소감나누기 • 어린 시절 (0~10세) 회상여행 • 다음회기안내, 요약
2회기	주제	청년기로의 여행 '내 인생의 전성기
	준비물	크레파스, 파스텔, 펜, 활동지, 풀, 색종이
	집단 과정	• 건강박수 배우기 • 가장 즐거웠던 일, 가장 어려웠던 일 표현 • 젊은 시절 회상 • 작품 발표하기

	구분	내용
3회기	주제	중년기로의 여행 '나의 가족을 소개합니다'
	준비물	활동지, 크레파스, 펜, 색종이, 풀, 파스텔
	집단 과정	• 웃음치료(하하호호기법 배우기) • 작품 발표 • 활동지를 이용하여 가족 소개하기 • 율동, 건강박수, 웃음치료 활동
4회기	주제	마무리 하는 삶
	준비물	A4용지, 펜, 선언문
	집단 과정	• 율동, 건강박수, 웃음치료 활동 • 소감 나누기 • 그동안 회기요약 • 행복선언문 전달 및 낭독

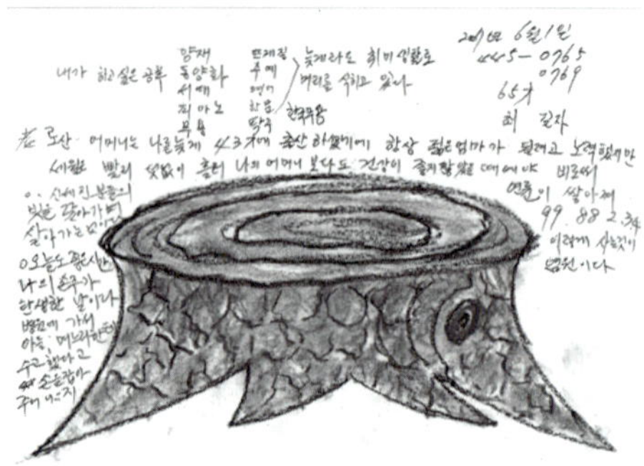

행복선언문

하나,
나는 정말 멋있고 아름답게 살 것이다!

하나,
나는 오늘도 웃음으로 하루를 시작한다!

하나,
나는 어떤 상황에서도 긍정적으로 생각한다!

하나,
나는 이웃을 사랑하고 이웃에 봉사한다!

하나,
나는 늘 즐겁고 행복하다!

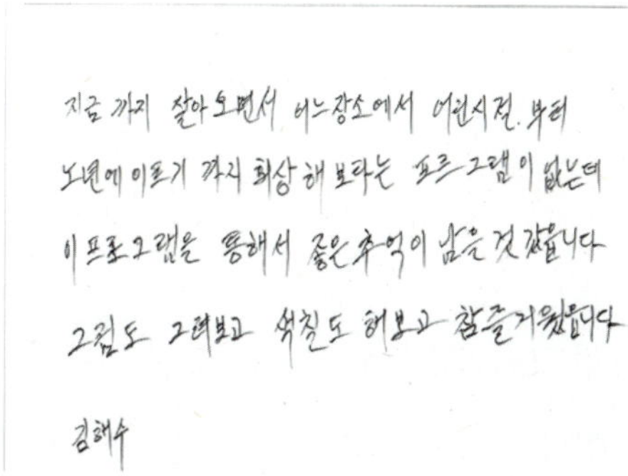

지금까지 살아오면서 어느 장소에서 어린시절. 부터 노년에 이르기 까지 회상해 보라는 프로그램이 없는데 이 프로그램을 통해서 좋은 추억이 남을 것 같습니다 그림도 그려보고 색칠도 해보고 참 즐거웠습니다

김해수

함께 읽고 생각 하기 　성공적인 노인집단상담 고려사항

성공적인 노인집단상담을 위해서는 주제선정부터 각별히 신경을 써야 한다. 노인집단상담의 주제가 노인내담자들에게 꼭 필요한 것이어야 한다. 실생활에서 바로 적용하고 활용할 수 있는 건강문제, 대인관계, 행정적, 법적 문제 해결 등을 주제로 삼아야 한다. 그래야 노인내담자들이 관심을 보이고, 문제해결을 위해 적극적으로 참여하기 때문이다. 또 재미가 있어야 한다. 노인들은 젊은 사람들에 비해 적극성이 부족하고, 재미가 없으면 금방 싫증을 낸다. 또한 노인내담자 한 사람 한 사람이 특별한 사람으로 대우받고 있다는 느낌을 줘야 한다. 마지막으로 가슴에 새길 메시지가 필요하다. 성공적인 노인집단상담을 위해서 유념해야 할 사항은 다음과 같다.

- 웃겨라
- 긍정적인 역동을 활용하라
- 뜨거운 관심을 보여라
- 건강정보를 제공하라
- 모두 주인공을 만들어라
- 감동 메시지를 던져라

PART III

노인문제 영역별 상담

06

CHAPTER

노인우울과 자살상담

1 저출산·고령화

> 갑자기 입맛이 없어졌다. 그 좋아하는 생선도 쳐다보기가 싫다. 밥 차리는 것도 귀찮고 누가 차려준대도 싫다. 잠도 잘 안 온다. 뜬눈으로 밤을 지새우면서 참 아픈 생각을 많이 한다. 돈 없어서 자식들 못 가르친 일, 변변한 옷 한 벌 사 보지 못한 일, 몸이 부서져라 일만 했는데 살림은 하나도 나아지지 않은 일까지… 나도 모르게 "헛살았어, 왜 그리 아등바등 살았을까 누가 알아주지도 않는데"라는 푸념이 쏟아져 나온다. 자꾸 짜증만 나고 기운도 없다. 하고 싶은 것도 없고 무엇 하나 기분 좋은 일이 없다. 내가 마음의 병이 들었나보다…….

이 사례에 소개된 노인은 노인우울이 의심된다. 우울 증세인 불면, 피로, 짜증, 흥미 상실 등이 전형적으로 나타나고 있기 때문이다. 문제는 노인우울을 스스로도 그렇고 가족, 일부 전문가들조차 특별한 문제가 아니고, 노년기에 나타나는 당연한 현상으로 여긴다는 점이다. 그러나 노인들에게 나타나는 우울은 심각한 문제를 발생시킬 수 있다. 삶의 질 저하, 의욕상실, 자살생각 및 행동 등이 나타날 수 있다. 우울은 젊은 사람들만의 문제가 결코 아니다. 따라서 노인우울을 제대로 이해하고, 예방 및 치료 계획을 수립하고 있어야 한다.

2 노인우울의 이해

노년기가 되면 누구나 신체적, 사회적, 심리적 상실을 경험하면서 우울한 경향이 나타나기 마련이다. 노인에게 우울 경향이 나타나는 것은 불가피하다. 그러나 생활에 방해가 될 정도로 우울한 느낌에 오랫동안 빠져 있으면 문제가 될 수 있다. 바로 이 상황을 '노인우울'이라고 한다. 노년기에 접어들면서 우울 경향이 짙어지는 이유는 대부분 역할상실과 가족과의 갈등 등의 생활사건 때문이다.

노년기는 신체적, 심리적, 사회적으로 위축되는 시기이다. 나이가 들면서 신체적 기능이 쇠퇴하는 것도 서러운데 사회에서도 은퇴하고 가정에서의 역할마저 줄어든 노인들은 소외와 고독을 필연적으로 느끼게 된다. 이때 자녀와의 접촉이 빈번하고, 경제적 지원을 포함한 적절한 돌봄과 수발 제공, 새로운 역할을 발견하면 행복하고 건강한 노후생활을 영위할 수 있다. 문제는 그렇지 못한 노인들이 너무 많다는 것이다.

우선 자녀와의 접촉빈도가 현저히 줄어들었다. 우리나라에서 부모와 자녀가 동거하는 비율은 2010년 35.3%로 2003년 42.7%에 비해 7.4% 감소했다. 부모만 따로 살고 있는 비중은 2010년 62.8%로 증가하고 있는 추세이다. 부모와 함께 살고 있지 않은 자녀가 부모와 교류하는 방법은 주로 전화통화인데, '일주일에 한두 번(44.8%), 직접 만나는 횟수는 한 달에 한두 번(39.2%)이었다(통계청, 2010).

경제적 지원을 포함한 자녀의 적절한 돌봄과 수발을 받는 것이 거의 불가능한 것이 현실이다. 우리나라 사람들의 은퇴 이후 경제력의 적정성과 충분성을 분석한 연구들에 따르면 우리나라 노인들 대부분이 노후생활은 스스로가 책임져야 한다고 했고, 자녀가 부양해야 한다는 의견이 매우 낮았다. 우리나라 사람들은 자녀와 동거를 희망하지 않고, 자녀의 부양을 기대하지 않는데, 은퇴준비를 하지 못한 노인가구가 72%나 된다(김남원, 2017). 자녀에게 경제적 지원을 포함한 적절한 돌봄과 수발을 받는 것이 아니라 노년기가 되어도 오히려 제공해야 하는 현실에 놓인 노인들의 사정이 노인우울의 원인이 될 수 있다.

새로운 역할을 발견하는 것도 쉽지 않은 일이다. 노년기에 선택할 수 있는 직업이 줄어들고 가정에서의 역할도 제한적이 된다. 이와 같은 상황에서 가족을 포함한 사회적 집단의 지지를 받는 것도 충분하지 않다. 가정구조가 핵가족화되어서 자녀들과 물리적으로 만날 시간이 부족하고, 배우자와의 갈등도 있으며 정서적으로 교류하는 사람들마저 줄어들게 되면서 새로운 역할을 찾고 도전하는 일을 주저하기도 한다.

이와 같이 노인우울이 발생하는 가장 큰 원인은 상실감일 수 있다. 신체질환, 거동불능, 은퇴, 경제능력 상실, 열악한 생활환경, 배우자와의 갈등 내지는 사별, 자녀로부터의 박대 등을 경험하면서 자존감 상실, 인격적인 모욕감, 소외감, 외로움 등을 느끼고 노인우울을 일으킬 수 있다. 노인우울은 개인의 기능상실 뿐만 아니라 가정파탄, 자살까지 이어질 수 있기 때문에 각별히 주의를 기울여야 한다.

1) 노인우울 현황

노인인구는 계속 늘어나고 있는데 질병에 대한 대책은 부족해 보인다. 특히 '마음의 감기'라고 불리는 노인우울에 대한 심각성을 잘 모르고 있다. 노인우울은 최악의 경우 자살이라는 극단적인 선택을 할 수도 있는 무서운 질환이다. 우리나라 65세 이상 노인 3명 중 1명이 우울을 앓고 있다는 조사가 있다. 건강보험심사평가원 자료에 따르면 2015년 우울 진료 환자는 68만 명으로 2011년 60만 2천 명보다 약 8만 명(13%)이 증가했다. 이 중에서 65세 이상 노인은 22만 4천 명으로 2011년 17만 5천 명보다 4만 9천 명(28%)이 증가했다. 노인우울 환자 비중은 2011년 29.1%에서 2015년 33%로 높아졌다. 우울 환자 3명 중 1명은 65세 이상 노인인 셈이다. 연평균 우울 환자 증가율은 전체 집단이 3.1%, 65세 이상은 6.9%로 2배 이상 차이를 보였다. 우울을 앓고 있는 노인 환자를 연령대로 살펴보면 70～74세 28.4%, 65～69세 26.9%, 75～79세 24.6%, 80～84세 13.7% 순이었다.

표 6-1

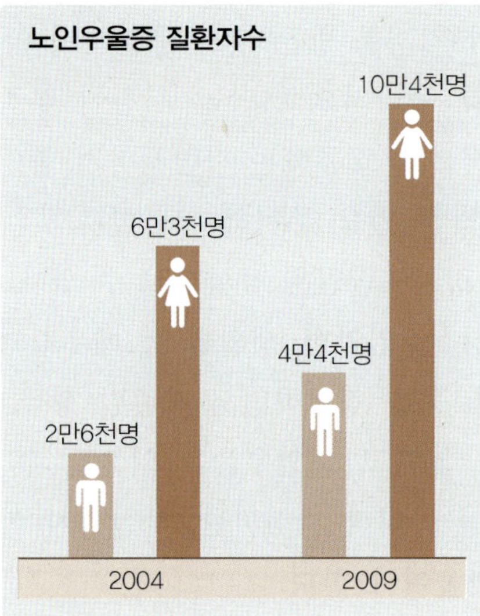

표 6-2

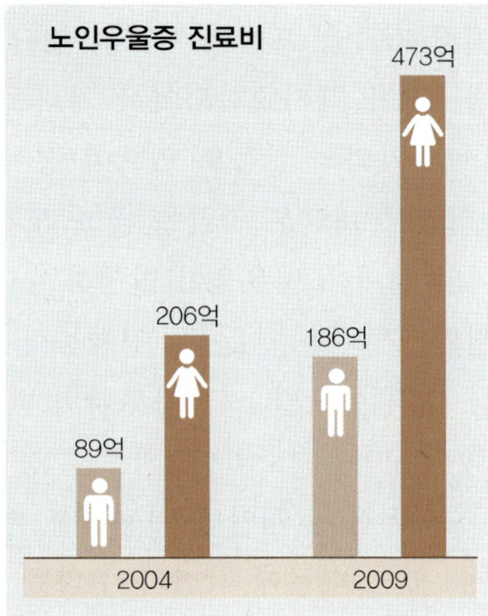

출처: 건강보험정책연구원.

우울을 앓는 노인들이 많아지면서 자살률도 높아졌다. 2014년 기준으로 65세 이상 노인자살률은 10만 명당 55.5명으로 국내 전체 자살률의 2배, OECD 평균 자살률의 5배나 높다. 이는 OECD 국가 중에서 가장 높은 수치이며 10년 이상 노인자살률 1위라는 불명예 기록도 갖게 됐다. 2014년 보건복지부 노인실태조사 결과에 따르면 노인 10명 중 1명은 자살을 생각해 본 적이 있었다. 이 가운데 12.5%는 실제로 자살을 시도한 것으로 나타났다.

노인들이 자살을 시도하는 이유는 경제적 어려움(40.4%)이 가장 높고, 건강 문제(24.4%), 외로움(13.3%), 가족·친구와의 갈등이나 단절(11.5%), 배우자 등의 사망(5.4%) 순이었다. 도시에 거주하는 노인일수록 '경제적 어려움' 응답이 높았고, 시골에 거주하는 노인들은 '건강과 가족·친구와의 갈등 및 단절'이 높게 나타났다.

2) 노인우울 증상

많은 노인들과 그 가족을 비롯한 주변 사람들이 노인들이 우울 증상을 호소하면 '늙어서 그렇다'고 생각한다. 그렇다면 노년기가 되면 우울 경향이 나타나는 것이 정상적인 반응일까? 노인들은 정말 젊은 사람보다 우울하고, 노년기 우울은 생물학적 노화에 대한 반응일까? 노년기가 되면 은퇴와 사별 등으로 대표되는 다양한 상실을 경험하면서 우울 경향이 나타날 가능성이 높지만 그렇다고 노년기가 슬픔과 우울의 시기는 아니다.

우리나라 노인들의 약 15~25%가 호소하고 있는 우울 증상은 공식적인 우울 진단기준을 충족하지 못하는 경우가 많다. 이러한 우울 증상을 '경증 우울'이라고 한다. 경증 우울도 노인들의 신체적, 정서적, 심리적 건강에 주요한 영향을 주기 때문에 각별히 신경을 써야 한다(홍주연, 2016). 일부 증상을 보인다고 해서 섣불리 우울으로 진단해서도 안 된다(권석만 외, 2008). 이처럼 노인우울은 본인조차 자신이 우울에 걸렸다는 것을 자각하지 못하고 가족이나 주위의 사람들도 노화에 따른 현상이라고 인식하고 방치하는 일이 많다. 노인우울 증상 호소를 간과하거나 방치해서는 안 된다. 노인우울에 걸리면 주로 신체 여러 부분이 아프다고 호소하는 경우가 많다. 특히 식욕부진, 체중감소, 수면 장애, 변비, 만성적인 피로 등이 빈발한다. 불면을 호소하면 빈틈없이 대응할 필요가 있다. 또한 노인우울은 환각 및 망상 등의 정신병적 양상을 보이는 경우도 흔하다.

노인우울을 평가하고, 치료방법과 효과는 약간의 차이가 있지만 대체적으로 젊은 사람들의 우울 치료와 유사하다. 우울 증상에는 우울한 기분, 흥미상실과 활력감소, 피로감과 주의집중력 감소, 자존감과 자신감 감소, 비관적 견해, 자살생각과 행동 등이 있다.

(1) 우울한 기분

특별한 사건이나 상황이 없는데도 우울하고 슬픈 기분이 자주 들고, 하루에도 여러 차례 감정기복이 생긴다. 특히 아침에 기분이 저조한 경우가 많다.

(2) 흥미상실과 활력감소

정말 좋아했고 재미있었던 활동이 이유없이 흥미가 사라지고 아무것도 즐거운 일이 없는 것 같은 느낌이 든다. 활발했던 인간관계도 피하고 싶고 혼자 있고 싶다는 생각이 자주 든다.

재미있고 흥미 있었던 일들이 사라지면서 활력도 감소한다. 무엇인가를 실행하고자 하는 동기도 약해진다. 신체 동작이 느려지고, 말수도 현저히 줄어든다. 대화를 하고 싶은 동기가 사라지면서 성의 없이 대답 정도만 하는 경우가 빈번해진다.

(3) 피로감과 주의집중력 감소

특별히 힘든 일을 한 것도 아닌데 피로감을 경험한다. 이유 없이 기운이 없고 체력이 부족해서 사소한 일도 완수하기가 어렵다고 느낀다. 또한 어느 순간부터 주의를 집중하기가 어렵고 우유부단함을 보인다. 기억력 감퇴를 호소하는 경우도 있다.

(4) 신체적 증상

노인우울은 수면 장애, 식욕과 성욕감퇴, 체중감소, 변비 등의 신체적 증상을 동반하기도 한다. 이러한 신체증상이 우울에서 기인할 수도 있다는 것을 사전에 인지하고 특별한 의학적 소견이 없는데도 우울과 관련된 증상이 나타나면 노인우울을 의심해야 한다.

(5) 자존감과 자신감 감소

스스로를 존재 자체만으로 사랑받기에 충분한 존재라고 인식하지 못하고, 아무 것도 할 수 없는 존재라고 여기면서 자존감이 현저히 떨어지는 모습을 보인다. 자존감이 감소하면서 자연스럽게 매사에 자신감도 없어진다.

(6) 비관적 견해

무력감과 절망감에 사로잡혀 그 어떤 치료를 받는다고 해도 자신의 현재와 미래가 변화하지 않을 것이고, 희망과 즐거움이 없을 거라고 생각한다. 매사에 부정적이고 비관적인 견해를 나타내기도 한다.

(7) 자살생각과 행동

자살생각과 행동이 우울이 불러오는 가장 심각한 문제이다. 우울에 걸리면 아무런 희망이 없고, 비극적인 상황이 절대로 변하지 않기 때문에 그 고통은 죽음만이 해결해 줄 수 있다고 생각하고, 그 생각을 행동으로 옮기기도 한다.

3) 노인우울 원인

노인우울의 원인은 매우 다양한데 대부분 복합적인 요인에 의해 발생한다. 노인우울의 원인은 일반적으로 생물학적 요인, 심리적 요인, 촉발적 요인, 통합적 요인 등으로 설명한다.

(1) 생물학적 요인

생물학적 요인은 '유전'과 '신경전달물질'의 화학적 결핍에 초점을 둔다. 즉, 노인우울은 유전되고, 우울이 있는 사람의 신경전달물질이 우울이 없는 사람과 다르다는 것이다. 하지만 이것을 노인우울의 유일한 평가 기준으로 사용하기에는 정확도가 떨어지고, 명확하게 인과관계가 확인된 것도 아니다. 생물학적 요인이 노인우울의 위험요인은 맞지만 노인우울의 직접적인 원인이라고 밝혀진 명확한 근거가 부족하다. 이 외에도 노인우울은 신체질환을 치료하기 위해 복용하는 약물과 관련이 있는 경우가 종종 있다.

생물학적 요인으로 볼 때 노인우울의 발생원인은 노화가 신경전달 물질의 부조화를 만들어내고, 결국 호르몬의 변화가 나타나 우울이 나타날 가능성이 높다는 것이다. 실제로 노년기에 나타나는 각종 신체 질병이 노인우울과 밀접한 관계가 있다.

노인우울 발병률은 남성보다 여성노인이 2배 가량 높은데 자살률은 남성이 더 높다. 여성들이 우울에 걸리는 이유는 질병, 역할상실, 결혼관계 불만족 등이고, 남성들이 우울에 걸리는 이유는 경제력 상실과 생명을 위협하는 중병에 걸린 경우가 흔하다.

(2) 심리적 요인

노인우울을 발병하게 만드는 심리적 요인은 '심리적 위축감'과 '사회적 역할상실'이라고 할 수 있다. 노년기가 되면 필연적으로 경험하는 노화과정에서 노인들은 심리적으로 위축될 수밖에 없다. 젊었을 때와 달라진 자신의 모습을 자작하면서 수동적이고 의존적으로 변하기 때문이다. 그래서 노인이 되면 자기중심적이고, 쉽게 의심하고, 보수적인 사람이 되고, 융통성이 부족해지고, 고집이 세지고, 적응력이 약화되는 등의 변화가 나타나는 것이다. 여기다 중요한 사람과 일을 상실하는 끔찍한 경험도 하게 된다. 신체 기능 쇠퇴, 배우자나 친구의 죽음, 은퇴로 인한 경제력 상실 등 대처하기 쉽지 않은 스트레스를 한꺼번에 경험하게 되면서 노인우울이 발생할 수 있다.

(3) 촉발적 요인

노인들이 심각한 스트레스를 겪게 되면 우울이 발병할 가능성이 높아진다. 갑작스럽고 충격적인 생활사건이 잠재해 있는 우울을 촉발시키는 결정적인 요인이 되는 것이다. 질병, 사별, 상실, 은퇴 등 전혀 예상하지 못한 생활사건이 촉발요인이 되는 경우가 많다.

(4) 통합적 요인

노인우울이 발생하는 원인이 한 가지가 아니라 복합적인 경우를 의미한다. 생물학적, 심리적 요인 등의 상호작용에서 노인우울이 발생할 수 있다는 관점이다. 통합적 요인에서는 삶의 스트레스 사건을 우울의 촉발사건으로 본다.

4) 노인우울 진단

노인우울을 진단하는 것은 쉽지 않다. 증상이 전형적이지도 않고 노년기가 되면 으레 우울 경향이 나타난다고 인식하고 있기 때문이다. 그러나 노인우울은 생각보다 심각한 영향을 미친다. 삶의 질을 떨어뜨릴 뿐만 아니라 치매의 위험인자이기 때문이다. 우울 같은 정신질환이 동반된 환자의 50~91%가 향후 치매로 발전할 수 있다는 보고가 있다. 우울이 있는 노인의 경우 치매 위험성이 2~3배 더 높다는 연구와 우울환자 18~57%는 우울 증상이 완전히 없어진 이후에도 치매와 유사한 증상을 보인다는 연구결과가 있다. 이것보다 더 심각한 이유는 노인들이 스스로 목숨을 버리는 극단적인 선택을 하는 경우가 발생하는 것이다.

노인들의 지속성 우울장애 비율은 2% 이하이지만 진단 가능한 우울에 못 미치는 아증후군적(subsyndromal) 우울은 15%로 비교적 높은 편이다

(Blazer, 2003). 또한 우울 증상을 호소하는 노인들의 절반 정도는 노년기에 처음으로 우울을 경험하는 데 이것을 '만발성 우울'이라고 한다. 노년기 이전부터 우울 증상이 시작돼 노년기까지 증상이 유지되는 경우도 있다(Fiske et. al., 2009). 이것을 '지속성 우울장애'라고 하는 데 대부분 중년기에 시작해 노년기까지 지속될 수도 있다(Blazer, 2003).

최근 정신건강의학계에서 관심을 기울이고 있는 것이 바로 '노인 아증후군적 우울'이다. 노인은 우울이 있어도 진단되기 쉽지 않기 때문에 전 단계에서 발견해서 관리할 필요가 있다는 취지이다. 한 마디로 위험을 미리 인지하자는 것이다.

우울을 진단하는 기준은 9개 증상 가운데 5개 이상의 증상이 2주 동안 지속되고, 이런 상태가 이전의 기능수준보다 현격히 떨어지는 변화가 있을 경우이다(DSM-IV). 9가지 증상은 다음과 같다.

- 지속되는 우울한 기분
- 모든 일상 활동에 대한 흥미나 즐거움의 뚜렷한 저하
- 체중조절을 하고 있지 않은 상태에서 현저한 체중감소나 체중증가
- 불면이나 과다 수면
- 정신운동성 초조나 지체
- 피로나 활력 상실
- 무가치함 또는 과도하거나 부적절한 죄책감
- 사고력 집중력의 감소
- 반복되는 죽음에 대한 생각과 시도

이 증상 중에서 1번(우울한 기분)과 2번(흥미나 즐거움의 상실)은 반드시 포함되어야 한다. 그러나 앞서 언급한대로 노인우울 환자는 주요우울장애 진단기준을 만족하지 못하는 경우가 많다. 진단기준을 만족하지 못한다고 해도 삶의 질을 떨어뜨리는 위험인자로 작용하고 있기 때문에 관심을 가져야 한다. 노인 아증후군적 우울의 진단 기준은 이보다 조금 완화

된 것이다. 1, 2번의 핵심 증상이 없어도 9개 증상 중에서 최소 2개 이상의 증상이 최소 2주 동안 존재하는 경우를 말한다. 우울 증상의 지속기간, 연속성에 대한 기준 없이 1, 2번의 핵심 증상 중 하나를 꼭 포함하되 최소 2개 이상의 증상이 있는 경우에 노인 아증후군적 우울으로 진단한다. 1, 2번 증상 중에서 하나는 반드시 포함하면서 9개 증상 중에서 5개 이상의 증상이 있는 경우가 진단기준이 되기도 한다. 노인 아증후군적 우울이 반드시 우울장애로 발전하는 것은 아니지만 가능성은 높다.

3 노인우울과 자살

노인자살은 문자 그대로 '노인 스스로 목숨 끊는 일'을 말한다. 과연 무엇이 죽음을 앞둔 노인 스스로 극단적인 선택을 하게 만드는 것일까? 우리나라는 OECD 국가 중에서 노인자살률이 가장 높다. 우리나라 인구 10만 명당 노인자살률(2009년 기준)은 81.8명으로 전체 평균 31.2명의 2.6배에 달한다. 이는 일본 17.9명, 미국 14.1명의 4~6배 이상이다. 자살을 시도하는 노인들은 대부분 경제적 어려움과 질병 때문에 더 이상 아무것도 할 수 없게 되었다는 상실감과 그러한 상황에도 아무도 자신을 도와주지 않는다는 좌절감을 경험하는 것으로 보인다. 2011년 노인실태조사(한국보건사회연구원, 2012)에 따르면 우리나라 노인 11.2%가 자살을 생각해 본 적이 있고, 실제 자살을 시도해본 경험이 있는 노인은 1.3% 정도 된다. 노인들이 자살을 생각한 이유는 건강문제(32.6%), 경제적 어려움(30.8%), 부부·자녀·친구 갈등 및 단절(15.6%), 외로움(10.2%) 등이다. 60~64세 노인인구 10만 명당 자살률은 1995년 17.4명에서 2005년 48.0명으로 늘었으며, 65~69세 노인은 19.2명에서 62.6명으로, 70~74세 노인도 24.8명에서 74.7명으로 늘었다. 이런 추세는 나이가 많아질수록 더욱 늘어나는 추세로 75~79세 노인은 27.5명에서 89명으로, 80~85세 노인은 30.2명에서 127.1명으로 각각 3.2배, 4.2배 증가했다. 70~74세 자살자수에서는 여자는 41.4명에 그친 반면 남자는 125.4명이나 됐다.

노인자살은 노인우울에서 기인하는 경우가 많다. 따라서 노인우울을 적절하게 치료받지 않으면 노인자살을 초래할 수 있다.

1) 노인자살의 신호

노인자살의 대부분이 노인우울과 깊은 연관이 있다. 노인자살을 시도한 사람 중에서 약 76%가 의사를 만나고 한 달 이내에 발생하기 때문에 상담자는 노인우울 증세가 심각할 경우 내담자의 자살의도를 반드시 확인해야 한다. 노인의 자살경고 증상은 언어증상, 행동증상, 상황증상 등으로 나타난다. 자살을 하고 싶은 충동이 극에 달하면 자살에 관해 자주 이야기를 하거나 우울 증세 호소와 함께 알코올에 의존하게 된다. 이외에도 주의가 산만하고, 짜증이 두드러지며, 상황에 대한 절망과 포기를 한다. 이와 같이 노인들은 갑자기 자살하지 않는다. 반드시 신호가 있다. 다음과 같은 신호에 귀 기울이고 각별한 관심을 쏟아야 한다.

노인들의 자살신호는 언어적 표현과 행동적 표현으로 구분된다. 가장 두드러진 특징은 자살에 대해 자주 이야기하는 것이다. "죽고 싶어", "어떻게 죽어야 할까?", "차라리 내가 없어지는 게 낫겠다", "무서워서 잠을 잘 수가 없어", "이러지도 저러지도 못하겠어" 등의 말을 자주 하는 노인우울 환자가 있다면 반드시 병원치료를 받게 해야 한다.

행동으로 자살신호가 나타나는 경우도 있다. 어떤 경우에는 가족이나 친구들에게 부담을 주기 싫어서 아예 입을 닫는 경우도 있다. 행동 변화는 굉장히 충동적으로 변하는 특징이 있다. 이와 반대로 사람을 피하거나 일상 대화조차 꺼리고, 극도의 불안 증세를 보이기도 한다.

과도한 음주와 약물을 복용하기도 한다. 우울 증세가 심각해지면 목욕이나 식사 등의 기본적인 행동을 하지 못하는 경우도 있다. 오랫동안 불안정해 보이던 노인이 어느날 갑자기 평온해지는 것도 문제다. 자살을 결정하고 나면 오히려 마음이 가볍고 차분해질 수도 있기 때문이다.

이러한 자살신호를 보이는 노인우울 환자들에게는 절대로 "죽을 용기가 있으면 그 용기로 살아라", "별일 아니야. 모든 게 다 잘 될거야" 라는 등의 언어는 삼가야 한다. 그 사람의 상황을 잘 모르면서 섣부르게 건넨 조언이 오히려 노인우울 환자를 무너뜨릴 수 있기 때문이다. 따라서 노인우울 환자들에게는 "정말 힘들었겠다. 상상도 안 된다" 등의 언어로 위로해 주는 것이 좋다. 또한 가족과 친구에게 노인우울 환자의 상태를 정확하게 알리고, 혼자 두지 않아야 한다.

2) 자살의 촉발요인

우울을 앓고 있다고 해서 전부 다 자살을 시도하는 것은 아니다. 그러나 우울에 시달리는 사람들 중에서 자살을 생각하거나 실제로 시도하는 사람들이 있기 때문에 주의를 기울여야 한다. 자살을 시도하는 이유가 개개인마다 다르고 복합적이기 때문에 원인을 명확하게 정의하기는 어렵지만 일반적으로 다음과 같은 요인이 지대한 영향을 준다(박재간 외, 2006).

(1) 음주

술에 취한 상태에서 자살을 생각하거나 시도한 사람이 많다. 노인우울을 호소하고 있는 사람들 중에도 습관적으로 술을 마시는 경우가 많은데 이는 자살생각이나 자살시도로 이어질 수 있다. 우울 증상이 있는 데다가 술을 마시면 충동을 억제하는 전두엽 기능이 마비되면서 극도의 분노와 충동에 사로잡혀 극단적인 행동을 할 가능성이 높아진다.

(2) 독거

독거노인은 가족들과 함께 사는 노인들보다 우울에 걸릴 확률이 현저히 높을 수밖에 없다. 독거노인이 우울에 걸리면 가족들의 지지를 받거나 적절한 치료를 받을 가능성도 그만큼 낮아지기 때문에 자살생각이나 시도를 하는 경우가 많다. 따라서 혼자 사는 것도 자살촉발 요인이 될 수 있다.

3) 노인자살 상담

노인자살 상담의 가장 중요한 목표는 예방이다. 노인내담자가 자살을 생각하거나 시도하지 않도록 위험 수준을 정확하게 진단하고, 조금이라도 의심이 될 경우 지체 없이 전문의의 치료를 받도록 해야 한다. 또한 자살신호를 보내는 노인을 절대 혼자 있게 해서는 안 된다. 자살신호를 보내던 내담자가 신체적, 심리적 안정을 되찾고 난 다음 상담을 실시하는 것이 좋다. 정신과 치료와 상담을 병행하는 것이 더욱 효과적이다.

자살문제를 상담할 때 가장 중요한 것은 내담자와 상담자의 라포형성이다. 긴밀하면서도 신뢰로운 관계를 유지하면서 상담을 진행해야 한다. 만약 상담장면에서 또 다시 내담자의 자살 가능성이 높다고 판단되면 내담자를 안정시키고 전문의의 진단을 바탕으로 약물치료를 하는 것이 좋다. 상담자가 약물치료의 가능성과 방법, 그 효과에 대해 알고 있고 내담자와 논의를 하는 것도 필요하다.

노인자살 예방을 위한 상담을 할 때에는 다음과 같은 상담 개입이 필요하다.

(1) 스스로 탐색하기

자살에 대한 생각을 스스로 탐색하도록 돕는 과정이다. 많은 경우 자살을 생각하지만 왜 자살을 생각하게 되었는지, 자살을 시도한 이후의 상황 등에 대해 깊이 있게 생각해 본 적이 없는 경우가 많다. 직면한 문제에 대한 두려움과 불안 등이 너무 무겁기 때문이다. 따라서 자살에 대하여 스스로 탐색해 볼 기회를 제공해 줄 필요가 있다.

(2) 직접적으로 질문하기

상담자가 자살생각을 하고 있는 내담자에게 "자살시도 계획이 있습니까?" 만약 있다면 "구체적으로 말씀해 주세요", "과거에도 자살시도를 한 적이 있습니까?" 등의 질문을 직접적으로 한다. 상담자의 질문에 내담자가 "그렇다"고 대답하면 내담자의 안전을 확보하기 위하여 정신과 전문의의 치료를 주선해야 한다.

(3) 자살시도 막기

어떠한 이유에서도 노인내담자가 자살을 시도하는 것을 막아야 한다. 그것이 노인자살 예방 상담의 목표이자 목적이다. 상담자는 노인내담자의 자살시도를 막는 구체적인 방법에 합의하고 이를 실행하도록 도와야 한다. 내담자의 자살시도 가능성 정도를 가족에게 알리고, 필요하다면 병원에 의뢰해서 적절한 치료를 받게 해야 한다.

(4) 자살 촉발요인 제거하기

노인우울을 앓고 있는 환자가 평소 알코올 남용이나 약물중독 증상이 없는지를 살펴서 즉시 개입해야 한다. 알코올이나 약물남용은 충동적인 자살시도 가능성을 높이기 때문이다. 또한 불편하고 어려운 감정이라고 할지라도 적절하게 표현할 수 있도록 격려해야 한다. 자살이 가지고 있는 부정적인 영향에 대해서도 적극적으로 교육할 필요가 있다.

4 노인우울 상담

노인우울에 대한 상담방법은 크게 두 가지로 나뉜다. 하나는 전문의의 처방에 따라 약물복용과 함께 상담을 병행하는 것이고, 또 다른 하나는 상담만으로 호전시키는 것이다. 노인우울 상담의 경우에는 일반적으로 지지치료, 대인관계치료, 인생회고, 인지치료 등이 있다.

1) 지지치료

지지치료는 노인내담자의 어려움과 고통을 있는 그대로 수용해 주면서 자존감을 높여주는 치료방법이다. 지지적 집단상담으로도 접근할 수 있는데 비슷한 문제를 가진 구성원들 간의 상호작용을 통해서 지지를 극대화하고, 스트레스를 유발하는 요인에 적응할 수 있도록 도우며, 새로운 유대관계 형성, 불안감소, 자아존중감을 증진시키면서 우울을 감소시키는 효과를 거둘 수 있다.

2) 대인관계치료

대인관계치료는 노인우울 증상을 해소하고, 자존감을 증진시키는 목표를 달성하기 위하여 사회적, 개인적 대인관계를 맺도록 지지하는 치료법이다. 우울을 촉발시킨 사람과의 관계를 비롯한 의미 있는 사람과의 전반적인 관계를 체계적으로 검토하면서 궁극적으로 관계를 향상시키는 것이 목적이다.

3) 인생회고

인생회고는 노인내담자가 살아온 삶을 돌아보면서 긍정적이고, 진취

적이고, 희망적인 기억과 업적 등을 공유하는 기법이다. 이 과정에서 노인우울을 호소하는 내담자는 자신이 살아온 삶의 가치와 의미를 재발견하게 된다. 주로 자서전 쓰기, 중요한 사람과의 재회, 스크랩북 등을 사용한다.

4) 인지치료

인지치료는 노인우울을 유발하고 증상을 가중시키는 요인들을 알아보고, 상담자가 내담자가 가지고 있는 부정적인 사고와 행동, 생각과 태도를 바꾸도록 적극적으로 격려하는 기법이다. 노인우울 증상과 특성에 대한 교육도 한다. 부정적 인지를 찾아내서 변화시키고 문제를 합리적으로 다루는 것이 인지치료의 목적이다.

5 노인우울증 치료

노인우울증 치료는 그 원인이 다양하고 복잡한 만큼 치료를 할 때에도 신체적, 심리적, 사회적 개입이 복합적으로 이루어질 필요가 있다. 특히 신체적 질병과 우울의 관계를 잘 살펴야 한다. 일반적인 우울의 치료는 입원치료, 항우울제 복용, 전기경련치료, 심리사회적 개입 등이 있다.

1) 입원치료

입원치료는 우울 증상이 심각하고, 자해 혹은 자살 위험성이 있는 경우나 심각한 신체적 질병이 동반되는 경우에 한다. 노인우울증 환자를 적절하게 돌보고 지지해줄 보호자가 없는 경우에도 입원치료를 고려할 수 있다.

2) 항우울제 복용

항우울제 복용은 중도 이상의 우울을 보이는 경우에 하는 데 증상이 호전되는 경우가 많다. 가장 많이 처방되는 약물은 삼환계 항우울제와 선택적 세로토닌 재흡수 억제제(SSRI)다. 대부분의 항우울제는 기대되는 효과가 나타나기까지 4~5주 정도가 걸린다. 노인들은 일반적으로 항우울제에 대한 반응이 늦기 때문에 의사처방에 따라 더 오랜 기간 항우울제를 복용할 필요가 있다.

3) 전기경련치료

전기경련치료는 항우울제에 잘 반응하지 않거나 심한 우울 환자들을 치료할 때 대안으로 선택된다. 우울 증상이 매우 심하고 자살의 위험과 타인에게 해를 가할 가능성이 있는 경우에 대안적 치료법으로 선택될 수 있다. 다만 윤리적인 문제가 발생할 수 있고, 만에 하나 위험한 상황이 발생할 수 있기 때문에 반드시 전문가와 함께 시행하고, 내담자와 그 가족에게 사전에 충분히 설명을 하고 허락을 득한 이후 시행하는 것이 바람직하다.

4) 심리상담

심리상담 서비스는 항우울제 복용과 병행하거나 항우울제의 대안으로 노인우울증을 치료하는 방법이다. 항우울제 복용과 심리상담을 병행하면 회복 속도가 빠르고 재발을 방지하는 데 도움이 된다. 일반적으로 인지행동치료, 단기 정신역동적 심리치료, 지지치료가 노인우울증 치료에 효과가 있는 것으로 보고되고 있다(권석만 외, 2008).

5) 우울증 예방

모든 질병과 마찬가지로 노인우울증도 발병하기 전에 예방하는 것이 효과적이다. 노인우울 예방을 위해서는 노화에 따른 역할상실, 신체적 기능쇠퇴 등과 같은 부정적인 모습에만 초점을 두지 말고 잔존능력을 유지하면서 신체적 건강관리, 사회적 역할 발굴, 가족들과의 관계 향상 등에 힘써야 한다. 노인우울 예방을 위하여 생활 속에서 실천할 수 있는 과제는 다음과 같다.

- 오랜 기간 집에만 머물지 않기
- 규칙적인 식사와 운동
- 사회활동 권장
- 우울 증세에 지나친 관심 갖지 않기
- 자녀들에게 지나치게 기대하지도 실망하지도 않기
- 햇볕을 많이 쬐기
- 긍정적이고 즐거운 생각하기
- 다른 사람과 함께 지내기
- 스트레스 줄이기
- 억지로 잠을 청하지 않기
- 취미생활 즐기기
- 규칙적인 생활하기

[활동지]

노인우울증 검사

지난 일주일간 귀하께서 그런 느낌을 가졌으면 '예'에 표시하시고, 그렇지 않으면 '아니오'에 표시해 주십시오.

지난 한 주 동안의 느낌	대답	
1. 당신은 평소 자신의 생활에 만족합니까?*	예	아니오
2. 당신의 활동과 흥미가 많이 저하되었습니까?	예	아니오
3. 당신의 인생이 공허하다고 느낍니까?	예	아니오
4. 당신은 가끔 따분합니까?	예	아니오
5. 당신은 앞날에 대해서 희망적입니까?*	예	아니오
6. 당신은 머릿속에서 떠나지 않는 생각 때문에 괴로워합니까?	예	아니오
7. 당신은 대부분의 시간을 맑은 정신으로 지냅니까?*	예	아니오
8. 당신은 어떤 나쁜 일이 자신에게 일어날까봐 두렵습니까?	예	아니오
9. 당신은 대부분의 시간이 행복하다고 느낍니까?*	예	아니오
10. 당신은 가끔 무기력감을 느낍니까?	예	아니오
11. 당신은 가끔 안절부절못하고 침착하지 못합니까?	예	아니오
12. 당신은 밖에 나가 새로운 일을 하는 것보다 집에 있기를 더 좋아합니까?	예	아니오
13. 당신은 자주 앞날에 대해 걱정합니까?	예	아니오
14. 당신은 평상시보다 기억력이 더 떨어졌다고 느낍니까?	예	아니오
15. 당신은 지금 살아있다는 것이 아름답다고 생각합니까?*	예	아니오
16. 당신은 가끔 낙담하고 우울하다고 느낍니까?	예	아니오
17. 당신은 지금 자신의 인생이 매우 가치가 없다고 느낍니까?	예	아니오
18. 당신은 지난 날들에 대해서 많이 걱정합니까?	예	아니오
19. 당신은 인생이 매우 흥미롭다고 느낍니까?*	예	아니오
20. 당신은 새로운 계획을 시작하기가 어렵습니까?	예	아니오
21. 당신은 활력이 충만하다고 느낍니까?*	예	아니오
22. 당신은 자신이 절망적인 상황에 처했다고 느낍니까?	예	아니오
23. 당신은 대부분의 사람들이 당신보다는 더 좋은 처지에 있다고 생각합니까?	예	아니오
24. 당신은 자주 사소한 일에 마음의 동요를 느낍니까?	예	아니오

지난 한 주 동안의 느낌	대답	
25. 당신은 자주 울고 싶다고 느낍니까?	예	아니오
26. 당신은 집중하는 데 어려움을 느낍니까?	예	아니오
27. 당신은 아침에 일어나는 것이 즐겁습니까?*	예	아니오
28. 당신은 사회적인 모임을 가능한 한 피합니까?	예	아니오
29. 당신은 결정을 내리는 것이 수월합니까?*	예	아니오
30. 당신은 마음은 이전처럼 편안합니까?*	예	아니오

※ 참조: 답안의 '아니오'나 '예'의 굵은 글씨는 우울상태로 점수화(각 1점)함을 의미함.
*역코딩 문항

함께 읽고 생각 하기 노인 10명 중 3명 '마음의 병'

여든을 바라보는 A(78)씨는 요즘 삶이 덧없다. 3년 전 아내와 사별 후 살던 곳에서 두 시간쯤 떨어진 아들 내외의 집으로 거처를 옮긴 뒤부터 이런 기분은 더 심해졌다. 근처 노인복지관에도 가봤지만 낯선 이들과 새롭게 정을 붙이는 것도 힘겨워 이내 포기했다. 대학생인 손자에게 말을 걸어 봐도 무시당하거나 성의 없는 대답을 듣기 일쑤다. 이런 날은 거실에서 텔레비전을 보던 아들이 "늙으면 죽어야지"하는 말도 쓰라리게 파고든다. 그래도 자식에게 용돈이라도 받는 A씨의 처지는 나은 편이다.

B(76·여)씨는 먼저 세상을 뜬 남편이 남겨 준 약간의 재산을 형편이 어려운 막내아들에게 물려준 뒤 나머지 자식들로부터 온갖 수모를 겪고 있다. "그동안 해준 게 뭐 있느냐"는 원망의 말부터 집안의 집기를 부수거나 B씨의 몸을 밀치기도 했다. 남은 재산을 모두 처분해 자식들로부터 부양받아야 할 처지이지만 자식들은 명절에도 전화만 할 뿐 찾아오지도 않는다.

우리나라 노인 10명 중 3명이 심각한 '마음의 병'을 앓고 있어 대책 마련이 시급한 것으로 나타났다. 노인들은 신체·정신·경제적 '학대' 등에 시달리는 경우도 상당한 것으로 파악됐다.

31일 한국보건사회연구원이 내놓은 '노인학대가 우울에 미치는 영향' 보고서에 따르면 전체 조사 대상 노인 1만267명 중 32.4%인 3329명이 우울증을 앓고 있는 것으로 나타났다. 연령별로는 65세 이상에서 75세 미만 노인의 우울 유병률(27.2%)에 비해 75세 이상 노인의 우울 유병률(39.5%)이 높았다.

우울증을 앓는 노인은 교육수준과 소득이 낮을수록 두드러졌다. 무학 상태의 노인 절반 가량(45.7%)이 우울증을 호소하는 반면 대학 이상의 교육수준을 가진 노인 중에는 이 비율이 12.4%에 불과했다. 소득수준이 가장 낮은 1분위에 해당하는 여성의 우울 유병률은 48.8%, 남성은 45.1%였지만 소득수준이 5분위에 해당하는 노인 중에서는 여성이 24.4%, 남성이 13.5% 정도였다.

노인우울증은 가족보다 이웃과의 접촉에 더 영향을 받는 것으로 나타났다. 가족과 거의 왕래를 하지 않는 노인의 우울 유병률은 여성 59.8%, 남성 56.2%로 나타났지만 이웃과도 거의 왕래를 하지 않는 여성의 우울 유병률은 69%로 10%포인트 가량 높았다. 우울증뿐 아니라 학대를 경험한 노인들도 상당했다. 전체 노인 중 신체·정서·경제적 학대 및 돌봄·경제적 방임 등 다섯 유형의 학대 중 하나라도 경험한 노인은 9%로, 여성(9.7%)이 남성(8.1%)에 비해 높았다.

실제로 노인학대 피해자는 매년 증가하는 추세다. 2016년 기준 중앙노인보호전문기관에 신고된 학대 사례 접수 건수는 △2013년 3,520건 △2014년 3,532건 △2015년 3,818건 △2016년 4,280건으로 매년 늘고 있다(세계일보, 2017).

07 CHAPTER 노인 성문제와 상담

79세 남성 환자 한 분이 치료실에 왔다.
"부부관계를 얼마나 하십니까??"
"한 달에 서너 번 정도 합니다."
다소 충격적이었지만 그 대답이 너무 반가웠다.
그 어르신은 월 3회 정도 부부관계를 하는 데 그 자체가 인생의 활력을 주고 남자로서의 자존감을 지켜준다고 했다. 그래서 85세까지 부부관계를 할 수 있도록 건강을 지키고 싶다고 의지를 불태우셨다.

일반적으로 노인은 성 생활과 거리가 멀다고 생각하기 쉬운데 절대 그렇지 않다. 의학기술의 발달과 평균수명이 연장되면서 노인들의 성 생활도 활발해지고 있다. 그런데 아직까지 우리 사회에는 노인들의 성에 대한 편견과 오해가 있고, 이와 관련된 이야기를 꺼내는 것조차 꺼리는 분위기 때문에 겉으로 드러나지 않고 있다. 이처럼 노인들이 성욕구를 감춰야 하고, 건강하고 적절하게 해소하는 방법을 모르면서 노인의 성이 점점 음성적으로 변질되고 있다. 성지식마저 부족한 실정이어서 다양한 문제들이 야기되고 있다.

1 노인과 성

성(性)은 생물학적 요소, 신체적 기능, 행위, 감각, 쾌락을 종합해 놓은 개념이다. 단순히 본능을 충족하는 성교행위에 국한되는 것이 아니라 신체에 의한 자기표출이자 인간의 다양한 교류 혹은 관계행위이다. 따라서 인간의 성은 생물학적 의미의 섹스(sex), 사회적 의미의 젠더(gender), 정서적 의미의 관계(relationship) 등이 통합된 섹슈얼리티(sexuality)라고 할 수 있다.

노인의 성도 마찬가지다. 생리적, 사회적, 문화적, 윤리적 차원에서 역동적으로 이루어지는 복합적인 개념이다. 노인의 성은 고독해소나 죽음 등의 문제와 밀접하게 관련되어 있을 수도 있다. 따라서 노인의 성은 근본적인 자기존재에 대한 표현방식인 동시에 관계와 그 역동 속에서 일어나는 심리사회적 함의가 구체적으로 표현되는 장(場)이다(이호선, 2012).

노인의 성 생활의 변화는 나이가 들어감에 따라 나타나는 생물학적 요인에 의해서만 결정되는 것이 아니라 사회문화적, 심리적 요인에 지대한 영향을 받는다(Pedersen J. B., 2007). 최근 성과학 및 성의학적 연구에서는 성행동을 생의 근원으로서 일생동안 지속되는 에너지로 이해하고 있다. 성행동은 이성간의 직접적 성교뿐만 아니라 이성간 다정한 접촉, 사귐, 자위, 성적 내용을 담은 꿈, 성적 환상 등의 형태를 모두 포함시키고 있다(이장호 외, 2013). 따라서 상담자는 노인내담자의 성과 관련된 호소문제를 충실히 듣고 적극적으로 상담에 임해야 한다.

그런데 아직까지도 우리나라에서는 노인의 성에 대해 이야기를 꺼내는 것조차 어려운 실정이다. 노인의 성에 대한 관심이 적고, 음지에 가려지다 보니까 또 다른 노인문제를 만들어 내고 있다. 65세 이상 노인 성범죄가 2012년 26건, 2013년 40건, 2014년 59건, 2015년 47건, 2016년 48건으로 꾸준히 증가하고 있는 사실이 이를 반영해주고 있다.

노인의 성문제는 겉으로 잘 드러나지 않는다. 노인들에게 성 생활이 매우 중요한데도 노인의 성 욕구, 황혼 이성교제, 황혼 재혼 등과 같은 문제들이 사람들로부터 관심을 받지 못하고 있다. 노인의 성은 불순하고 주책이라 여기는 의식이 자리 잡고 있다. 노인들에게는 성 욕구가 존재하지 않고, 성 욕구를 표현하는 노인을 색안경을 끼고 바라보는 풍조가 노인 성문제를 더욱 심각하게 만들었다. 노인의 성을 부정적인 시각으로만 봐서는 안 된다. 노인의 성을 음지에서 양지로 꺼내놓고 솔직하게 이야기해야 한다. 그것이 바로 노인 성문제 상담의 가장 시급하고 중요한 목적이자 목표이다.

1) 노인의 성적능력

인간은 태어날 때부터 숨을 거둘 때까지 성에 대한 관심과 흥미가 지속된다. 나이가 들면서 성적 기능이 점차 감퇴하지만 그렇다고 성적능력, 욕구, 관심이 사라지는 것은 결코 아니다. 성에는 정년이 없기 때문이다.

KBS가 조사한 '노인의 성 인식 조사(2017)'에 따르면 전국 65세 이상 노인 368명 중 68%가 "노인들에게도 성 생활이 필요하다"고 응답했다. 보건복지부(2012)가 노인 500명을 대상으로 조사한 '노인의 성 생활 실태 조사'에서는 66.2%가 활발한 성 생활을 하고 있다고 응답했다. 우리나라 노인 3명 중 2명이 성 생활을 유지하고 있고, 노인 2명 중 1명이 발기부전 치료제를 구입하는 등 성기능 향상에 큰 관심을 가지고 있다는 조사도 있다.

그렇다면 활발한 성 생활은 몇 살까지 가능할까? 인간의 성 반응을 연구한 마스터즈(Masters) 박사는 저서 「인간의 성반응」에서 "인간은 80세가 넘어도 성 생활이 가능하다"고 밝혔다. 또 다른 성과학자 알렉산더 하커트는 "100살까지도 성 생활이 가능하다"고 주장했다. 일본의 한 산부인과 의사가 1970년 노인 400쌍을 대상으로 조사한 결과 무려 60% 이상이 75세까지 적어도 한 달에 한두 번 성 생활을 하고 있었다. 당시 일본의 평균수명이 75세 전후임을 감안하면 그야말로 인간은 죽을 때까지 성 생활을 하고 있다.

대개 남성이 여성보다 성 생활 빈도와 욕구가 더 많은 것으로 알려져 있다. 2017년 비뇨기과 진료를 받은 60대 이상 환자가 지난해보다 약 10% 늘었다. 비뇨기과를 찾은 환자의 약 20~30% 정도가 60대 이상 남성이다. 그들은 주로 성 생활의 만족감을 높이기 위한 음경과 귀두확대술, 길이 연장술, 보형물 삽입술, 정관수술, 발기부전치료 등을 받고 있었다.

노인들의 성 생활이 치매 예방 및 건강 유지에 도움이 된다는 연구도 있다. 스코틀랜드 에든버러 연구팀의 연구에 따르면 주 3회 이상 성 생활을 하는 남자는 그렇지 않은 남자보다 육체적으로 약 12년 젊은 것으로 평가됐다. 또 영국 브리스톨대학 연구팀은 일주일에 적어도 3번 이상 성 생활을 할 경우 심근경색과 뇌졸중 발생률이 절반 이하로 준다고 밝혔다.

2) 노인의 성에 대한 오해와 편견

과거에는 성행동이 노화나 여성들의 폐경과 같은 생물학적 사건에 의해 종료되는 자연스러운 현상으로 인식되었다. 따라서 당연히 노인들에게는 성적 욕구나 성적 활동이 거의 없다고 생각되어 왔다(노인정신의학회, 2004). 이와 같은 의식이 노인들을 무성적(無性的)이고, 성적으로 무능력한 사람으로 낙인을 찍는 계기가 됐다. 이러한 고정관념과 편견 때문에 60세가 넘으면 성 생활을 금지하는 것이 좋다고 인식한 적도 있었다. 성관계로 인한 정액 사출이 노인들의 생명을 단축시킨다고 믿었기 때문이다. 그런데 정액사출과 생명단축의 인과관계가 없고, 정액의 재고가 제한되어 있는 것도 아니다. 도리어 정액을 주기적으로 배출시키지 않으면 정액을 만들어내는 정낭이나 전립선 같은 부성선이 위축되어 해로운 것으로 알려져 있다.

노인의 성에 대한 오해와 편견이 생긴 또 다른 이유는 우리나라에서는 노인의 성을 논하는 것 자체를 사회 규범에 적합하지 않다고 생각하는 경향과 노인들은 성적 욕구가 없을 것이라는 편협적인 생각 때문이다. 이는 분명 노인의 성에 대한 심각한 오해와 편견이다.

노인의 성에 대한 그릇된 인식

- 노인에게 성은 중요하지 않다.
- 노인의 성 생활은 비정상적이다.
- 노인에게 재혼은 권장하면 안 된다.
- 남성만 젊은 여성을 선호한다.
- 노인이 성 생활을 하면 장수할 수 없다.
- 폐경을 하면 성적 능력을 상실한다.

3) 노인들의 성 생활 실태

(1) 성 생활 실태

우리나라 노인 10명 중 3명은 성 생활에 불만족하고 있는 것으로 조사됐다. 서울시 어르신상담센터가 배우자가 있는 노인 199명을 대상으로 실시한 '노인 성 실태(2012)'에 따르면 응답자 30.2%가 "성 생활에 불만족한다"고 밝혔다. 그저 그렇다는 응답은 59.8%, 만족한다는 응답은 10%에 불과했다.

성 생활에 불만족하는 이유(복수응답)는 46.4%가 본인과 배우자의 성기능이 악화됐기 때문이라고 응답했다. 그 다음으로는 배우자가 성관계를 하려고 하지 않기 때문(19.3%), 감정을 느낄 수 없다(16.3%), 배우자와 너무 자주 또는 일방적으로 하려고 한다(4.2%), 배우자와 사이가 좋지 않아 부부관계를 하고 싶은 생각이 안 든다(4.2%) 등이 뒤를 이었다.

배우자가 있는 노인의 50.5%가 부부가 노력해도 성 생활 만족도가 나아질 가능성이 없을 것이라고 생각했고, 어느 정도 나아질 것이라고 생각하는 경우는 36.8%, 훨씬 나아질 것이라는 응답은 12.6%였다.

노인 부부의 성관계 횟수는 1개월에 1~2회가 24%로 가장 많았고, 이어 3개월에 1~2회(12%), 1주일에 1회 이상(8.7%), 1년에 1~2회(8.2%), 6개월 1~2회(6.7%) 순이었다.

성 욕구를 해소방법(복수응답)은 운동과 취미생활(32.6%) 등 다른 일에 집중하며 해소한다는 의견이 가장 많았고, 사람들과 어울리며 잊으려 한다(17%), 배우자와 대화로 해결하려고 노력한다(16.1%), 자위를 한다(8.5%), 이성친구를 만나 성적관계를 갖는다(6.7%) 등의 순이었다.

한국노인종합복지관협회가 조사한 자료에 따르면 전국 15개 시·도 성상담센터의 노인들이 성문제로 상담을 받은 건수는 2012년 1,477건, 2013년 3,815건, 2014년 4,375건으로 크게 증가하고 있다. 노인들이 주로 호소하는 성문제는 성관계 문제로 생긴 부부갈등(29.2%), 이성교제 방법(25.2%), 노년기 성 관련 신체 및 심리 변화(23.7%), 성 기능 장애 및 치료법(15.4%), 성인용품 및 보조기구 사용법(4.3%), 성병 및 치료법(0.6%) 순이었다.

연령별 상담신청 비율은 60대(1,043건)가 가장 많고, 다음으로 70대(745건), 50대(399건), 80대(74건) 순이었다. 80대 노인도 성상담을 한 사례도 있었다. 성별은 여성노인보다 남성노인 상담이 훨씬 많았다.

(2) 노인들의 성의식과 부작용

우리나라 60대 이상 성병 환자가 최근 4년 동안 28.5% 늘어났다. 국회 보건복지위(2017)가 2013년부터 2017년 상반기까지 성병 환자 통계를 분석한 결과 매독, 임질, 에이즈(후천성면역결핍증) 등의 성병으로 진료를 받은 사람이 163만265명인데 명이고, 진료비는 4,648억 원인 것으로 집계됐다. 다른 연령대와 비교했을 때 60대 이상 성병 환자의 증가세가 두드러진다.

성병으로 진료를 받은 환자는 30대가 25.5%로 가장 많았고, 60대와

70대 이상은 각각 1.7%, 0.1%로 가장 낮은 비율을 차지했다. 그러나 2013~2016년 동안 증가율을 살펴보면 상황이 달라진다. 60대는 30.3%, 70대 이상은 25%로 다른 연령대보다 증가폭이 훨씬 컸다. 두 연령대를 합치면 4년 동안 약 1만 명(28.5%)의 환자가 늘어났다. 같은 기간 40대 성병 환자가 0.7% 줄어든 것과 대조적이다.

이와 같이 노인 성병 환자가 급증한 이유는 활발해진 성 생활이 가장 큰 요인이다. 인구고령화로 노인인구가 늘어난 데다 발기부전치료제 보급, 건강관리 강화 등 의료기술 발달로 노인들도 적극적으로 성관계를 가지고 있다는 의미다.

문제는 앞에서도 언급한대로 노인들의 성의식이 매우 낮다는 점이다. 그 예가 노인들이 성 욕구를 해소하기 위해서 일명 '박카스 아줌마'로 대표되는 성매매에 나서거나 콘돔 사용을 꺼리면서 성병 위험에 노출되고 있는 것이다. 물론 일부 노인복지관 등지에서 성교육을 실시하고는 있지만 매우 제한적이어서 노인들에게 제대로 된 성 지식을 제공할 수 있을지 의문이다.

성병에 걸려도 증세를 제대로 인지하지 못한다는 점도 노인 성병 환자 증가를 부추기고 있다. 과거에 많이 감염됐던 임질과 매독 등의 성병은 고름이 나오거나 썩어 들어가는 등 증세가 확연하게 나타났는데, 요즘은 무증상 성병이 많아 본인조차 성병에 걸렸는지조차 모르는 상태에서 또 다른 사람에게 옮기는 경우가 있다.

또한 성폭력을 당하는 여성노인들도 해마다 늘고 있는데 피해를 스스로 신고하는 경우는 많지 않다. 민망하고 수치스럽다는 것이 그 이유다. 이처럼 노인들은 다른 연령대에 비해 상대적으로 성문제에 대한 정보가 취약하고 문제해결을 돕는 자원도 턱없이 부족하다. 따라서 노인 성문제를 개선하고, 올바른 성문화가 정착될 수 있도록 국가, 사회, 민간 차원의 대처가 필요하다.

2 노년기에 나타나는 성적 변화

노인들의 올바른 성 생활은 정서적 안정과 대뇌의 지적활동에 도움이 된다. 중년기 이후에도 성적 자극이나 성에 대해 호기심이 있다. 이는 노화를 막고 젊음을 유지하기 위한 것이다.

노화과정에서 성기능이 점차 감퇴되는 것은 맞지만 성적인 능력이나 욕구, 관심이 사라지는 것은 아니다. 남성의 성적능력은 오랜 기간 동안 유지되고, 여성은 나이가 많아질수록 성적 욕구가 떨어진다. 이러한 성적능력은 개인차도 크다.

성적능력은 20세 전후로 절정에 달했다가 서서히 저하되는데 신체적, 심리적 영향을 받는다. 예를 들어, 노화에 따른 신체이미지 변화는 심리적 반응인데 이 반응이 신체적 능력인 성적기능이 떨어졌다고 느끼게 만드는 경우가 있다. 따라서 노인들의 성적욕구와 성적능력을 단순히 성교행위로만 국한해서는 안 된다. 노인의 성행동 이면에 숨어 있는 심리적인 영향이 반영되어 있다는 것을 유념해야 한다. 노년기에 나타나는 남녀의 성적기능 변화는 다음과 같다.

1) 노년 여성의 성

여성은 나이가 들면서 난소의 기능소실과 함께 폐경을 경험한다. 대략 45~55세 사이에 나타난다. 폐경을 전후해서 약 10년 정도의 기간을 '갱년기'라고 한다. 폐경은 생식능력이 없어지는 것을 의미한다. 이 시기에 에스트로겐의 결핍으로 나타나는 증상들을 '갱년기 장애'라고 한다.

폐경이 여성들에게 나쁜 영향만 주는 것은 아니다. 더 이상 월경의 번거로움에서 벗어나고 임신 및 출산걱정 없이 성 생활을 유지할 수 있다. 그러나 폐경은 에스트로겐이 현저히 줄어들면서 질점막이 쇠퇴되고 혈관분포가 감소한다. 따라서 폐경 이후 3~4년 정도가 지나면 질과 요도 부근의 상피가 얇아지고 건조해지며 탄력성을 잃게 된다. 방광의 조절 능력이 떨어지면서 자신도 모르게 실금을 하는 경우가 생긴다. 또한 질의 정상적 분비물이 감소되고, 질벽이 위축되어 질건조증과 위축성 혹은 노인성 질염이 나타나기도 한다. 성교 시 통증이 심하거나 출혈이 생기는 이유가 이것 때문이다. 따라서 이와 같은 증상을 호소하는 여성에게는 질정이나 페사리, 호르몬 대체요법, 윤활제 등의 사용을 권하기도 한다(Speroff, L., & Fritz, M. A., 2005).

2) 노년 남성의 성

남성들도 노화에 따라 성적인 변화가 나타난다. 테스토스테론이 감소하면서 음경혈관의 수축력이 저하된다. 성적 자극에 반응이 늦고, 자발적 발기나 완전한 발기가 잘 안되기도 한다. 완전한 발기에 이르는 시간이 길어지는 것이 일반적인 현상이다. 사정이 안 되거나 불완전하고, 사정의 강도와 지속 시간도 감소한다. 이와 같은 변화는 노년 남성들에서 성 생활을 할 수 없을지도 모른다는 염려와 두려움을 준다. 이와 같이 노화와 함께 성기의 피부감각 저하, 수면 중 발기능력 감퇴, 불응기의 연장 등이 나타나지만 성적능력과 욕구가 상실되는 것은 아니다. 여성과 달리 남성들은 80세에도 젊은 사람의 80% 수준까지 유지되기도 한다.

남성들의 성적능력은 심리적 요인에 영향을 많이 받는다. 이 같은 문제를 극복하기 위해서 발기부전치료제 등을 사용할 수 있는데 전문의의 정확한 진단과 처방에 따라야 한다. 간혹 검증되지 않은 약물 등을 사용하면 더 큰 문제가 발생되기도 한다(Devlin, D., 1998).

3 황혼 로맨스

인간에게는 3대 욕구가 있다. 식욕, 성욕, 수면욕이 그것이다. 식욕과 수면욕은 혼자서 해결할 수 있지만 성욕은 파트너가 필요하다. 그런데 많은 노인들이 사별했거나 경제적 여건, 자식들의 반대, 다 늙어서 성에 집착한다는 도덕적 비판, 건강 등의 문제로 성욕을 해소하는 데 어려움이 있는 경우가 있다. 이와 같이 성욕을 해소하지 못하고 외로움과 소외감을 느끼는 노인들의 마음은 자식도 모르고, 친구도 모른다. 그저 혼자 인내하고 견디는 사이 세월은 계속 흘러서 더 이상 이성을 만날 수 있는 기회가 줄어들면서 외로움만 더욱 깊어진다. '황혼 재혼'과 '황혼 이성교제'가 필요한 이유다.

노인들도 성욕구를 자유롭게 해소하고, 새로운 인생의 동반자와 함께 행복한 노년을 꿈꿀 수 있는 권리가 있다. 따라서 황혼 재혼과 황혼 이성교제에 대한 긍정적인 인식과 태도가 필요하다. 노인들의 아름다운 황혼 로맨스를 위하여 다음과 같은 준비를 할 필요가 있다.

1) 노인의 성에 대한 긍정적 인식

무엇보다 노인들 스스로 성문제와 관련된 인식과 자세를 긍정적으로 취해야 한다. 황혼 재혼이나 황혼 이성교제에 대해 열린 마음을 가지고 있어야 한다. 사랑은 나이와 상관없이 누구나 누릴 수 있는 자유이다. 쑥스러움을 버리고, 자녀들을 포함한 주변 사람들의 눈치를 보지 말고 노년기 로맨스를 꿈꿀 필요가 있다. 혼자되신 노인들을 위한 만남의 자리를 주선하는 제도적 장치도 필요하다.

2) 노인 성교육 프로그램 개발

정부나 전문기관에서 노인의 성교육에 대한 체계적인 프로그램을 개발할 필요가 있다. 노인들뿐만 아니라 자녀들도 노인의 성문제에 관심을 가질 수 있도록 돕는 실제적인 교육이 필요하다.

3) 노인 성문제 전문기관과 인력 확충

노인 성문제를 전문적으로 다루는 기관과 인력을 양성할 필요가 있다는 점은 두말할 나위가 없다. 아직까지도 우리 사회에서는 노인의 성문제를 꺼내기조차 쉽지 않다. 성문제로 고민하고 힘들어하는 노인들이 언제 어디서든 부담 없이 성에 대한 문제를 꺼내놓고 전문적인 훈련을 받은 노인 성 전문상담사로부터 적절한 서비스를 제공받을 수 있도록 전문기관과 전문인력이 확충되고 양성되어야 한다. 또한 노인들의 황혼 재혼, 황혼 이성교제, 성 갈등 등을 해결할 수 있도록 전국의 노인복지관과 사회복지관에서는 노인의 성과 관련된 교육을 의무화해야 한다.

4) 성 지식과 정보제공

노인들은 젊었을 때와 같이 왕성한 성 생활을 영위하고 싶어 하면서도 성지식이 부족한 경우가 많다. 그래서 의학적 근거와 효과가 입증되지 않은 약물을 구입해서 복용한다든지 건강하지 않은 방법으로 성욕구를 해소하려는 경향이 나타나는 것이다. 따라서 상담자는 노인내담자가 건강하고 바람직하게 성 생활을 영위할 수 있도록 도와야 한다.

5) 황혼 이혼과 황혼 로맨스

황혼 이혼 비율이 급속도로 증가하고 있다. 대법원 법원행정처가 발간한 '2017 사법연감'에 따르면 20년 이상 혼인관계를 맺어온 부부의 이혼율이 2016년 전체 이혼 건수 대비 30.4%를 차지했다. 15년 이상 살아온 부부의 이혼율(13.8%)을 더하면 무려 44.2%에 육박한다. 이혼한 부부 3쌍 중에서 한 쌍은 황혼 이혼을 한 셈이다.

황혼 이혼이 급증하는 이유는 평균수명의 연장, 인생 후반기를 응원하는 적극적인 사회 분위기가 한몫했을 것으로 추측하고 있다. 개인적인 차원에서는 어느 날 갑자기 배우자의 특정 행위로 인해서 이혼을 결심한다기보다는 살아오는 동안 이어진 부정적 사건(배우자의 불륜, 폭언, 도박 등)으로 겹겹이 쌓인 울분이 이혼으로 표면화되는 경향이라고 볼 수 있다.

황혼 이혼의 특성상 대부분 장성한 자녀들이 정서적, 경제적으로 독립을 한 경우가 많기 때문에 양육권 및 친권에 대한 분쟁은 거의 없다. 그러나 재산분할 문제가 쟁점이 된다.

사랑하고 사랑받고 싶은 욕구는 노년기에도 동일하다. 이를 '황혼 로맨스'라고 한다. 노인들이 황혼 로맨스와 성문제에 엄청나게 민감한 것은 당연한 반응이다. 노인들은 청년기에 경험했던 이성과의 사랑을 매우 그리워하는 경향이 있다. 특히 배우자와 사별한 노인들은 혼자 노년기를 살아가야 한다는 것이 큰 어려움이다. 새로운 배우자나 이성친구를 만나서 성욕구도 해소하고 또 다시 안정적인 가정을 꾸리고 싶은 생각이 간절할 수밖에 없다. 이를 돕는 황혼미팅, 부부교육, 실버스터일, 노인성교육 등의 프로그램이 운영되고 있다.

문제는 황혼 로맨스나 황혼 재혼은 청년기의 사랑과 결혼과는 달리 주변 사람들의 환영을 받기가 어렵다. 그중에서도 자녀들의 허락을 받는 것이 가장 어렵고 불편하다. 사별한 배우자(자녀에게는 부모)에 대한 그리움을 고이 간직하고 있는 자녀들에게 새로운 배우자를 소개한다는 것 자체가 부담스럽다. 또 유산문제나 부양문제 등 나중에 갈등을 만들어 낼 수 있는 요인도 한두 가지가 아니다. 황혼에 또 다른 사랑을 만나 아름다운 황혼 로맨스를 즐기는 주인공이 되는 일은 적극 지지하고 독려할 일이지만 개개인의 상황과 역사 등을 고려하지 않을 수 없다.

4 노인의 성문제와 상담

1) 노화와 성기능 장애

성적능력과 기능은 신체적 질병에 의해 방해받을 수 있는데 노인들의 경우 그 가능성이 더 커진다. 특히 남성은 호르몬 불균형을 가져오거나 신경망이 손상되거나 성기에 혈액 공급이 제대로 이루어지지 않는 질병을 가질 가능성이 있다. 당뇨병이 그 대표적인 질환이다. 고혈압, 과음, 과식도 성기능 장애를 가져올 수 있다. 여성의 경우 성문제가 덜한데 그 이유는 대부분 남편이 먼저 사망하거나 남편이 생존해 있더라도 상대적으로 연령이 높아 질병 상태일 가능성이 높아 성행위 상대가 없는 경우가 많기 때문이다(권석만 외, 2008).

2) 성기능 장애의 치료

노년기에 나타나는 성기능 장애를 해결하는 방법은 크게 의학적 접근과 이성교제 기회 제공으로 구분할 수 있다. 가장 먼저 노인들의 성관련 문제를 일으키는 의학적 원인이 있는지를 파악하고 의학적 원인이 있다면 적절한 처치를 취해야 한다(Kessel, B., 2001).

또 신체적 이상은 없지만 성행동 파트너가 없는 홀로된 노인들의 황혼 재혼과 황혼 이성교제를 독려하는 기회를 제공해야 한다. 이성과 만날 수 있고, 성 생활을 영위할 수 있도록 건강하고 건전한 기회를 제공하는 것이다(방영숙, 2005).

노인의 성기능 장애의 치료에서 가장 중요한 것은 성에 대한 부정적인 태도와 사회적 편견을 해소하는 일이다. 따라서 상담자는 노인내담자가 성에 대해 적극적인 자세를 갖도록 도와줄 필요가 있다. 또한 노년기에 걸릴 수 있는 다양한 신체적 질병과 관련된 성적능력의 한계와 대안을 알려주는 것도 중요하다. 노인부부가 성에 대해 개방적이고 솔직하게 대화할 수 있도록 돕는 것도 중요하다. 노인 성문제 상담에서 상담자가 제공해야 할 서비스는 다음과 같다.

- 질병과 성적 능력의 한계에 대한 정보제공
- 홀로된 노인들에게 이성교제 기회제공
- 노부부 성문제 극복을 돕는 프로그램 개발

3) 노인의 성문제 상담

노인의 성문제를 상담할 때는 노인의 성 생활에 영향을 주는 배우자의 유무, 과거의 성 활동 유형, 성 활동에 대한 태도 등을 모두 살펴야 한다(현외성 외, 2011). 노인들에게 성은 성교 그 이상을 의미한다. 노인의 성은 친밀감, 사랑, 우정으로 구성된다. 노인 부부의 성문제 갈등을 호소하는 경우도 많은데 그 이유는 단순히 성기능의 쇠퇴 때문만이 아니다.

노인들은 다른 연령보다 타인과의 상호작용에 더욱 의존하는 데 부부갈등으로 부부관계가 만족스럽지 못하기 때문에 갈등이 생긴다. 상대방의 신체적, 심리적 변화에 대한 이해부족, 과거부터 쌓였던 불만, 경제적인 문제, 남성의 가부장적인 태도 등에서 비롯된 갈등이 성문제 갈등으로 나타나는 경우도 있다. 성별에 따라 호소하는 문제도 분명한 차이가 있고, 욕구도 다르다.

남성노인들은 주로 상대방의 성관계 거절이 가장 큰 불만이다. 이에 따른 갈등이 깊어져서 일상생활에 부정적인 영향을 미치고 있고, 이러한 갈등 때문에 건강하지 않은 방법(외도나 성매매)으로 성 욕구를 해소하려하거나 공격성을 보이는 경우도 있다.

여성노인들은 주로 정서적인 불만과 남편의 성 행동 태도가 부부관계 거절로 이어지는 경우가 많다. 따라서 노인 성문제 상담자는 노인들이 호소하는 성문제 이면의 갈등을 먼저 살피고, 갈등의 근원적인 문제부터 해결하려는 노력을 할 필요가 있다. 또한 홀로된 노인들을 위한 황혼 재혼이나 황혼 이성교제를 독려하는 프로그램에 참여할 것을 돕는 것도 상담자의 역할이다. 노인 성상담을 할 때 상담자가 반드시 유념하고 있어야 할 사항은 다음과 같다.

노인 성상담 시 고려사항

- 성은 늙지 않는다.
- 실버 로맨스는 노인들이 이룰 수 있는 꿈이다.
- 노인들의 성 생활은 회춘과 장수의 비결이다.
- 자식 열보다 악처 한 명이 낫다.
- 홀로된 노인들의 고독함은 가족도 해소해 줄 수 없다.

성별에 따른 노년기 성 생활 장애요인

- 남성: 성 생활을 성공적으로 할 수 없다는 걱정, 발기유지 불능, 오르가즘에 도달하지 못함, 발기불능, 성교 시 파트너의 질 통증
- 여성: 오르가즘을 자주 못느낌, 파트너의 발기불능, 성관계 외 다른 문제에 대한 걱정, 성 파트너를 만날 기회 부족, 성관계에 대한 욕구 부족

출처: 이호선(2012).

함께 읽고 생각 하기

노인 성문제를 다룬 영화들

1) 라스트 베가스(Last Vegas)

넷이 합쳐 280세나 되는 58년 지기 친구들이 32세 연하 애인과 결혼하는 빌리(마이클 더글라스)를 축하하러 라스베이거스로 떠난다. 그런데 그들이 가는 곳마다 사고다. 아들 몰래 카지노에 노후자금을 쏟아 붓고, 카사노바 흉내를 내고, 왕년에 한 여자를 두고 다툰 전력 때문에 아직도 티격댄다. 그렇게 한바탕 실컷 논 그들이 한 뼘씩 성장해서 각자의 자리로 돌아간다. 이 영화는 칠순의 철없는 남자들이 사랑의 소중함에 눈을 뜰 수 있고, 누군가의 곁에 있다는 것 자체가 행복이라는 것을 깨닫게 해준다.

2) 위크엔드 인 파리(Le Week-End)

남편과 아내는 두터운 애증관계다. 결혼한지 30년차 된 커플이다. 어느 주말 그들이 신혼여행지였던 파리로 두 번째 허니문을 떠난다. 이 부부는 에펠탑, 몽마르트 거리를 누비면서 쉴 새 없이 다투기 바쁘다. 그래도 로맨틱한 거리를 단둘이 거닐면서 조금씩 옛 추억을 더듬고 그 추억 위에 새로운 경험을 쌓으면서 감정이 정화되고, 오해와 비밀들을 털어낸다. 그러면서 다시 한 번 화합한다. 이 영화를 보면 함께 여행을 다닐 수 있고, 거리에서 손잡고 춤출 수 있는 상대가 있다는 것이 얼마나 행복한 일인지를 알게 된다.

3) 러블리, 스틸(Lovely, Still)

마트 점원으로 일하며 혼자 외롭게 사는 총각이 있다. 주변머리 없는 그에게 어느 날 갑자기 예쁜 여자가 나타나 과분할 정도로 관심을 보인다. 그 총각은 친구들에게 첫 데이트에 뭘 입고, 무슨 말을 해야 하는지를 상담한다. 그렇게 시작된 연애는 그 총각 인생 최고의 행복을 안겨준다. 크리스마스 선물을 받은 아이처럼 웃으며 잠드는 날이 많아졌다. 그런데 그 남자와 여자의 나이가 70~80대다. 비록 주름투성일지라도 사랑에 빠진 얼굴은 누구나 아름답다는 진리를 알려 주는 영화다.

4) 그대를 사랑합니다

고약한 성격인 만석이 새벽에 우유 배달을 다니다가 폐지 줍는 노파와 가까워진다. 만석은 이름도 주민번호도 없이 살아온 노파에게 '송이뿐'이라는 이름을 지어준다. 그녀 생애 첫 번째 생일상도 차려준다. 주차장 관리인 군봉은 치매에 걸린 아내가 잘못될까 늘 노심초사다. 그 네 사람의 삶을 가까이 들여다보면 눈물이 난다. 우리 할머니, 할아버지가 생각나면서 말이다.

5) 어웨이 프롬 허(Away From Her)

결혼 44년차 부부에게 비극이 닥친다. 부인이 알츠하이머 치매에 걸린다. 부인은 남편에게 민폐를 끼치기 싫다며 제 발로 요양원에 들어갔다. 부인은 과거의 기억을 잃은 채 그곳에서 만난 새로운 남자와 사랑에 빠진다. 아내가 자신을 알아보지도 못하고 눈앞에서 다른 남자와 애정행각을 벌여도 남편은 계속 사랑 표현을 한다. 아내의 새 남자친구도 알츠하이머 치매 환자다. 기억을 못하고 있어서 그렇지 그도 가정이 있는 사람이다. 그 모습을 보다 못한 그의 배우자가 남편을 다시 집으로 데려간다. 새 남자친구가 떠나자 실의에 빠진 아내를 본 주인공이 가슴 아픈 결정을 내린다. 사랑에 빠져 마냥 행복한 아내 곁에서 추억과 존재를 부정당하면서도 끝까지 아내를 위해 헌신한다.

6) 죽어도 좋아

우리 사회에 노인의 성문제를 화두로 꺼낸 영화다. 일흔 넘은 나이에 배우자와 사별하고 새로 만난 두 남녀가 뜨거운 사랑을 시작한다. 이 영화는 실화다. 개봉하기까지 곡절이 많았다. 이 영화를 본 대중들은 노인을 성적 존재로 보는 것 자체가 망측하다거나, 주책이라는 의견보다 우리 사회에서 노인의 성문제를 이야기할 때가 되었다는 반응을 보였다. 어찌보면 당연한 결과다. 노년은 누구에게나 다가오고 있기 때문이다.

[활동지]

노인의 성 지식 및 성 태도 검사

성 지식 질문	맞다	틀리다	모르겠다
1. 노인의 성 활동은 건강에 해롭다.*	1	2	3
2. 65세 이상의 남성들은 젊은 남성들보다 발기되는데 시간이 더 오래 걸린다.	1	2	3
3. 65세 이상의 남성들은 젊은 남성들에 비해 성 극치감 정도가 줄었다고 느낀다.	1	2	3
4. 노인이 발기되었을 때 음경의 강직도는 젊은 남성들보다 못하다.	1	2	3
5. 65세 이상의 여성들은 젊은 여성들에 비해 질 윤활액 분비가 줄어든다.	1	2	3
6. 여성노인은 젊은 여성들에 비해 적절히 질 윤활이 되는데 시간이 더 걸린다.	1	2	3
7. 여성노인은 질의 탄력이 감소하고 질 윤활액이 줄어 성교시 통증을 경험한다.	1	2	3
8. 성 생활은 평생 하는 것이다.	1	2	3
9. 65세 이상 노인들은 성행위시 심장마비가 올 가능성이 증가한다.*	1	2	3
10. 대부분의 65세 이상의 남성들은 성교를 할 수 없다.*	1	2	3
11. 젊어서 왕성하게 성 생활을 했던 사람은 나이가 들어서도 비교적 왕성하다.	1	2	3
12. 노인들의 성행위는 노인들의 신체 건강에 유익하다는 증거가 있다.	1	2	3
13. 성활동은 심리적으로 노인들에게 유익하다.	1	2	3
14. 대부분의 여성노인들은 성적으로 반응이 없다.*	1	2	3
15. 성충동은 65세 이상의 남성들의 연령대에 증가한다.	1	2	3
16. 약물 복용으로 사람의 성충동은 변할 수 있다.	1	2	3
17. 폐경 후 여성은 생리학적으로 성 활동 욕구가 왕성해진다.*	1	2	3
18. 기본적으로 65세 이상에서 성적인 변화란 성에 대한 관심이 줄어들기보다는 성 반응 시간이 느려지는 것이다.	1	2	3
19. 남성노인은 사정욕구가 줄기 때문에 젊은 남성보다 발기가 더 오래 지속된다.	1	2	3
20. 남녀 노인들은 자극을 위하여 둘 다 젊은 파트너가 필요하기 때문에 서로 성 파트너 역할을 할 수 없다.*	1	2	3
21. 노인부부의 성 생활 빈도에 가장 일반적인 결정인자는 성관계 시 남편이 아내에게 흥미가 있는가, 없는가이다.	1	2	3
22. 수면제, 안정제, 알코올은 노인들의 성적 욕구를 낮추고 성 반응을 방해한다.	1	2	3
23. 노인이 성에 흥미를 잃는 것은 우울감을 가지고 있다는 것을 보여준다.	1	2	3
24. 남성이 노년기가 되면 성 활동 빈도가 감소한다.	1	2	3
25. 여성의 성 활동보다는 남성의 성 활동이 나이가 들어가며 더 크게 감소한다.	1	2	3

성 지식 질문	맞다	틀리다	모르겠다
26. 담배를 많이 피우면 성적 욕구가 줄어든다.	1	2	3
27. 남성노인의 성적 반응을 유지시키는 중요한 요인은 평생 동안 성 생활을 꾸준히 하는 것이다.	1	2	3
28. 성 활동 수행에 대한 두려움은 남성노인들의 성 활동에서의 무기력감을 가져온다.	1	2	3
29. 노년기에 성 활동이 중지되는 것은 흔히 있는 일이며, 이는 주로 생물학적이고 신체적인 원인보다는 사회적이고 심리적인 원인 때문이다.	1	2	3
30. 지나친 자위행위는 노년기에 정신착란과 치매를 유발할 수도 있다.*	1	2	3
31. 폐경을 한 여성이 성적 만족감을 잃는 것은 어쩔 수 없는 일이다.*	1	2	3
32. 이차적 발기부전(생리학적으로 야기된 것이 아닌 경우)은 젊은 남성들에 비해 60세 이상의 남성들에게서 증가한다.	1	2	3
33. 남성노인의 발기부전은 많은 경우 효과적으로 치료될 수 있다.	1	2	3
34. 심각한 신체장애가 없다면, 남성과 여성은 80대, 90대까지도 성적 관심과 성 생활을 유지할 수 있다.	1	2	3
35. 남녀노인의 자위행위는 성적 반응을 유지시키는데 긍정적인 결과를 가져온다.	1	2	3

*역코딩 문항이므로 낮은 점수가 가장 높은 성 지식을 가지고 있는 것으로 계산되어야 한다.

성 태도 질문	동의하지 않는다						동의한다
	(1)	(2)	(3)	(4)	(5)	(6)	(7)
36. 65세 이상의 노인들은 성에 거의 관심이 없다.	1	2	3	4	5	6	7
37. 성적관심을 보이는 노인은 부끄러운줄 알아야 한다.	1	2	3	4	5	6	7
38. 양로원과 같은 기관은 거주지 내에서 성적인 활동을 독려하거나 지지해서는 안 된다.	1	2	3	4	5	6	7
39. 양로원에 거주하는 남녀노인들은 분리된 공간과 분리된 건물에 거주해야 한다.	1	2	3	4	5	6	7
40. 양로원은 혼자이건 부부이건 혼자 있고 싶어 하는 노인들에게 사적인 공간을 제공할 의무가 없다.	1	2	3	4	5	6	7
41. 사람이 나이가 들면(65세 이상) 성적인 흥미가 사라지는 것은 어쩔 수 없다.	1	2	3	4	5	6	7
42. 만일 나의 친척이 양로원에 살면서 양로원에 있는 다른 사람과 성관계를 갖는다면, 나는 관리 소홀을 물을 것이다.	1	2	3	4	5	6	7
43. 만일 나의 친척이 양로원에 살면서 양로원에 있는 다른 사람과 성관계를 갖는다면, 나는 내 친척을 다른 기관으로 옮기겠다.	1	2	3	4	5	6	7
44. 만일 나의 친척이 양로원에 살면서 양로원에 있는 다른 사람과 성관계를 갖는다면, 나는 크게 신경쓰지 않고 두겠다.*	1	2	3	4	5	6	7

성 태도 질문	동의하지 않는다						동의한다
	(1)	(2)	(3)	(4)	(5)	(6)	(7)
45. 만일 어떤 특정 양로원이 성 활동을 원하는 사람들을 용인하고 지지한다면 그런 양로원에 내 친척을 두지는 않겠다.	1	2	3	4	5	6	7
46. 노인들이 재미로 섹스를 하는 것은 비도덕적인 것이다.	1	2	3	4	5	6	7
47. 노년기 성 기능의 변화를 좀 더 알고 싶다.*	1	2	3	4	5	6	7
48. 노년기 성에 대해 궁금한 것을 모두 알고 싶다.*	1	2	3	4	5	6	7
49. 양로원에 있는 노인들 사이에 성행위가 있었다는 것을 알게 되면 기관의 관리 소홀을 따질 것이다.	1	2	3	4	5	6	7
50. 나는 양로원 노인들이 성교육을 받는 것을 지지한다.*	1	2	3	4	5	6	7
51. 나는 양로원 직원들이 성교육을 받는 것을 지지한다.*	1	2	3	4	5	6	7
52. 남성노인이 자위행위를 하는 것은 이해할 만한 성행동이다.*	1	2	3	4	5	6	7
53. 여성노인이 자위행위를 하는 것은 이해할 만한 성행동이다.*	1	2	3	4	5	6	7
54. 양로원과 같은 기관은 함께 잠을 자고자 하는 커플이 누울 만큼 충분히 큰 침대를 제공해야 한다.*	1	2	3	4	5	6	7
55. 양로원 직원은 노인이나 장애인의 성에 관한 교육과 훈련을 받아야 한다.*	1	2	3	4	5	6	7
56. 양로원은 어떤 종류의 성적 활동도 용인해서는 안된다.*	1	2	3	4	5	6	7
57. 양로원과 같은 기관은 남성과 여성의 사회적 상호작용을 제공해야 한다.*	1	2	3	4	5	6	7
58. 자위행위는 위험하며 피해야 한다.	1	2	3	4	5	6	7
59. 양로원과 같은 기관은 거주노인들이 방해받거나 눈치보지 않고 성행동을 할 수 있도록 사적인 권리를 인정해야 한다.*	1	2	3	4	5	6	7
60. 만일 홀로된 친척이 양로원에 있는 다른 거주자와 성관계를 갖는 것을 그 가족이 반대한다면, 그와 같은 성 활동을 막는 것은 관리자나 직원의 의무이다.	1	2	3	4	5	6	7
61. 결혼 이외의 성 관계는 언제나 잘못된 것이다.	1	2	3	4	5	6	7

*역코딩 문항이므로 1=7, 7=1; 6=2, 2=6; 3=5, 5=3; 4처럼 거꾸로 매겨져야 한다. 낮은 점수는 부정적인 태도를 나타낸다.

08 CHAPTER

노인학대와 상담

"내 새끼니까 참았지. 자식한테 맞았다고 소문이라도 나면 어쩔겨. 갈 데도 없는데…. 그래도 애는 착해. 술이 문제여 그놈의 술 말이여."

서울시 영등포구에 사는 박모(82) 할머니는 아들에게 5년 동안 맞고 살았다. 며느리도 폭행에 가담했다. 손자들도 할머니를 무시하기 일쑤였다. 아들의 폭력은 심각했다. 술 먹은 날이면 하루도 빠지지 않고 때렸다. 며느리는 "언제 죽냐"고 하루가 멀다 하고 소리를 질러댔다. 부모들이 그러니 손자들도 할머니를 우습게 아는 모양이다. 하루는 종일 굶고 있었는데 마침 손자가 계란부침개를 부치기에 그것 좀 달라고 했더니 뒤도 안 돌아보고 자기 방으로 들어가 버렸다. 자식한테 맞는 것도 서러운데 배곯고 괄시까지 당하니 이렇게 살아서 뭐하나 싶다.

자식한테 매 맞는 노인들이 늘고 있다. 천인공노할 일이다. 신체적 학대뿐만 아니라 정서적 학대, 경제적 학대, 방임, 성적 학대까지 그 유형도 다양하다. 공항에 부모를 버린 '현대판 고려장 사건'도 벌어졌다. 더 놀라운 사실은 노인학대 가해자 대부분이 가족이라는 점이다. 아들, 배우자, 딸, 며느리, 손자녀까지 포함하면 노인학대 가해자 75.7%가 가족이다.

효를 강조하는 한국사회에서 어떻게 이런 일들이 벌어지게 됐을까? 노인학대가 무엇이고, 노인학대가 발생하는 이유, 노인학대 피해자들을 어떻게 도울지를 진지하게 고민하고 실행해야 한다.

1 노인학대의 이해

노인 부양부담이 커지면서 노인학대가 증가하고 있다. 사회적 약자인 노인들이 학대의 표적이 되고 있다. 노인학대는 일반적으로 'Elder abuse'라는 용어를 사용하고 있다. 노인학대의 정의는 매우 다양하게 정의할 수 있다.

우리나라 노인복지법에서는 노인학대를 "노인에 대한 신체적, 정신적, 성적 폭력, 경제적 착취 또는 가행위나 방임을 하는 것"으로 규정한다. 우리나라는 2004년 노인학대 예방과 방지 조항을 처음 마련했다. 하지만 처벌에 초점을 맞추고 있을 뿐 학대행위자의 격리나 접근금지 조항은 두지 않고 있다. 법적 구속력이 느슨하다 보니 학대가 반복되는 악순환을 낳고 있다.

미국의 국립노인학대센터(NCEA)에서는 노인학대를 "신체적 학대, 심리적 학대, 성 학대, 재정적 학대, 방임 등이 포함된 내용으로 모든 관계에서 발생되는 노인에게 해나 장해를 일으킬 수 있는 단일 혹은 반복적 행동, 적절한 행동의 부족 등"이라고 정의하고 있다. 학대와 방임이 포괄적으로 포함되는 행동이며, 누군가가 의도적으로 노인에게 해를 입히는 개념의 소극적 전제에서 벗어나 노인의 인권과 권리보장을 전제로 한 적극적인 넓은 범주로 규정하고 있다. 노인이 생명을 유지하고 생활을 유지하고 영위하기 위해 요구되는 신체적, 경제적, 정서적 욕구를 가해하거나 방치하는 행위를 노인학대로 규정하고 있다. 즉, 노인학대는 배우자, 자녀, 친척 등의 부양자에게서 자행되는 언어적·신체적·정서적·심리적 상해와 경제적인 착취를 의미한다. 노인의 인격을 무시하는 행위를 말하고, 이러한 행위로 인하여 노인의 권리가 침해되는 모든 행위를 노인학대라고 정의할 수 있다.

1) 노인학대의 원인

노인학대가 발생하는 원인은 매우 다양하다. 한 가지 관점이나 이론만으로 노인학대의 원인을 설명하기는 대단히 어렵다. 따라서 인구학적 관점과 사회문화적 관점, 경제적 부담과 개인의 독특한 역사, 가치관의 변화 등에서 그 원인을 추측하고 있을 뿐이다.

(1) 인구학적 관점

인구학적 관점에서는 고령인구의 급속한 증가가 노인 부양부담으로 이어져 노인학대 발생이 증가한다고 본다. 우리나라는 2000년 전체 인구 중에서 노인인구 비율이 7.2%를 차지하면서 '고령화사회'에 진입했고, 2013년 노인인구 비율이 12%를 상회하고 있다. 2019년에는 14.4%로 고령사회에 진입을 앞두고 있고, 2026년에는 노인인구 비율이 20%를 넘어 '초고령사회'가 될 것으로 전망하고 있다. 우리나라의 고령화 속도는 세계에서 유례를 찾아볼 수 없을 정도로 빠르다. 이러한 노인인구의 급속한 증가현상은 노인들의 경제적 빈곤, 건강문제, 소외와 고독감, 역할상실 등의 문제를 노출시키고 있다. 자신의 의지와는 상관없이 노화현상으로 어쩔 수 없이 가족들의 보호를 받아야 하는 부양문제가 심각하게 대두되고 있다. 그런데 근래 전통적 가족공동체 의식 약화, 노인부양을 전담해왔던 여성의 사회진출 증가, 이기주의적 사고방식 팽배 등으로 인하여 노인부양 기피 현상이 가속화되고 있다. 이 과정에서 세대 간 갈증이 폭발하면서 노인학대가 유발될 수 있는 잠재적 가능성이 증가하고 있다(이은희, 2007).

(2) 사회문화적 관점

사회문화적 관점은 현대사회 가족의 구조와 기능, 젊은 세대들의 가치관 변화에 따른 노인부양 의식의 변화에서 노인학대의 원인을 찾는 것이다. 현대사회로 접어들면서 부부 중심의 가족문화와 개인주의 의식의 팽배로 가족 간의 일체감과 연대성이 많이 약화되었다. 이러한 가족에 대한 의식과 가치의 변화로 전통적인 부양의식이 변하게 되었다. 여기에 노인에 대한 사회적 관심과 지원의 부족도 노인학대가 증가하는 또 다른 원인이 되었다. 우리나라의 노인에 대한 정책과 제도적 지원은 늘어나는 노인인구의 수나 변화되고 있는 가치체계를 따라가지 못하고 있다. 이러한 사회문화적 변화와 미흡한 정책과 지원이 노인학대 문제를 가중시키고 있다(이효선, 2008).

(3) 경제적 부담과 개인의 독특한 역사

노인학대가 발생하는 또 다른 이유는 경제적 부담과 개인의 독특한 역사라는 관점도 있다.

경제적으로 여유롭지 못한 중장년 자녀들이 자녀 뒷바라지를 하면서 노부모까지 부양해야 하는 현실이 힘들고 두려워서 부양을 기피한다든지, 어릴 적 부모에게 받은 학대를 앙갚음하거나 성장과정에서 부모와 애착관계가 형성이 안돼서 노인학대가 발생한다고 본다. 왜 자신이 부모를 모셔야 하는지 모르겠다는 인식이 있는 경우나 알코올 중독이나 정신질환 등이 있는 경우에도 노인학대로 이어질 가능성이 높다. 노인학대의 발생원인에 대하여 여러 가지 추측을 하고는 있지만 단순히 가족 내 갈등이나 사회적 가치 변화 때문만이라고 볼 수는 없다. 고령노인의 절대적 팽창도 원인이 될 수 있다. 초고령사회, 와상상태 노인, 치매노인 등 신체적, 심리적, 경제적으로 자녀들에게 의존해야만 하는 노인들이 늘어나면서 부양부담이 가중되어 노인학대가 증가할 수도 있다.

(4) 가치관의 변화

가치관의 변화도 노인학대를 증가시키는 원인이다. 현대사회의 가족은 전통적 가족과 구조와 기능, 인식이 완전히 달라졌다. 산업화 이후 핵가족화 현상이 두드러지면서 부모를 부양할 수 있는 능력에 한계를 갖게 되면서부터 이러한 변화가 시작됐다. 여기다 여성들의 취업과 사회활동이 늘어나면서 가족연대 및 결합력이 약화된 것이 사실이다. 이러한 가족의 구조적 기능변화가 가치관의 변화로 이어지면서 노후를 자녀들에게 의존하던 한국 노인들에게 위기를 가져왔다. 부모를 부양하는 것을 도리로 아는 마지막 세대이자 자녀의 부양을 기대하지 않는 첫 세대가 탄생한 것이다. 이를 '샌드위치 세대'라고 한다.

노인학대에 대한 사회적 관심과 지원이 턱없이 부족한 것도 문제다. 현실과 동떨어진 인식과 정책, 법은 노인학대 문제를 더욱 심각하게 만들 수밖에 없다.

2) 노인학대의 특성

노인학대의 가장 큰 특징은 대다수의 가해자가 가족이고, 발생장소는 집이라는 점이다. 피해자들은 자기 방어능력이 미약한 노인이고, 피해사실을 숨기는 경우가 많다. 가해자에 대한 처벌을 원하지 않는 경우가 많아서 노인학대는 일회성에 그치지 않고, 반복적으로 발생한다는 특징이 있다.

노인학대는 신체적, 정신적, 성적, 경제적 손상을 의도적으로 가하는 것뿐만 아니라 비의도적인 손상도 포함된다. 노인들이 생존에 필요한 재화와 서비스를 부양자가 제공하지 않는 방임, 더 적극적인 방임인 유기, 금전적인 갈취나 착취까지 포함한다.

우리나라에서는 2014년 10월부터 노인학대를 예방하기 위하여 노인학대 방지 종합대책을 마련하고 시행하고 있다. 골자는 지역사회를 중심으로 학대행위자에 대한 처벌을 강화하고, 노인학대를 예방하고, 피해 노인보호를 위한 대책을 추진한다는 것이다. 노인학대 지킴이센터 등 지역 네트워크를 활용한 노인학대 사례를 발굴하고, 노인학대 신고의무자도 14개 직군으로 늘렸다. 의료기관장, 응급구조사 등 6개 직군이 신규로 노인학대 신고의무자로 지정됐다. 2016년부터는 경찰관이 직무수행 중에 노인학대 의심사례를 발견하면 노인보호 전문기관에 통보하도록 법제화했다. 그러나 아직도 노인학대 피해자를 구제하고, 피의자를 교육하고 상담하는 등의 대책이 미흡한 것이 사실이다.

3) 노인학대 현황과 인식

전국 노인보호전문기관에 접수된 노인학대 신고사례를 분석한 결과 노인학대 가해자는 아들 1,619명(40.3%), 배우자 551명(13.7%), 딸 519명(13%) 순으로 많았고, 학대유형(중복포함)은 정서적 학대 2,235건(38.3%), 신체적 학대 1,430건(24.5%), 방임 1,087건(18.6%), 경제적 학대 526건(9%) 순이었다. 정서적 학대가 가장 많았다. 노인학대 건수도 해마다 늘고 있다. 2009년 2,674건, 2,010년 3,068건, 2011년 3,441건, 2012년 3,424건, 2013년 3,520건, 2014년 3,532건, 2015년 3,818건으로 해마다 꾸준히 증가하고 있다. 상황이 이렇게 심각한데 노인학대 신고의무자 25%는 자신이 신고의무자인 것조차 모르고 있었다. 그들 중 절반 이상은 '노인학대가 심각하지 않다'고 인식하고 있다.

한 기관에서 노인학대 신고의무자 1,170명을 대상으로 '노인학대 신고의무자의 노인학대 인식도'를 조사한 결과 응답자 293명(25.1%)이 자신이 노인학대 신고의무자라는 사실을 알지 못했다. 신고의무자의 54.9%는 노인학대 심각성을 보통 이하로 인식하고 있었다. 응답자 57%는 노인학대 신고번호(1577~1389)조차 모르고 있었다. 이러한 안일한 생각이 문제다. 노인학대는 노인시설에서도 빈번하게 일어나고 있다. 노인시설 종사자들의 안일한 생각이 화를 키운 것이다.

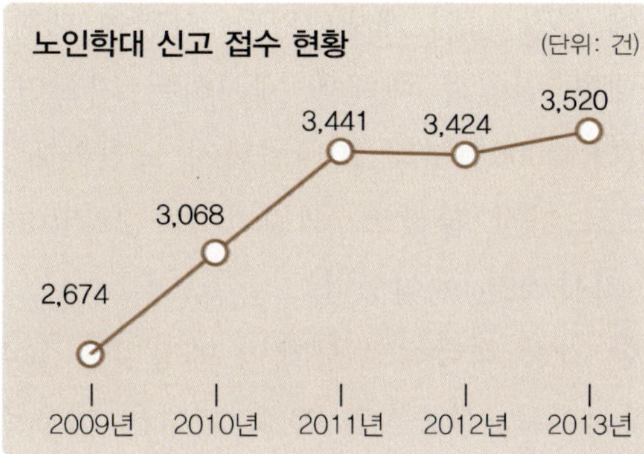

출처: 중앙노인보호신문기관.

한 요양병원에서는 입원 중인 치매노인을 침상에 묶어 두거나 치매노인이 폭행을 당해 살이 찢어지고 온몸에 멍이 든 사건이 발생해 논란이 일기도 했다.

대한민국 국민 모두가 노인학대 신고의무자다. 의료인, 노인복지시설 관련 종사자, 장애인 복지시설(장애노인) 관련 종사자, 가정폭력 관련 종사자, 사회복지전담 공무원 등은 더욱 적극적으로 노인학대 신고의무를 지켜야 한다.

언론에서도 노인학대에 관심을 기울여야 한다. 필자가 신문기사에 보도된 노인학대 현황을 분석한 결과 해마다 노인학대 신고건수는 급증하고 있는데 국내 일간지에 게재된 노인학대 관련 기사는 증가하지 않고 있었다.

중앙노인보호전문기관에 접수된 노인학대 신고 건수가 지난 10년 동안 1,500건 가까이 증가했는데, 이 기간 동안 국내 신문기사에 보도된 노인학대 관련 기사는 153건에 불과했다. 사회적 이슈를 가장 먼저 다루는 신문기사에 노인학대 관련 뉴스가 적은 것은 그만큼 노인학대에 대한 사회적 관심과 경각심이 낮다는 것을 의미할 수 있다.

또한 노인학대에 대한 신문기사 유형도 단순사실 보도에 그치고 있었다. 국내 일간지에 게재된 노인학대 관련 신문기사를 기사수, 기사유형, 제목의 서술 형태 등을 분석한 결과 노인학대 관련 기사는 단순사실을 보도하는 사회면에 가장 많이 게재되었다. 사건에 대한 생각을 묻는 의견기사, 사건에 대한 원인과 대책을 제시하는 기획연재기사에 보도된 경우가 매우 적었다. 2000년부터 2014년까지 노인학대 관련 단순보도기사는 189건(78%)으로 가장 많았고, 의견기사가 32건(13%), 기획연재기사 20건(8%), 인터뷰 기사 2건(1%)이었다.

노인학대에 대한 가장 적극적인 대책이 예방임을 고려할 때 노인학대 예방을 위한 과학적이고, 실증적인 자료 분석을 기초로 노인학대의 현상과 원인, 치료 등을 포함한 뉴스가 더 많이 보도되어야 할 것이다.

노인학대에 대한 신문기사 보도 유형

단위: 건(%)

유형 \ 연도	2000~2002	2003~2005	2006~2008	2009~2011	2012~2014	합계
단순보도기사	13(6%)	27(11%)	33(13%)	64(26%)	52(20%)	189(78%)
의견기사	2(1%)	12(5%)	7(3%)	4(2%)	7(3%)	32(13%)
기획연재기사	6(2%)	12(5%)	2(1%)	-	-	20(8%)
인터뷰기사	-	1(0.4%)	-	-	1(0,4%)	2(1%)
계	21(9%)	52(21%)	42(17%)	68(28%)	60(25%)	243(100%)

2 노인학대의 유형과 대처

1) 노인학대의 유형

노인학대의 유형은 신체적 학대, 정서 및 언어적 학대, 경제적 학대, 성적 학대, 방임과 자기방임 등이 있다. 구체적인 내용은 다음과 같다.

(1) 신체적 학대

신체적 학대는 노인의 신체에 직접적으로 해를 가하거나 자유스러운 신체이동을 제한하고 가해를 가하겠다고 협박하는 등의 행위를 말한다. 물건던지기, 구타, 구금, 가해협박, 신체에 필요한 장비를 구비해주지 않는 행위, 생존에 필요한 음식을 주지 않는 등의 모든 행위를 포함한다.

(2) 정서 및 언어적 학대

정서적 학대는 비언어적 행동으로 직·간접적으로 노인에게 심리적 고통을 주는 행위이다. 비난과 분노, 불쾌한 음조가 포함된 의사소통, 치매 노인의 자극에 정서적인 반응을 하지 않는 무시 등이 포함된다. 언어적 학대는 정서적 학대와 중복된다. 노인에게 분노와 비난, 강한 불쾌감이 포함된 언어를 사용하거나 비아냥거림, 욕설 등을 사용하는 행위를 의미한다. 언어적 학대는 신체적 학대와 동반되는 경우가 많다.

(3) 방임과 자기방임, 유기

방임은 노인에게 생존에 필요한 음식을 주지 않는 행위, 의약적 처치를 하지 않는 행위, 감금해놓고 장시간 외출하는 행위 등을 의미한다.

자기방임은 자기 스스로를 돌아보지 않는 행위를 의미한다. 청결, 건강관리, 가사 등을 할 수 있는 능력이 있어도 하지 않는 것을 말한다.

유기는 더 적극적인 방법의 방임이라고 할 수 있다. 외국공항에 부모를 버리고 온 '현대판 고려장 사건'이 유기에 해당한다.

(4) 경제적 학대

경제적 학대는 노인의 재산을 자녀나 부양당사자 마음대로 이전하거나 훔치는 행위를 말한다. 노인의 뜻과 상관없이 재산이나 생활환경을 박탈하는 등의 부당한 착취와 생활을 유지하는 데 기본적으로 필요한 생활비 등을 주지 않는 행위도 경제적 학대에 포함된다.

(5) 성적 학대

성적 학대는 노인과의 합의 없는 모든 형태의 성적 접촉 또는 강제적 성행위를 의미한다. 배우자와 자녀, 시설종사자 등에 의해 발생하는 경우가 많다.

2) 학대에 대한 노인들의 대처

해마다 노인학대는 늘어나고 있는데 피해자인 노인들의 대처는 소극적이다. 2011년 노인실태조사에서 '학대를 경험하면 어떻게 대응할 것인가'를 물었더니 '신고한다'고 응답한 노인이 40.7%밖에 되지 않았다. 응답자의 절반도 되지 않았다. 반면 '참는다'고 응답한 노인이 36.3%나 됐다. 신고한다는 응답과 3.7%밖에 차이가 나지 않았다.

노인학대는 잘 드러나지 않는다. 학대당하는 노인들이 차마 제 손으로 자식을 신고하지 못하고 장기간 폭행을 감당하고 있기 때문이다. 이런 탓에 노인학대 지속기간이 5년 이상인 경우가 50건(35.7%), 1년 이상 5년 미만인 경우가 45건(32.1%)이나 된다. 아무리 사람답지 않은 자식이라도 처벌받을까봐 걱정하는 탓에서 생긴 현상이다.

그렇다고 노인학대 사실을 숨기는 것이 능사가 아니다. 자식들이나 시설에서 학대당한 노인들이 겪는 정신적 외상은 매우 심각하다. 학대를 경험한 노인 대부분이 우울증이나 자살충동을 느끼고 있다. 실제로 자살을 기도한 노인들도 많다.

노인학대가 발생하면 즉시 신고해야 한다. 빠른 신고보다 좋은 선택은 없다. 노인학대 문제는 밖으로 꺼내야만 해결할 수 있다. 무엇보다 가해자와 피해자를 분리하는 것이 급선무다. 노인학대는 감추면 감출수록 빈도가 늘어나고 강도도 강해진다. 피해자와 가해자를 위해서라도 한시가 급하다. 또한 노인학대를 더 이상 가정의 문제로 치부해서는 안 된다. 정서적 학대가 늘고 있는데 학대가해자나 피해자가 이를 학대라는 것을 모르고 무심코 넘어가는 경우도 많다. 노인학대에 대한 교육이 시급한 이유다.

노인학대를 예방하고 근절하기 위해서는 어떻게 해야 할까? 가장 먼저 노인학대에 대한 관심을 가져야 한다. 노인학대를 가정의 문제로 치부하거나 감추지 않도록 교육을 통해 적극적으로 가르쳐줘야 한다. 성인이 된 자녀에게도 노인학대 예방교육을 실시하고 노인학대에 대한 경각심을 높여야 한다. 이웃에 살고 있는 노인들에게 학대당한 흔적은 없는지, 위험에 노출되지 않았는지 등도 살펴야 한다.

노인학대 상담실을 설치해서 운영하는 것도 대안이다. 365일 상담실 문을 열어 두고 학대로 고통받고 있는 노인들이 언제든지 찾아올 수 있는 탈출구를 만들어줘야 한다.

3 노노(老老)갈등과 학대

베이비붐 세대의 고령화가 진행되면서 노인인구가 급증하고 있다. 노인인구가 늘어난 만큼 노인 간의 갈등과 학대도 늘고 있다. 이를 '노노(老老)학대' 또는 '노노(老老)갈등'이라고 한다.

노노갈등과 학대는 60대 이상 고령자가 자신보다 나이가 더 많은 80대 이상 고령자에게 폭언이나 폭행을 일삼는 행위를 말한다. 노노갈등과 학대 역시 피해자들이 피해 사실을 감추는 경우가 많아서 적극적인 문제해결이 시급하다.

노노갈등과 학대는 가정에서만 벌어지는 문제가 아니다. 노인들이 함께 살고 있는 지역사회에서도 발생한다.

지난 2015년 7월 경상북도 상주에서 벌어진 '농약 사이다 사건'이 노인들이 살고 있는 지역사회에서 발생한 노노갈등과 학대의 극단적인 사례다.

피의자 박모(82) 할머니는 수십 년 동안 함께 지내온 마을 주민들과 푼돈을 건 화투놀이를 하다 그중 한 명과 다툼이 생겼다. 그날 이후 앙심을 품은 박모 할머니는 마을회관에 있던 사이다에 농약을 타서 이웃 할머니들에게 먹였다. 아무것도 모른 채 농약이 든 사이다를 마시고 할머니 2명이 숨지고 4명이 중태에 빠졌다. 피의자 박모 할머니는 무기징역을 선고받았다.

1) 노노갈등과 학대의 원인

노노학대가 증가한 이유는 '노노가정' 혹은 '노노사회'가 일반화되고 있기 때문이다. 현대사회의 가족구조가 핵가족화되면서 노인 부부끼리 사는 경우가 보편적인 세상이 됐다. 여기다 우리나라가 매우 빠른 속도로 고령화되고, 평균수명이 연장되면서 60대 자녀가 80세 이상 부모를 보살피는 이른바 '노노부양 가정'이 늘고 있다.

국민건강보험공단이 분석한 국내 노노부양 세대 현황을 보면, 60세에서 79세의 자녀가 80세 이상인 부모를 부양하는 가정이 2016년 기준으로 9만여 가구였다. 80세 이상인 세대주가 60세에서 79세 자녀와 함께 사는 세대도 1만 가구에 달했다. 그들도 노노부양 세대로 볼 수 있기 때문에 우리나라 전체 가구 중에서 10만여 가구가 노노부양 가정인 것으로 추정되고 있다.

노노갈등과 학대 신고건수는 2012년 1,314건, 2014년 1,562건, 2016년 2,026건으로 계속 늘어나고 있는 추세이다. 노노갈등과 학대는 노부모에 대한 부양준비가 부족한 상황에서 발생하는 경우가 가장 많다. 경제적인 여력이 없는 중장년층이 자녀 뒷바라지와 노부모 부양을 병행하면서 발생하는 사례가 가장 많다.

부모 부양에 대한 의무감이 감소한 것도 원인이다. 요즘은 노부모를 집에서 모시기보다 요양시설을 찾는 경우가 많아졌는데, 이 같은 현상이 무조건 집에서 부모를 부양해야 한다는 전통적인 의무감이 감소했다는 증거이다.

또한 노부모의 경제적, 정서적 측면의 부양요구가 계속되고, 세대 간 이해관계가 충돌하면서 다양한 학대가 나타나게 될 가능성도 있다. 이 외에도 갈등이 장기간 누적되어 있는데 문제를 해결하는 의사소통 기술이 부족하거나 도움받을 사회관계망도 협소하다 보면 노노갈등이나 학대가 발생할 수 있다. 은퇴로 인해 사회적 지위를 잃어버린 것에 대한 상실감과 가족과 사회로부터 느끼는 소외감이 결합되면서 생기는 스트레스가 폭력으로 변화된다고 보는 시각도 있다.

노노학대를 예방하려면 노인들의 취약한 관계망과 관계갈등에 대한 관심과 연구가 선행되어야 한다. 갈등을 중재하는 구성원과 공동체를 회복하는 것도 시급하다. 노인들이 다양한 사회활동에 참여하면서 사회관계망을 넓혀나가는 것도 병행되어야 한다. 무엇보다 평생 자녀를 양육하고, 손주들까지 돌봤음에도 노부모까지 부양해야 하는 노인들의 고단한 삶을 사회가 관심을 갖고 응원해주는 것이 필요하다. 이와 관련된 사회복지적 정책과 상담서비스가 제공될 필요가 있다.

2) 노노학대 예방 방안

- 참는 게 능사가 아니라는 인식 전환과 적극적인 신고
- 가족들의 부양부담을 덜 수 있도록 지원 강화
- 성인 자녀세대에게도 노인학대 교육 실시
- 상담과 치료를 통해 노인학대 재발 방지
- 궁극적으로 노부모의 자녀에 대한 의존성을 줄이고
- 최대한 독자적 생활 가능한 여건 갖춰나가야

4 노인학대 상담의 실제

1) 노인학대 상의의 시작

노인학대 상담에 앞서 상담자는 한국의 가족구조 변화를 이해할 필요가 있다. 우리나라 가족구조는 산업화 이후부터 가족중심의 생활을 중시하던 전통적 가족관이 약화되고 부부중심의 핵가족으로 변모하였다. 이러한 과정을 거치면서 노부모세대에 대한 자녀세대들의 부양의식이 약화되고, 가족관계의 중요성이 간과되는 경향이 나타나기 시작했다. 그런데 의료기술 발달에 따른 평균수명이 연장되면서 노인부양부담률은 증가하였다. 이것이 노인학대가 증가하고 있는 원인 중 하나다.

우리나라의 노년부양지수에 따르면 생산연령인구(15세부터 64세)가 65세 이상 노년인구를 부양하는 비율이 1960년의 5.3%, 1990년 7.4%, 2000년 10.1%, 2010년 14.8%, 2020년 21.3%, 2030년 35.7%, 2040년에 51.6%로 꾸준히 증가할 것으로 전망된다. 이는 2000년 생산연령인구 10명이 노인 1명의 부양하던 것을 2020년에는 생산연령인구 5명이 노인 1명, 2030년에는 생산연령인구 3명이 노인 1명을, 2040년 생산연령인구 2명이 노인 1명을 부양하게 된다는 것을 의미한다. 이와 같은 노인부양부담률이 증가할수록 노부모 부양부담이 커지고 동시에 노인학대 발생가능성도 높아진다. 이와 같은 우리나라 가족구조의 변화, 평균수명 연장과 노인부양부담률 증가와 같은 사회구조적 변화를 이해해야만 노인학대에 대한 심층적인 상담서비스를 제공할 수 있다.

2) 노인학대 상담의 특성

노인학대 상담은 위기개입형태로 볼 수 있다. 위기개입(crisis intervention)은 비정상적이고 돌발적인 일상생활의 사건이 개인이나 집단 혹은 지역사회가 감당하기 힘든 스트레스와 불균형 상태를 야기할 때 이들의 항상성을 회복시키기 위하여 의도적이고 즉각적으로 개입하는 원조과정을 의미한다.

노인에게 있어서 학대는 매우 심각한 위기이다. 적절한 개입을 통한 중재과정이 없으면 노인학대 피해자 스스로 위기를 극복하는 것은 불가능하다. 노인학대 피해자들은 신체적, 사회적, 심리·정서적, 경제적, 성적으로 크게 위축될 수밖에 없다. 실제로 대부분의 노인학대 피해자들은 위기대처 능력이 매우 약하고 개인이나 사회적 자원을 활용할 수 있는 기회가 제한되어 있다. 따라서 노인학대 상담자들은 노인학대 피해자들이 끔찍한 위기에서 빠져나올 수 있도록 적극적으로 도와야 한다.

3) 노인학대 상담 접근방법

노인학대 상담은 적극적으로 개입해서 단기적이고 직접적인 조치를 취하는 것이 일반적이지만, 간접적이면서 장기적인 치료과정을 통해 문제에서 벗어나도록 돕는 경우도 있다. 노인학대 상담은 노인상담 중에서도 매우 특별한 지원체계가 요구되는 상담이다. 노인학대 피해자들을 상담할 때 다음과 같은 내용들이 고려되어야 한다(김선희 외, 2005 재인용).

- 노인학대를 일으킬 위험요소와 관련된 것들이 무엇인가?
- 노인 부양을 책임진 사람이 있는가?
- 부양자와 관련된 위험요소는 무엇인가?
- 노인을 학대하고 유기하는 또 다른 사람이 있는가?
- 지지체계를 누가 제공해주며 어떤 방식으로 제공되는가?
- 노인의 고립 정도는 어느 정도인가?
- 학대에 대한 사건기록에 대하여 이전부터 알고 있었는가?
- 학대, 방임, 유기와 관련 경험이 있었는가? 누구에게 어떤 방법으로 있었는가?

- 위기를 측정할 필요가 있는가?

4) 노인학대 상담 고려사항

노인학대 사례로 진단되면 상담자는 즉시 개입해야 한다. 노인학대가 반복적으로 발생할 가능성이 높기 때문에 지속적인 관리가 필요하다.

학대받는 노인을 상담하는 상담자들은 피해자들이 특수한 상황에 놓여있다는 사실을 염두에 둬야 한다. 배우자나 아동 폭력과 달리 노인학대 피해자들은 희망적인 미래를 설계하거나 장기적인 계획을 생각하지 않는 경우가 많다. 때문에 상담과정에서 노인학대 피해자들에게 용기와 힘을 부여하기가 몹시 어렵다. 내담자의 협조나 상담에 임하는 의지가 약한 경우가 다반사다. 따라서 노인학대 피해자들을 상담할 때에는 다음과 같은 배경적 요소를 고려해서 실제적인 상담을 해야 한다(김선희 외, 2005).

(1) 무조건 품어라

노인학대 상담에서 가장 시급하고 중요한 일은 노인학대 피해자를 품는 것이다. 노인학대의 원인이 무엇이고, 가해자는 누구이며, 언제부터, 어디에서 이런 끔찍한 일을 당했는지를 알아내는 일은 추후 문제다. 학대라는 엄청난 외상을 경험한 노인들을 일단 무조건 품어야 한다.

(2) 기다려라

상담자는 노인학대 피해자가 학대당한 사실을 이야기할 수 있을 때까지 곁에서 지켜주고, 위로하고, 용기를 북돋아 주면서 기다려야 한다. 성급하게 문제를 해결하고자 하면 노인학대 피해자가 마음의 문을 닫고 상담진행이 어려워지는 경우가 발생할 수 있다.

(3) 가해자와 분리시켜라

이유 여하를 막론하고 노인학대 피해자와 가해자를 분리시켜야 한다. 필요하다면 노인학대 피해자가 머물 수 있는 쉼터 등을 지원해야 한다. 노인학대 피해자가 갈 곳이 없거나 보살펴 줄 사람이 없다는 이유로 또 다시 노인학대 가해자와 한 공간에 있어서는 절대로 안 된다.

(4) 용서와 화해

노인학대 상담의 궁극적인 목표는 용서와 화해다. 노인학대 가해자는 자신의 행동에 대한 정당한 책임을 지고, 적절한 교육과 상담을 통해 두 번 다시 노인학대 행위를 하지 않도록 해야 한다. 노인학대 피해자는 학대 당한 외상과 상처에서 벗어나도록 끝까지 도와야 한다. 궁극적으로는 노인학대 가해자와 피해자가 서로를 용서하고 화해하도록 도와야 한다.

[활동지]

노인학대 체크리스트

신체적 학대

- ☐ 힘 또는 폭력으로 통제하거나 제대로 돌보지 않아 타박, 골절 등의 피해가 생긴 적이 있다.
- ☐ 치료나 요양(재활)의 목적 이외의 어르신의 뜻에 반하는 노동행위를 강요한 적이 있다.
- ☐ 손 또는 몸으로 강하게 억압하며 짓누른 적이 있다.
- ☐ 제한된 공간에서 나가지 못하게 통제한 적이 있다.
- ☐ 적합한 절차 없이 신체 또는 모두를 사용하지 못하게 장치(끈이나 억제대로 묶어두기, 손이나 발목 또는 몸을 묶기 등)를 사용한 적이 있다.
- ☐ 생존유지에 필요한 식사, 음식, 약물(심장관련, 당뇨, 혈압 등)로부터 단절시킨 적이 있다.
- ☐ 의료적으로 불필요한 약물이나 주사를 강제로 복용투입하게 한 적이 있다.

정서적 학대

- ☐ 어르신을 쳐다보지 않거나 말을 걸어도 무시하는 등 마치 없는 사람처럼 대한 적이 있다.
- ☐ 어르신에게 자존심을 상하게 하는 말, 모욕적인 말, 수치심을 느끼게 하는 언행을 한 적이 있다.
- ☐ 어르신에게 욕을 하거나 화를 낸 적이 있다.
- ☐ 어르신에게 '집에 보내겠다.(요양시설)', '요양시설이나 병원에 보내겠다.', '밥 안주겠다.', '죽게 내버려 두겠다.' 등의 위협과 협박을 한 적이 있다.
- ☐ 재가 서비스 제공에 있어 주요한 결정사항－서비스제공방법 및 물품사용 등－에 대해 어르신(주 수발자) 의사를 반영하지 않고 행한 적이 있다.
- ☐ 어린아이 다루듯 하며, 반말을 사용한 적이 있다.
- ☐ 종교활동을 노인의 의사와 관계없이 강제적으로 참여시킨 적이 있다.
- ☐ 어르신의 가족, 친구 등과의 만남을 제한하거나 방해한 적이 있다.

성적 학대

- ☐ 어르신의 신체를 빗대어 혐오감을 주는 언행을 한 적이 있다.
- ☐ 사람들이 보고 있음에도 불구하고 어르신의 성적부위를 드러내고 옷 또는 기저귀를 교체하거나 목욕을 시킨 적이 있다.
- ☐ 원하지 않거나, 판단능력이 부족한 어르신임에도 불구하고 어르신의 성적 신체부위 전체 또는 일부를 노출시켜 놓은 적이 있다.

경제적 학대

- ☐ 어르신의 물건 및 금품을 허락 없이 사용하거나 갈취한 적이 있다.
- ☐ 공적부조(국민기초생활보장 수급자 생계비, 노령연금 등)급여를 가로채거나 임의로 사용한 적이 있다.
- ☐ 어르신 돈이나 재산을 어르신 마음대로 관리 또는 사용 못하게 한 적이 있다.
- ☐ 어르신의 재산을 어르신이 원하지 않는 방법으로 사용하도록 강요한 적이 있다.

유기

- ☐ 자녀들이 전혀 연락되지 않으며, 주거지를 옮기거나 이민을 떠난 것을 목격한 적이 있다.
- ☐ 어르신을 낯선 곳으로 장시간 옮긴 적이 있다.

CHAPTER 09

은퇴와 상담

1 은퇴의 정의와 유형

은퇴의 정의는 매우 다양한데 사전적 의미, 법규, 은퇴이론, 은퇴에 대한 주관적인 평가, 사건, 역할, 은퇴와 관련된 연구에 의한 정의로 설명할 수 있다.

1) 은퇴의 정의

(1) 사전적 의미와 법규에서 정의한 은퇴

은퇴의 사전적 의미는 '직위에서 물러나거나 사회활동에서 손을 떼고 한가하게 지내는 사람'이다. 법규에서 정의한 은퇴의 정의는 다음과 같다. 고령자고용촉진법에서는 고령자를 55세, 50세 이상 55세 미만인 자를 준고령자로 정의하고 있고, 노인복지법과 국민기초생활보장법, 국민연금법에서는 65세 이상 노령연금 급여대상자를 고령자로 규정하고 있다.

(2) 노화이론에 의한 은퇴

은퇴를 노화이론과 관련지어 설명하기도 한다. 은퇴와 관련된 노화이론은 분리이론(disengagementtheory), 활동이론(activitytheory), 지속이론(continuitytheory) 등이 있다.

은퇴를 통한 사회로부터의 분리는 정상적이고 불가피한 것이기 때문에 사회적 분리과정이 노인들에게 만족감을 높여준다고 주장한다. 활동이론에서는 은퇴로 인한 역할상실을 대체할 수 있는 활동이나 새로운 역할을 수행하는 것이 생활만족과 관련이 있다고 주장한다. 지속이론에서는 개인의 특성으로 노년기 적응과정을 예측한다. 이 이론에 의하면 개인의 특수한 습관, 성향, 흥미, 소속감 등이 성격의 일부가 되고, 이러한 특성들이 은퇴 후 생활패턴에 영향을 주기 때문에 노화과정을 예측할 수 있다고 주장한다(Onega, 1997). 노화이론에서는 이러한 관점으로 은퇴를 설명하고 있지만, 은퇴는 여러 개념을 포함하고 있기 때문에 한 가지 이론에 국한하여 설명하기에는 논란의 여지가 있다(고화정, 2013 재인용).

(3) 주관적 평가에 의한 은퇴의 정의

주관적 평가에 따라서도 은퇴를 정의할 수 있다. 은퇴를 일생 동안 하고 싶었던 일을 시작할 수 있는 기회라고 인식할 수 있고, 은퇴를 '제2의 인생'으로 생각할 수도 있으며, 역할상실이나 재정적인 어려움을 겪는 부정적 사건으로 인식할 수도 있다. 가치관에 따라 은퇴에 대한 정의와 은퇴 이후 생활이 영향을 받는다.

(4) 생애 중요한 사건에 의한 은퇴의 정의

은퇴는 기여적 활동의 종료를 의미하는 사건이다. 생애 후반기에 발생하는 역할전환이자, 인생의 후기단계에 들어가는 이정표적인 사건이기도 하다. 또한 은퇴는 중년에서 노년으로 넘어가는 전환시점의 매우 중요한 사건으로 인생의 후반기에 발생하는 가장 대표적인 사건으로 받아들여지게 된다.

(5) 은퇴 이후 역할에 의한 은퇴의 정의

은퇴를 하면 직장생활에서 벗어나 자아성찰의 삶을 추구하게 되고, 직장생활이라는 억압된 구조로부터 자유를 얻고, 생활방식이 유연성을 갖게 된다. 이러한 은퇴를 통하여 사회구성원으로서의 역할을 확대시켜 나갈 수 있지만 이와 반대로 은퇴가 생활만족도와 행복감을 떨어뜨려 노화와 건강상태 저하 등의 문제를 경험하게 할 수도 있다.

이와 같이 은퇴를 긍정적 또는 부정적 사건으로 정의하고 있지만 직업에서의 역할을 그만둔 상태라는 점은 동일하다. 이러한 경제활동의 중단은 생활수준과 삶의 만족도에 부정적인 영향을 미칠 뿐만 아니라 역할 상실에 따른 자신의 가치 하락으로 이어질 수 있기 때문에 은퇴로 인한 어려움을 극복하고 적응을 돕는 대처가 필요하다.

(6) 연구에 의한 은퇴의 정의

은퇴와 관련된 연구들은 다음과 같다. 우리나라에서 실시된 은퇴 관련된 연구들은 은퇴준비 필요성, 경제적 은퇴준비 적정성 및 충분성, 은퇴에 영향을 미치는 요인, 은퇴인식, 은퇴준비 교육 프로그램 개발 등이다. 이들 연구들은 은퇴로 인한 심리적 상실감에다 건강과 경제적인 어려움까지 더해져 은퇴하는 사람들이 삼중고(三重苦)를 겪을 수밖에 없는 상황을 분석하면서 은퇴준비 필요성을 강조하고 있다.

① 은퇴준비 필요성에 대한 연구

은퇴준비 필요성에 대한 연구에서는 은퇴 준비가 왜 필요하고 얼마나 중요한지에 대해 제언한다. 김정현(2014)은 "은퇴준비는 신체적, 경제적,

사회적 은퇴만족도에 지대한 영향을 미친다"고 하였고, 여윤경(2014)은 "은퇴 이후를 잘 대비하는 것이 성공적인 노화라고 할 수 있을 정도로 은퇴준비가 은퇴 이후 삶의 질을 결정짓는 중요한 요인이라고 보았다(김남원, 2017 재인용).

② 경제적 은퇴준비 적정성과 충분성에 대한 연구

경제적 은퇴준비 적정성과 충분성에 대한 연구도 다양하게 이뤄지고 있다. 이들 연구에 따르면 은퇴자 10명 중 7명 이상이 은퇴자금이 충분하지 않다고 인식하고 있고, 국민 46%가 경제적 은퇴준비를 잘 못하고 있으며, 잘 하고 있는 경우는 7%에 불과하다. 노후준비를 할 수 있는 능력이 없는 경우가 62.2%, 자녀나 친지에게 경제적으로 의존할 가능성이 있는 경우가 27.5%나 된다. 이와 같은 은퇴준비 부족현상은 전 연령대의 문제로 나타나고 있다. 이처럼 은퇴 이후 삶에 대한 불안감이 고조되고 있는데도 우리나라 국민 대부분이 은퇴준비를 하지 못하고 있다. 은퇴할 때까지 충분한 은퇴자산을 확보하는 경우보다 경제적 은퇴준비를 할 수 있는 능력이 없거나 자녀나 친지에게 의존해야 하는 경우가 더 많다. 낮은 정년 연령, 은퇴준비 부족, 사회복지제도의 미비, 경제적 역할 상실에 따른 급격한 수입 감소 등이 은퇴에 대한 스트레스와 불안을 가중시키고 있다.

③ 은퇴에 영향을 미치는 연구

은퇴에 영향을 미치는 요인은 다음과 같다. 건강상태, 경제적 수준, 주거환경, 가계소득, 건강, 부부만족도, 경상소득, 부동산 자산, 총부채 수준, 성별, 교육수준, 결혼상태, 경제활동, 현재소득인식, 주택소유, 거주지역, 전반적 생활여건 등이다.

④ 은퇴에 대한 인식

은퇴인식 및 노후생활 인식은 은퇴와 관련된 개인의 태도와 행동을 설명하는 개념이다. 은퇴와 은퇴 이후 생활에 대해 어떻게 인식하고 있는지를 나타낸다. 즉, 은퇴인식은 은퇴 진입 이전단계부터 은퇴에 대한 긍정적인 인식을 갖고 현명하게 대응할 수 있는 은퇴준비 역량을 의미한다. 이러한 은퇴인식에 따라 신체적, 사회적, 경제적 은퇴준비 수준이 차이가 나고, 은퇴인식이 긍정적일수록 경제적 은퇴준비를 포함한 은퇴준비 수준과 은퇴만족도가 높다.

⑤ 은퇴준비 프로그램 개발과 관련된 연구

은퇴준비 프로그램 개발과 관련된 연구들은 다음과 같다. 예비퇴직자를 위한 은퇴 준비, 노후 필요자금 예측, 현재의 재무상태 분석, 재무관리의 실행계획 등의 콘텐츠, 고령사회를 대비한 예비퇴직자들의 생애재설계 프로그램, 노후준비를 위한 어르신 인문학 아카데미 교육성과, 정서적, 경제적, 신체적 은퇴준비 프로그램을 개발하고 효과를 평가하였다.

2 한국인들의 은퇴 관련 인식

은퇴에는 자발적 은퇴와 비자발적 은퇴가 있다. 자발적 은퇴는 은퇴만족도에 긍정적 효과를, 갑작스러운 비자발적 은퇴는 부정적 효과를 준다. 자발적인 은퇴가 비자발적인 은퇴보다 은퇴만족도가 높다. 자발적으로 은퇴를 한 경우에는 은퇴 후 계획을 미리 세워뒀을 가능성이 높기 때문에 적응하기 훨씬 수월하기 때문이다.

자발적 은퇴이든 비자발적이든 금전자산, 건강자산, 사회적 자산도 유의한 효과를 미친다(성지미·안주엽, 2011). 자녀와의 접촉빈도와 관계, 사회활동 참여 개수, 주관적 건강상태, 은퇴 형태, 은퇴 경과 기간도 영향을 준다.

이와 같이 은퇴 이후 재무적 만족도뿐 아니라 은퇴 적응과정, 사회망의 역할, 건강상태, 가족관계, 은퇴사유 등 비재무적 만족도에 의해서도 영향을 받기 때문에 상담자는 은퇴인식, 은퇴준비 행동, 은퇴만족도를 높이기 위한 여러 가지 노력을 하면서 은퇴상담에 임해야 한다. 그러나 인구사회학적 요인에 따른 한계가 분명히 존재하기 때문에 국가적 개입, 인식의 변화를 중요하게 생각해볼 필요가 있다.

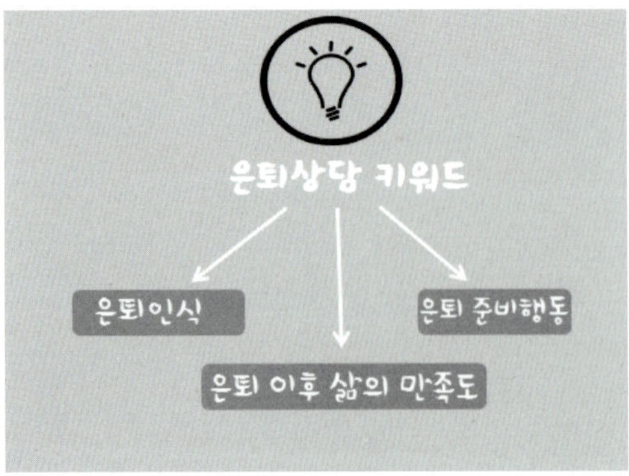

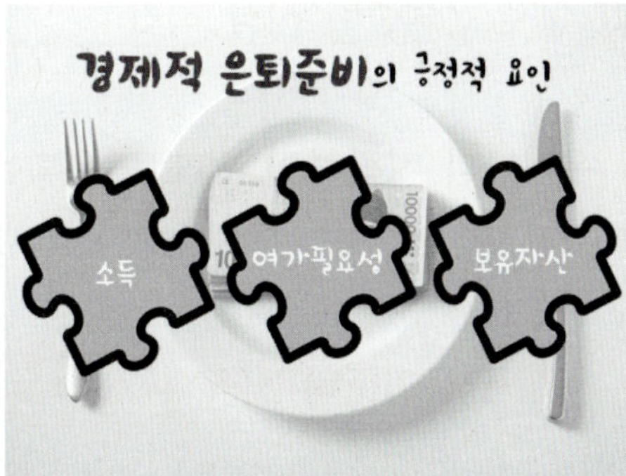

전국 20대부터 60대 1,413명을 대상으로 우리나라 사람들의 은퇴 관련 인식을 조사했다(김남원, 2017). 항목은 은퇴준비 시기 인식, 실제 은퇴준비 시기, 월 최소 생활비, 주요 수입원, 자녀의 부양기대와 동거희망 여부, 은퇴 이후 예상되는 문제, 은퇴준비 교육 및 상담 참여 여부, 은퇴준비 상담 및 교육 참가 희망 여부다.

1) 은퇴준비 시기 인식

우리나라 사람들은 40대부터 은퇴를 준비해야 한다고 인식하는 경우(35%)가 가장 많았고, 다음으로는 30대(27%), 50대(20%), 60대(9.1%), 20대(9%) 순이었다.

■ 은퇴 준비 시기?

- 40대 494명(35%)
- 30대 381명(27%)
- 50대 282명(20%)
- 60대 129명(9.1%)
- 20대 127명(9%)

2) 실제 은퇴준비 시작 시기

우리나라 사람들이 실제로 은퇴를 준비하는 시기는 40대(27.8%), 안함(24.3%), 30대(19.6%), 50대(18.8%), 60대(4%), 20대(5.6%) 순이었다.

■ 실제 은퇴준비 시작 시기

- 40대 392명(27.8%)
- 안함 342명(24.3%)
- 30대 276명(19.6%)
- 50대 265명(18.8%)
- 60대 56명(4.0%)
- 20대 79명(5.6%)

3) 월 최소 생활비

은퇴 이후 최소 생활비는 100만 원 초과 200만 원 이하(67.5%)가 가장 많았고, 다음으로는 200만 원 초과 300만 원 이하(22.1%), 100만 원 이하(6.9%), 400만 원 이상(2.1%), 300만 원 초과 400만 원 이하(1.4%) 순이었다.

■ 월 최소 생활비

- 100만 원 초과~200만 원 이하 939명(67.5%)
- 200만 원 초과~300만 원 이하 308명(22.1%)
- 100만 원 이하 96명(6.9%)
- 400만 원 이상 29명(2.1%)
- 300만 원 초과~400만 원 이하 20명(1.4%)

4) 주요 수입원

우리나라 사람들의 은퇴 이후 주요 수입원은 국민연금(31.1%)이 가장 많았고, 그 다음으로는 개인연금(19.8%), 예금 및 적금 305명(18.9%), 퇴직금 225명(13.9%), 근로-사업소득 118명(7.3%), 부동산 임대소득 95명(5.9%), 자녀도움 23명(1.4%), 국가 및 사회단체 도움 17명(1.1%) 순이었다.

■ 주요 수입원

- 국민연금 502명(31.1%)
- 개인연금 320명(19.8%)
- 예금 및 적금 305명(18.9%)
- 퇴직금 225명(13.9%)
- 근로-사업소득 118명(7.3%)
- 부동산 임대소득 95명(5.9%)
- 자녀도움 23명(1.4%)
- 국가 및 사회단체 도움 17명(1.1%)

5) 자녀의 부양기대 및 동거희망 여부

대부분의 사람들이 은퇴 이후 자녀에게 부양을 기대하지도 않고 자녀와 동거를 희망하지 않는 것으로 조사됐다. 자녀에게 부양을 기대하느냐는 질문에 전혀 기대안함(46.1%), 대체로 기대안함(34.2%), 그저 그렇다(15.4%), 대체로 기대(3.6%), 전적으로 기대(0.7%) 순으로 응답했고, 자녀와 동거를 희망하느냐는 질문에는 아니오(87.7%)라는 대답이 압도적이었다. 자녀와 동거를 희망한다는 응답은 12.3%에 그쳤다.

■ 자녀에게 부양 기대

- 전혀 기대안함(46.1%)
- 대체로 기대안함(34.2%)
- 그저 그렇다(15.4%)
- 대체로 기대(3.6%)
- 전적으로 기대(0.7%)

■ 자녀와 동거희망 여부

- 아니오 1,236명(87.7%)
- 예 174명(12.3%)

6) 은퇴 이후 예상되는 문제

우리나라 사람들은 은퇴 이후 경제적 문제(44.9%)를 가장 많이 걱정하고 있었고, 그 다음으로는 건강관련 문제(28.3%), 역할상실 및 무력감(12.7%), 소외 및 고독(6.4%), 무료함(5.9%), 세대갈등(1.3%)을 은퇴 이후 예상되는 문제라고 생각하고 있었다.

■ 은퇴 이후 예상되는 문제

- 경제적 문제 680명(44.9%)
- 건강관련 문제 428명(28.3%)
- 역할상실 및 무력감 192명(12.7%)
- 소외 및 고독 97명(6.4%)
- 무료함 90명(5.9%)
- 세대갈등 19명(1.3%)

7) 은퇴준비 교육과 상담 경험 및 참가 의향

은퇴준비 상담 및 교육에 참가해 본 적이 없다고 응답한 사람(87.9%)이 참가해 본 적이 있다고 응답한 사람보다 9배 가까이 많았다. 만약 은퇴준비 상담 및 교육 프로그램이 있다면 참가를 희망하는 사람(73.1%)이 참가하지 않겠다는 사람(26.9%)보다 세 배 가까이 많았다.

■ 은퇴 준비 상담 및 교육 참가 유무

- 없다 1,246명(87.9%)
- 있다 143명(10.1%)

■ 은퇴준비 상담 및 교육 프로그램 참여의향

- 있다 1,020명(73.1%)
- 없다 376명(26.9%)

8) 받고 싶은 상담 및 교육

경험해보고 싶은 은퇴준비 상담 및 교육 프로그램은 재무교육(38.8%), 재취업(24,4%)으로 경제적인 문제에 대한 상담 및 교육을 선호했고, 이어 여가생활(21.8%), 은퇴 후 가정생활(13.9%)을 주제로 한 상담과 교육을 받아보고 싶다고 했다.

■ 받고 싶은 상담 및 교육 내용

- 재무교육 569명(38.8%)
- 재취업 357명(24.4%)
- 여가생활 319명(21.8%)
- 은퇴 후 가정생활 204명(13.9%)

3 은퇴상담의 목표

은퇴상담은 다음과 같은 실정을 이해하고 목표를 세워나가야 한다.

1) 은퇴상담 목표설정

내담자 개개인이 선호하는 은퇴 이후 삶을 이해하고 상담목표 설정 및 접근방법을 모색해야 한다. 우리나라 사람들이 선호하는 은퇴 시기는 60대 후반, 은퇴 후 가장 중요한 것은 건강이라고 생각한다. 또한 대부분의 사람들이 은퇴준비 필요성은 인식하고 있지만 경제적인 여유가 없어서 실제 은퇴준비를 시작하지 못하는 경우가 많다. 또한 은퇴 이후 부부가 독립적으로 생활을 영위하기를 원하고 노년에 살고 싶어 하는 주택은 단독주택을 선호한다. 이외에도 연령이 낮을수록, 높은 교육을 받았을수록, 종교·배우자·주택을 소유하고 있고, 사회적인 모임에 적극적으로 참여할수록 은퇴준비 수준이 높고, 은퇴 이후 삶의 만족도가 높다. 이와 같이 연령, 배우자 유무, 자녀의 경제활동, 결혼 여부, 월 평균 가구소득, 주거형태 등의 인구통계학적 특성에 따라 신체적, 경제적, 사회적 은퇴준비 수준이 차이가 나기 때문에 개개인이 은퇴에 대해 어떻게 인식하고 있는지를 파악하고, 은퇴준비 행동이 어떻게 다른지를 확인한 다음 은퇴 이후의 삶을 어떻게 조망하는지를 예측해야 한다.

2) 경제적 은퇴준비 수준 파악

우리나라 사람들은 노후생활을 위한 필요자금 부족, 높은 부채 보유율, 자산 포토폴리오의 부적정성 등으로 은퇴 이후 생활 안정도가 낮고, 노후설계 중요성에 대한 인식이 낮기 때문에 이에 대한 적절한 상담 서비스를 제공하는 것이 중요하다.

우리나라 사람들은 경제적 은퇴준비 수준이 낮은데 노후정책마저 미약하기 때문에 은퇴 이후 경제적인 문제를 겪을 가능성이 그만큼 농후하다. 따라서 은퇴 이후 생활에 필요한 자원을 예측하고 활용 가능한 자원이 얼마나 준비되어 있는지를 판단해서 그 차이를 메우려는 노력을 하게 해야 한다. 노후가 안정된 재정상태 유지를 위해 은퇴준비에 대한 의식 강화와 저축 및 개인연금 가입 등 재무교육 및 상담에 참여할 수 있도록 돕는 제도적 장치가 마련되어야 한다(허균석, 2013).

3) 개개인이 자각하는 은퇴만족도 파악

적절하고 실제적인 은퇴준비를 위하여 은퇴인식에서부터 은퇴준비행동, 은퇴만족도를 만족시키는 상담목표를 설정해야 한다.

은퇴만족도는 은퇴준비에 대한 소견이나 지식이 없어 발생되는 문제를 최소화하도록 도와주고, 은퇴예정자들에게 효과적이고, 전략적인 은퇴준비 방향을 제시하는 목적으로 활용될 수 있기 때문에, 은퇴불안을 조금이나마 해소하는 데 매우 중요한 역할을 한다. 보편적으로 재정적 은퇴준비 수준이 높을수록 은퇴 후 삶에 대한 만족도가 높다. 은퇴만족도는 개개인의 특성과 환경적 요인에 따라 차이가 나기 때문에 은퇴준비 계획수립 여부와 같은 단일차원이나 경제적 은퇴준비 수준의 충분성과 적정성 같은 측면으로만 접근하면 개개인의 인식과 특성에 따라 은퇴만족도가 달라질 수 있는 한계에 직면하게 된다.

4) 부모부양 부담이나 자녀수 파악

부모부양 부담이나 자녀수도 은퇴준비 행동에 영향을 준다. 노부모나 자녀를 부양하게 되면 가족부양에 대한 부담이 크기 때문에 은퇴 후 재정적 자립이 어렵다. 은퇴준비 행동은 개인적인 문제임에도 불구하고 한 개인을 둘러싸고 있는 환경의 다양한 요소들이 은퇴준비 행동에 영향을 미친다. 노부모 부양, 자녀수 등은 은퇴 이후 경제적인 문제와 연결되고, 은퇴준비 행동과 은퇴만족도에 영향을 준다. 이와 같이 은퇴인식, 은퇴준비 행동, 은퇴만족도는 개인의 인식, 특성, 환경 등에 따라 달라지므로 상담자는 그 시기와 방법에 따라 따르게 상담 서비스를 제공해야 한다.

4 은퇴상담의 실제

1) 방향과 목표설정

은퇴상담을 할 때에는 비전, 정체성, 가치, 재능 활용, 관계, 환경 측면에서 내담자의 욕구를 파악하고 구체적인 상담목표를 세우는 것이 좋다. 은퇴상담에서 주안점을 둬야 할 여섯 가지 사항은 다음과 같다.

1. 진정으로 원하는 것이 무엇인가?
2. 나는 누구이며 어떤 사람이고 싶은가?
3. 나에게 정말 중요한 것이 무엇인가?
4. 더 하고자 한 것과 덜 하고자 한 것은 무엇인가?
5. 은퇴 이후 나에게 중요한 역할을 해줄 사람이 누구인가?
6. 은퇴 이후 나에게 어떤 환경이 필요한가?

2) 은퇴상담 단계

은퇴상담은 크게 변화와 전환에 대한 인식 파악하기, 새로운 정체성 발굴하기, 은퇴 이후 인생 설계하기, 새로운 비전 실현하기 과정으로 이뤄진다.

(1) 변화와 전환에 대한 인식 파악하기

변화와 전환에 대한 인식 파악하기 단계에서는 은퇴로 인한 변화와 전환과 관련한 인식이 어떠한지를 평가한다. 변화를 기피하거나 변화를 선호하는 형태로 나타난다. 다음과 같은 질문을 통해 변화와 전환에 대한 인식을 파악할 수 있다.

평가방법

1. 몇 년 동안 안정된 직장에 머물렀는가?
2. 당신은 인생의 큰 변화를 얼마나 긍정적으로 받아들이는가?
3. 당신의 미래는 얼마나 낙관적인가?
4. 과거 삶에서 변화를 어떻게 기억하는가?
5. 인생에서 변화를 맞이할 때 선택권이 많은 편인가?
6. 은퇴 이후 삶을 준비하기 위해 얼마나 많이 생각하고, 탐구하고, 계획하는가?
7. 당신과 중요한 관계를 맺는 사람들은 은퇴와 전환을 얼마나 지지하는가?

(2) 새로운 정체성 발굴하기

은퇴는 단순히 경제적 수입이 줄어들거나 없어진 상황에 직면하고 적응해야 하는 변화만 가져오는 것이 아니다. 은퇴 이후 삶을 설계하기 위하여 새로운 정체성 확립을 요구한다. 따라서 은퇴 이후 새로운 정체성을 발굴하는 것이 매우 중요하다. 따라서 상담자는 새로운 정체성 발굴하기 단계에서 내담자와 함께 노년기의 성장 잠재력과 잃게 되는 것이 무엇인지를 구체적으로 파악하고 새로운 정체성을 확립할 수 있도록 도와야 한다.

노년기 성장 잠재력	노년기에 잃게 되는 것
영성과 창의성	젊은 모습
자아실현	배우자와 친구의 죽음에 따른 상실감
초월적인 사랑과 자비	지구력
배움에 대한 열의	역할
지혜와 성실	일하면서 만난 사람들과의 관계
다음 세대를 위한 투자	미래에 대한 기대
감사하는 마음	젊은날의 포부와 기대, 야망
유머	직업에 맞춰 만들어진 생활
용서	인생이 영원할 거라는 어렴풋한 생각

(3) 은퇴 이후 인생 설계하기

은퇴 이후 인생 설계하기 단계는 새로운 인생을 위한 핵심 주제를 발굴하는 과정이다. 바라는 미래 그려보기, 머릿속 그림을 글로 쓰기, 원하는 인생계획을 바탕으로 인생지도 만들기 작업을 통해 구체적으로 표현해내도록 해야 한다.

은퇴 이후 나는…

은퇴 준비	은퇴 이후 생활	가족 및 인간관계	내가 바라는 미래

(4) 비전 실현하기

비전 실현하기 단계는 은퇴 이후 새롭게 확립한 정체성과 구체적인 인생 설계를 실제로 실행하는 단계이다. 이 단계에서는 내담자와 상담자뿐만 아니라 내담자에게 중요한 사람들의 지지도 매우 중요한 역할을 한다. 상담자는 내담자가 새롭게 발굴한 인생을 포기하지 않고 끝까지 적극적으로 살아갈 수 있도록 다음과 같은 유의점을 안내해줘야 한다.

1. 소속감을 느낄 수 있는 곳을 찾아라
2. 생각과 감정을 가족과 공유하라
3. 감사하는 연습을 하라
4. 가족관계를 점검하라
5. 공감하는 연습을 하라
6. 각자의 공간을 제공하고 피드백을 받아라
7. 새로운 습관을 만들고, 긍정적으로 생각하라

3) 노후준비 실천 전략

(1) 남에게 돈으로 인정받고 싶은 욕구를 버려라

삶을 살아가는데 필요한 돈의 기준을 낮추고 더 많은 자유를 가져야 한다. 남에게 인정받고 싶은 욕구만 버려도 돈은 생각만큼 많이 필요하지 않다. 돈에 끌려 다니며 살지 않아도 된다.

(2) 건강이 최우선이다

건강을 잃으면 아무것도 할 수 없다. 건강한 음식과 운동이 건강을 지키는 핵심요소이다. 핵심은 실천이다.

(3) 인간관계의 균형이 중요하다

은퇴 이후에는 가족과 친구관계가 매우 중요하다. 모자라도 안 되고 지나쳐서도 안 된다. 고독을 즐길 줄도 알아야 한다.

(4) 죽는 순간까지 일하고 놀아라

일과 취미가 있어야 노후를 건강하게 보낼 수 있다. 일이 곧 취미고, 취미가 곧 일이 될 수도 있다.

(5) 매일 감사하라

행복이 삶의 전부라고 해도 과언이 아니다. 행복할 수 있는 단 하나의 방법이 있는데 그것은 감사하기다. 아주 작은 일에도 늘 감사하는 마음을 가지고 살아야 한다.

4) 은퇴상담을 위한 제언

실제적이고 내담자가 원하고 만족하는 은퇴상담을 위한 제언은 다음과 같다.

(1) 은퇴불안 해소

첫째, 은퇴준비 부족과 은퇴 불안을 해소시키는 접근이 필요하다. 우리나라 중·고령자 대부분이 은퇴 이후 삶에 대한 불안감이 고조되고 있음에도 아직까지 은퇴에 대한 태도가 긍정적이지 않고, 은퇴 이후의 삶을 계획하고 있는 경우가 절반도 되지 않을 만큼 은퇴준비 수준이 미비한 것이 사실이다. 이러한 문제를 해결하기 위한 실제적인 은퇴상담 프로그램 개발을 위한 연구가 더 필요하다.

(2) 은퇴상담을 위한 종단적 연구

둘째, 인구통계학적 특성에 따른 원하는 은퇴상담의 내용이 달라지기 때문에 은퇴상담을 위한 종단적 연구가 필요하다. 개개인이 원하는 은퇴 이후의 삶, 은퇴준비의 충분성과 적정성, 당위성과 중요성이 다르기 때문에 획일적이고 단편적인 은퇴준비 기준을 제시한다면 개개인의 은퇴인식, 생활여건, 특성 등에 따라 은퇴 관련 요인들이 차이가 나는 한계에 직면할 수밖에 없다. 이에 따라 세대별로 인구통계학적 특성에 따른 은퇴준비 관련 요인들이 어떠한 차이를 보이고, 연령이 증가함에 따라 어떠한 변화를 보이는지를 규명하는 은퇴상담을 위한 종단적 연구와 전문적인 은퇴상담 기법을 개발 및 발굴할 필요가 있다.

(3) 모든 세대를 위한 은퇴상담 프로그램 개발

셋째, 모든 세대를 위한 은퇴상담 프로그램이 개발되어야 한다. 은퇴는 중장년만의 문제가 아니라는 인식을 확산시키고, 긍정적인 은퇴인식을 가질 수 있도록 교육하고, 실제 은퇴준비 행동으로 이어지도록 돕는 은퇴상담 프로그램이 시급하게 개발·보급되어야 한다.

은퇴상담은 누구나 쉽게 어디서나 참여할 수 있어야 한다. 은퇴상담 프로그램을 통해 은퇴 이후 삶을 긍정적으로 조망할 수 있도록 도와야 한다.

함께 읽고 생각 하기

변형 자산 있어야 100세 시대 성공한다

런던비즈니스스쿨의 MBA 수업 도중 한 교수가 학생들에게 질문했다.

> "당신이 100년을 산다고 가정할 때, 소득의 약 10%를 저금하고, 최종 연봉의 50%를 가지고 은퇴할 수 있는 시점은 언제인가?"

학생들은 곧바로 계산을 했고, 답은 80대였다. 교실은 조용해졌다. 장수의 축복을 누리기 위해서는 모두 80대까지 지금과 같은 업무 강도로 일해야 한다. 평균 근로 기간이 30년에서 50년으로 늘어나는 셈이다.

이 수업의 주인공은 린다 그래튼(Gratton·62) 런던비즈니스스쿨 교수다. 장수의 축복이 어느새 저주가 돼버린 이 시점에 그래튼 교수는 "지금까지 '학교－직장－은퇴' 3단계로 나뉜 인생의 프레임부터 바꿔야 한다"며 "100세 인생을 행복하게 누리기 위해서는 앞으로 '늘어나는 시간을 어떻게 활용하는지'가 관건이 될 것"이라고 말했다. 그는 경영학계 오스카상이라는 '싱커스 50(Thinkers 50)'에 2011～2015년 연속 선정됐다.

그래튼 교수는 지난해 6월 같은 학교 교수 앤드루 스콧과 함께 출간한 신간 '100세 인생(The 100-Year Life)'을 통해 연장된 수명의 즐거움을 누리기 위한 방법을 소개했다. 책에서 그는 유형 자산, 즉 돈만 중요한 것은 아니라고 주장했다.

> "긴 인생의 여정을 행복하게 살기 위해서는 가족, 친구, 연인, 건강, 유연함 등 다양한 무형 자산도 보유해야 한다. 특히 유연함이 중요하다. 결국 우리는 살면서 여러 직업을 경험하게 될 것이고, 여러 국가에서 살아볼 확률도 높다. 새로운 경험에 열려 있고, 유연하게 받아들이는 성향은 100년의 인생을 건강하게 살아가는 큰 자산이 될 것이다."

10 CHAPTER

고부·장서갈등과 상담

1 고부갈등과 장서갈등의 이해

"하와의 장수 비결은 시어머니가 없었기 때문이다."
"아담은 세상에서 가장 행복한 남편이다. 왜냐하면 장모가 없기 때문이다."

고부·장서갈등을 우회적으로 표현하는 말이다. 시집살이가 얼마나 고되고 호되면 '시'자가 들어갔다고 시금치도 안 먹는다고 할까? 시어머니와 며느리 사이에서 발생하는 갈등을 '고부갈등'이라고 한다. 어제오늘 벌어진 일이 아니고 국경도 초월한다. 동서고금을 막론하고 고부갈등이 없는 나라가 없다. 성인이 되면 자연스럽게 독립하는 서양에도 고부갈등이 존재한다.

"시어머니는 설탕으로 만들어도 쓰다"(스페인), "못된 시어머니는 등 뒤에도 눈이 달렸다"(러시아)는 서양속담이 있다. 정도의 차이만 있을 뿐이지 지구촌 모든 며느리와 시어머니들이 고부갈등을 경험한다.

장서갈등은 장인장모와 사위의 갈등을 의미하는 말이다. 여성의 지위가 회복되고 사회진출이 활발해지면서 생겨난 또 다른 이름의 갈등이다.

우리나라 고부관계만큼 골이 깊은 것도 없다. TV드라마에 빠지지 않고 등장하는 소재가 바로 고부갈등이다. 시어머니가 며느리에게 악독한 시집살이는 기본이고, 상견례 자리에서 며느리될 사람과 사돈에게 무례한 언행을 일삼는 장면이 비일비재하다. 이뿐만이 아니다. 아들을 독립시키지 않고 곁에 두려고 하고, 성에 안 차는 며느리를 괴롭히는 장면도 심심치 않게 등장한다. 부당한 대우에 항의하는 며느리에게는 "버르장머리 없이 무슨 말버릇이냐"며 적반하장으로 나오기까지 한다. 드라마에서나 존재할 것 같은 고부갈등이 실제로 벌어지고 있다. 고부갈등은 악독한 시어머니만 가해자가 아니다. 세대와 생각이 다른 며느리들의 횡포도 볼만하다. 누가 잘했고 못했는지를 가늠하기가 쉽지 않다. 결국은 둘 다 똑같이 잘못해 놓고 "네가 잘했니 내가 잘했니"하는 꼴이다.

최근에는 장서갈등이 또 다른 갈등으로 급부상했다. 사위는 '백년손님'이라는 말은 옛말이 된지 오래다. 장서갈등을 남편들의 이혼사유 1위로 꼽은 설문조사 결과가 있을 정도다. 결혼정보업체 A사와 재혼전문사이트 B사가 재혼상담 신청자 329명의 이혼배경을 조사했는데, 남성들의 이혼사유 1위가 장서갈등(처가의 간섭 및 갈등)이었다. 무려 26.2%나 차지했다. 여성들이 고부갈등(시가의 간섭 및 갈등)을 이혼사유로 꼽은 것(17%)보다 무려 9.2%나 높았다. '사위 사랑은 장모'라는 등식이 완전히 깨지고 있다.

또 다른 조사에서도 장서갈등의 심각성을 보여 주고 있다. 지난해 이혼 경험이 있는 남녀 526명을 대상으로 실시한 조사에 따르면, 자녀가 결혼 후 3개월 이내에 어떤 문제가 생기면 이혼을 종용할 것인가에 대한 질문에 이혼 경험이 있는 남성은 24%가 장서갈등, 이혼 경험이 있는 여성은 21.7%가 옛 애인과의 교류를 꼽았다. 이혼 경험이 있는 여성이 고부갈등이 생기면 이혼을 종용하겠다고 응답한 비율은 16%에 그쳤다. 여성들은 남편의 외도를 가장 걱정하는 것에 비해 남성들은 장모나 처가로부터 끊임없이 간섭받고 부당한 대우를 받는 것을 간과하지 못한다는 것을 알 수 있다.

1) 고부·장서관계의 명제

자고로 인간관계는 밀고 당기기를 잘해야 하는 법이다. 모든 인간관계는 너무 가까워서 문제가 되기도 하고, 너무 멀어서 문제가 되기도 한다. 사람 사이에서 적당한 거리를 유지하는 것이 결코 쉽지 않다. 그렇기 때문에 인간관계에서도 기술이 필요하다. 원하는 환경을 스스로 창조하고 변화시키기 위해서 반드시 필요한 기술이다.

고부·장서관계는 싫든 좋든 마냥 편안하지 않다. 편견과 고정관념이 불편한 관계로 만들어버렸다. 며느리에게 시어머니는 무조건 어렵고, 까다롭고, 부담스럽고, 형식적인 존재이고, 시어머니에게 며느리는 내아들을 빼앗아간 고약한 존재이다. 장인장모에게 사위는 내 딸을 무조건 편안하게 모셔야 할 존재이고, 사위에게 장인장모는 지나치게 아내와 밀착된 관계의 사람들이다. 이러한 고부·장서관계의 오해와 편견이 가정위기의 촉매제가 되고 결국 가정을 붕괴시키기도 한다. 그런데 많은 사람들이 생각하는 것처럼 고부·장서관계가 불편하기만 할까? 아니다. 불편한 사람들도 있지만 사이가 매우 좋은 사람들도 많다. 원만한 고부·장서관계를 맺기 위해 잊어서는 안 될 명제를 제시한다.

(1) 시어머니(장인장모)는 친어머니처럼 될 수 없다

시어머니(장모)는 인생에서 두 번째 만나는 어머니다. 며느리(사위)는 항상 친어머니와 두 번째 어머니를 비교한다. 친어머니에게 익숙해져 있기 때문이다. 그러나 두 번째 시어머니는 결코 친어머니처럼 될 수 없다. 시어머니(장인장모)는 법적으로 맺어진 관계이다. 비혈연관계이기 때문에 낳아주고 키워주신 친어머니와 근본적으로 다르다.

또한 시어머니(장인장모)까지 사랑하면서 배우자를 고를 수는 없다. 처음부터 고부·장서관계를 친부모와 같은 관계로 맺어야 한다는 생각 자체가 무리이다. 고부·장서관계는 사랑과 관심, 배려와 존중을 키워나가면서 새로운 관계를 형성해야 하다.

(2) 입장이 다를 수밖에 없다

며느리 입장에서는 이해할 수 없는 일이 시어머니 입장에서는 이해될 수 있다. 서로 입장이 다르기 때문이다. 음식, 문화, 가치관, 세계관도 마찬가지다. 하나부터 열까지 다른 것이 정상이다. 시어머니와 며느리, 장인장모와 사위는 최소 20년 이상 다른 문화에서 살던 사람들이다. 그들이 어느 날 갑자기 가족이 되었기 때문에 다를 수밖에 없다. 따라서 고부·장서갈등이 발생하기 전에 서로의 입장 차이를 검토해 보는 것이 현명하다.

(3) 어떤 이유에서든 편을 가르면 안 된다

고부·장서관계에서 문제가 발생했을 때 '둘 중 하나를 선택하라'는 대응은 매우 부적절하다. 부부관계가 아무리 좋다고 할지라도 부모와 자녀관계를 뛰어넘는 것이 쉽지 않다. 부부관계보다 훨씬 먼저 맺어진 관계이기 때문이다. 따라서 배우자의 부모에 대한 비판과 평가는 자칫 상대방에 대한 모독이 될 수 있으므로 주의해야 한다. 혈연관계인 부모자녀관계의 특성을 이해하고 인정해 주면서 배우자의 입장과 고충을 객관적으로 전달하는 것이 중요하다.

(4) 부모로부터 독립하라

결혼하고 나면 아들과 딸 역할에서 물리적, 정서적, 심리적, 경제적으로 독립해야 한다. 애착 대상이 부모가 아니라 배우자로 바뀌어야 한다. 애착관계에 있던 부모와 분리하는 일이 쉽지는 않지만 벗어나야 한다. 이것이 부부관계에 긍정적인 영향을 주기 때문이다. 부모로부터 독립했다고 해서 아들과 딸 역할이 없어지는 것은 아니다. 자녀로서, 며느리로서, 사위로서 의무와 책임이 따른다. 부모와 자녀, 고부·장서관계에서 서로 도울 일은 돕고 자신의 도리와 책임을 다해야 한다. 명심할 것은 가정의 중심은 부부이고, 고부·장서갈등 발생유무와 극복방법도 부부가 가지고 있다.

(5) 양가부모를 좋아하고 존경하고 감사하라

이 세상에 전부 좋은 것은 하나도 없다. 사람의 성격도 마찬가지다. 장단점이 있기 마련이다. 인간관계에서는 상대방의 성격을 스스로가 어떻게 평가하느냐에 따라 좋은 관계가 될 수도 있고 그렇지 않을 수도 있다. 고부·장서관계는 피할 수 없는 관계이다. 따라서 상대방의 긍정적인 면을 강조해서 볼 필요가 있다. 서로에게 관심과 사랑을 가지고 긍정적인 시각으로 바라본다면 심각한 고부·장서갈등이 발생하지 않는다. 며느리와 사위는 양가부모를 좋아하고 존경하고 그들에게 감사해야 한다. 그 마음을 아낌없이 표현해야 고부·장서갈등에서 자유로울 수 있다.

(6) 참는 게 능사는 아니다

고부·장서갈등을 무조건 참는 것이 능사가 아니다. 얼마나 건강하고 지혜롭게 표현할 수 있느냐가 핵심이다. 무조건적으로 참고 견디면 언젠가는 알아줄 것이라는 막연한 기대는 금물이다. 어렵고 불편하고 양해를 구하고 싶은 일들이 있으면 상대방 기분이 상하지 않도록 주의해서 객관적으로 의사를 전달해야 한다.

2) 고부·장서갈등의 원인과 영향

고부·장서갈등의 원인을 명확하게 제시하는 것은 쉽지 않지만 세대차이, 교육수준, 잘못된 애착관계에서 추측해 볼 수 있다.

(1) 세대차이

세대차이는 쉽게 말해 시어머니와 장인장모는 옛날 사람이고 며느리와 사위는 요즘사람이라는 것이다. 부모세대가 살아온 삶의 방법과 지금 세대의 삶의 방법이 같을 수가 없다. 그렇기 때문에 서로 다른 가치관을 형성하고 있을 수밖에 없다. 예를 들어, 아내가 남편에게 반말을 하고, 시장에 짐꾼으로 데려가고, 아침밥을 안 차려주는 것은 남편이 곧 하늘이고, 고분고분 섬겨야 할 대상으로 여겨온 시어머니들의 세계관으로는 도저히 이해할 수 없는 것이다. 이러한 세계관의 차이는 며느리도 동일하게 느낀다. 젊은 며느리들이 생각하는 부부관은 시어머니가 생각하는 부부관과 다르다. 남편을 친구처럼 사랑하기 때문에 반말하는 거고, 똑같이 직장에 나가서 돈을 버는 처지니까 가사일도 나누는 게 옳다고 생각한다. 같이 장보고 같이 저녁상을 차리는 것은 부부가 오순도순 지내기 위한 방법 중 하나일 뿐이다. 이러한 세대차이에서 고부갈등이나 장서갈등이 발생할 수 있다.

(2) 교육수준 차이

교육수준의 차이도 고부갈등이나 장서갈등을 불러올 수 있다. 과거 어려운 시대를 살아온 수많은 시어머니들과 장인장모들에게는 공부할 수 있는 기회가 제대로 주어지지 않았다. 먹고 살기도 힘든데 자식들 공부시킬 형편이 되지 않던 시절이었다. 당시에는 여자는 배울 필요가 없다는 인식이 강해서 상대적으로 여성들의 교육수준이 낮았다. 그러나 요즘 며느리들은 고등교육의 최대 수혜자들이다. 대학은 기본이고, 외국 유학까지 나온 재원들이 많다. 이러한 교육수준의 차이가 인식, 가치관, 세계관의 차이를 양산해 내기 때문에 고부갈등이나 장서갈등을 발생시킬 수 있다.

(3) 잘못된 애착관계

잘못된 애착관계에서 비롯된 고부·장서갈등도 있다. 예를 들어, 아들이 결혼을 하고 새로운 가정을 꾸리면 일부 시어머니들은 며느리에게 아들을 빼앗겼다고 생각한다. 은연중에 며느리가 내 아들의 배우자가 아니라 아들을 빼앗아간 나쁜 여자라고 인식하는 것이다. "홀시어머니 외아들에게는 절대로 시집가지 말라"는 말이 나온 이유이기도 하다. 요즘은 친정 부모들도 비슷한 양상을 보이고 있다. 소중하게 키운 내 딸을 함부로 보낼 수도 없고, 끝까지 보호해야 한다는 인식이 굉장히 강해졌다. 이러한 잘못된 애착관계가 고부갈등과 장서갈등을 만드는 요인이다.

(4) 고부·장서갈등의 영향

고부·장서갈등은 행복한 가정을 파괴한다. 한 세대에서 끝나는 것이 아니라 악순환의 고리가 세대를 넘어 이어진다. "효자 가정에서 효자가 나온다"고 했다. 이 말을 뒤집으면 불효자에게서 불효자가 나온다는 의미다. 고부·장서갈등을 겪는 가정에서 다시 똑같은 갈등이 재현될 가능성이 높다. 예를 들어, 모진 시집살이를 경험한 시어머니가 자신의 며느리에게만큼은 잘해 줄 거라고 생각하는 데 착각일 가능성이 높다. 오히려 자신이 겪은 시집살이보다 더할 가능성이 높다. "나는 이것보다 더한 일도 했다"면서 말이다.

문제는 요즘 젊은 며느리들이 과거 고된 시집살이를 묵묵히 인내했던 시어머니 세대와는 완전히 다르다는 점이다. 요즘 며느리들이 시집살이를 고분고분 받아줄 리 없다.

고부갈등과 장서갈등은 가정해체를 부르는 이혼의 원인이 될뿐만 아니라 흉악범죄의 가해자나 피해자를 만들기도 한다.

수시로 구박하고 남편과 이혼을 종용하는 시어머니를 며느리가 목 졸라 죽인 사건, 80대 시어머니를 죽이고 정화조에 시체를 유기한 며느리, 식사 중에 욕설을 퍼붓는 시어머니에게 며느리가 반감을 품고 목 졸라 죽인 사건, 남편과 시어머니와 불화를 빚어오던 40대 여성이 자신의 7살 난 아들을 껴안고 투신한 사건, 거액의 보험금을 타내기 위해 남편과 시어머니에게 제초제를 먹여 살해한 사건 등 반인륜적 패륜범죄가 날로 증가하고 있다. 이러한 극단적인 사건까지 벌어지지 않는다고 해도 고부·장서갈등은 행복한 가정을 위협하는 심각한 위기일 수밖에 없다.

2 고부·장서갈등에서 벗어나기

고부·장서갈등은 잘못된 애착관계에서 비롯된다. 남편과 하나 되지 못한 아내가 반대급부로 아들에게 집중하다가 발생한다. 아들이 엄마의 '대리 배우자'가 되는 것이다. 그 아들이 장성해서 아내를 맞이하면 원하건 원하지 않건 시어머니가 된다. 그 시어머니가 며느리를 아들을 빼앗아간 경쟁자로 인식하면서 고부갈등이 시작된다.

장서갈등의 원인도 이와 같다. 친정엄마와 딸이 지나치게 결속되어 있기 때문이다. 친정엄마가 경계를 넘어서면서부터 장서갈등이 불거진다. 고부갈등과 장서갈등의 핵심은 '떠남'이다. 시어머니는 아들을 떠나보내야 하고, 친정엄마는 딸을 떠나보내야 한다.

부부는 부모를 떠나 연합하고 온전히 하나를 이룰 수 있다. 여기서 말하는 떠남은 지리적, 물리적, 정서적, 문화적, 경제적 떠남을 모두 포함한다.

부모들이 자녀를 떠나보내는 것이 말처럼 쉽지 않다. 자녀를 떠나보내기 위해서는 마음의 준비가 필요하다.

며느리와 시어머니, 사위와 장인장모는 세대차이가 있을 수밖에 없고 생각도 다를 수밖에 없다. 서로 이해해주고, 사랑으로 품어야 한다. 시댁을 엄격하게 경계하거나 어른들의 말씀을 불편하게만 듣는 며느리와 사위의 태도도 문제가 있다. 시부모와 장인장모는 또 한 명의 부모이다.

고부·장서갈등에서 벗어나려면

- 부모는 떠나보내고 자녀는 떠나고
- 서로 존중하고 이해하고 사랑으로 품어야
- 남편과 아내, 아들과 딸 역할에 충실
- 틀린 것이 아니라 문화와 생각의 차이

3 명절증후군과 고부·장서갈등

행복하고 즐겁기만 할 것 같은 명절이 자칫 잘못하면 큰 화를 부르기도 한다. '명절 스트레스' 때문이다. 명절 스트레스는 명절에 받는 가족 구성원들의 정신적, 육체적 스트레스를 총칭한다. 주로 주부들에게 해당될 것 같지만 아니다. 온 가족이 명절 스트레스에 시달릴 수 있다. 취업 준비생, 미혼남녀, 고부·장서관계에 있는 사람들은 명절 스트레스를 특히 조심해야 한다. 명절 스트레스에서 비롯된 우울증에서부터 가족폭력, 가족해체까지 심각한 문제가 야기될 수 있기 때문이다.

1) 명절 스트레스의 정의

명절 스트레스는 '명절증후군'이라고도 부른다. 명절 전후로 부모세대, 부부세대, 자녀세대 모두가 느끼는 심리적(우울, 무력감), 신체적(피로, 두통, 어지러움, 소화불량, 디스크 등) 징후를 의미하는 말이다. 명절 스트레스를 단순히 음식 만들고, 집안일 싫어하는 주부들이 경험하는 스트레스라고 치부하면 큰 오산이다. 그 후유증이 얼마나 심각한지 모른다.

가정폭력과 이혼이 명절 전후로 급증한다는 통계가 있다. 경찰청 자료에 따르면 2013년부터 2015년까지 명절 전후에 접수된 가정폭력 신고

건수가 하루 평균 873건이라고 한다. 평상시 562건보다 약 1.6배 높은 수치다. 2013년 776건, 2014년 860건, 2015년 948건으로 해마다 증가하고 있다.

명절 스트레스가 가정해체로 이어지는 경우도 있다. 명절을 보낸 직후 법원에 이혼을 신청하는 부부들이 대폭 늘어나고 있다. 2015년 대법원 발표에 따르면, 설 연휴 다음달(3월) 접수된 이혼소송이 3,539건으로 전달인 2월보다 39.3%나 증가했다. 협의이혼도 전달 대비 33.1%나 증가했다. 2013년 설 연휴부터 2015년 설 연휴까지 5번의 명절을 보내는 동안 이혼소송이 평균 19.9%, 협의이혼은 평균 14.7% 증가한 것으로 집계됐다. 가족 간의 사랑과 유대를 확인하는 명절이 가정 붕괴의 도화선이 되고 있다.

2) 명절 스트레스 발생시키는 요인

즐겁기만 해도 부족한 명절이 듣기 싫은 잔소리 때문에 얼룩지고 있다. 취업포털 잡코리아가 직장인과 취업준비생 2,892명을 대상으로 '추석 스트레스'를 조사했는데 응답자 77.5%가 추석을 앞두고 명절 스트레스를 받고 있는 것으로 나타났다. 취업준비생(80.2%)은 직장인(74.6%)보다 명절 스트레스를 더 많이 받고 있었다.

취업준비생들이 이번 추석에 가장 듣기 싫은 잔소리(복수응답)는 "언제 취업할거니?"(73.6%)였다. "살 좀 빼라"(30.9%), "아무개는 OO에 취업했대"(18.8%), "애인 있니?"(18.2%), "다 너 잘되라고 하는 말이다"(15.3%) 등도 듣기 싫은 잔소리로 꼽혔다.

직장인의 경우는 성별과 결혼여부에 따라 양상이 달랐다. 미혼 직장인이 이번 추석에 가장 듣기 싫은 말은 "결혼은 언제 하니?"(남 67.5%, 여 63.3%)와 "연봉은 얼마나 받니?"(남 39.4%, 여 30.4%)였고, 기혼 직장인은 남녀에 상관없이 명절에 가장 듣기 싫은 말로 "요즘 경기가 어렵다는데 다니는 회사는 괜찮니?"(기혼 남성 48.8%, 기혼 여성 28.1%)를 꼽았다. 2위와 3

위 대답은 성별에 따라 달랐다. 기혼 남성은 "연봉은 얼마나 받니?"(36.3%), "다 너희 잘되라고 하는 소리다"(20.8%) 등을 듣기 싫은 잔소리라고 답한 반면, 기혼 여성은 "연휴가 긴데 더 있다가 가려무나"(24.7%), "명절인데 음식은 넉넉하게 준비하자"(24%)라고 응답했다. 또한 추석 스트레스 조사에 참여한 응답자 절반 이상(50.1%)이 명절 우울증을 겪은 적이 있다고 답했다. 명절 스트레스가 얼마나 심각한지를 추측할 수 있다.

3) 명절 스트레스 발생 이유

명절 내내 다섯 가지 '고'(음식 차리고, 치우고, 쓸고, 닦고, 정리하고)에 시달리는 것은 기본이고, 시어머니의 잔소리와 눈치, 며느리 눈치, 시댁과 친정의 차별 등 여러 가지 심리적 스트레스가 원인으로 꼽힌다. 명절 스트레스가 발생하는 또 다른 이유는 뇌 반응에서 찾아볼 수 있다. 오랜만에 만난 가족과 친척들이 서로 잔소리를 하고, 상처를 주고, 다투는 이유는 뇌가 그렇게 반응하기 때문이다.

미국 조지아 귀넷 공대 연구팀의 실험에 의하면 낯선 사람과 가족(친척)들의 사진을 볼 때 활성화되는 뇌 부분이 서로 다르다고 한다. 가족(친척)의 사진을 볼 때는 '자신', '반성'과 관계되는 뇌 부위가 활성화되고, 타인의 사진을 볼 때는 '행동'을 결정하는 부위가 활성화된다고 한다. 즉, 가족이나 친척을 '남'이 아니라 '나'로 인식하는 것이 명절 스트레스의 원인이다. 그래서 같은 말이라도 남이 하는 것과 가족(친척)이 하는 것은 그 느낌과 무게가 다르다. 가족을 자기 자신 같이 여기고 바라보기 때문에 타인을 대할 때처럼 객관적이고 상황을 제대로 보지 못한다. 그래서 잔소리를 하고, 상처를 주고, 싸우는 것이다. "네가 뭐가 모자라서 결혼을 못 하냐?", "언제까지 부모한테 얹혀 지낼 거니?", "잘 살지 왜 이혼했냐?" 등 하지 말아야 할 말을 쏟아 놓는 이유도 바로 이것 때문이다.

또한 유교문화의 영향을 받은 한국 남자들에게는 아내보다 부모를 우선시하는 문화가 있다. 그 문화가 문제의 발단이 되는 경우가 있다. 효를 실천하지 말라는 것이 아니다. 다만 평소에는 다정다감하던 남편이 명절만 되면 시부모 앞에서 공연히 소리친다거나, 지나치게 권위적으로 아내를 대하는 경우가 있다. 거기다 손 하나 까딱하지 않으면 아내 입장에서는 화가 나고 섭섭할 수밖에 없다.

4) 명절 스트레스 피해자

주부들의 전유물이라고 여겨졌던 명절 스트레스를 남편들도 겪고 있다. 경제적 부담(49.7%), 장거리 운전(20.3%), 아내의 투정과 구박(16.9%)이 남편들을 몹시 힘들게 한다고 한다(경기도여성능력개발센터, 2015).

미혼남녀들에게도 명절증후군이 있다. 취직이나 결혼을 하지 않았을 경우 명절 스트레스는 극에 달한다. 취업포털 '사람인'이 구직자 409명을 대상으로 명절연휴에 구직활동을 할 계획이 있는지를 물었더니 54.4%가 구직활동을 위해 귀향하지 않을 것이라고 했다. 쉬면 불안할 것 같아서, 놀면 눈치가 보여서, 구직활동 핑계로 가족모임을 피하고 싶어서 등이 그 이유였다.

20대 청년들도 명절 스트레스에서 예외가 아니다. 알바천국(구인구직 아르바이트 전문 포털)이 20대 회원 1,190명을 대상으로 실시한 '알바생과 추석 스트레스' 설문결과에 따르면 61.9%가 명절을 혼자 보내겠다고 응답했다. 아르바이트 때문(27.2%), 친척 및 가족들의 잔소리를 피하고 싶어서(23.4%), 취업준비(17.3%), 아무것도 하지 않고 쉬고 싶어서(12.2%) 등이 그 이유였다. 주목할 점은 20대 청년 응답자의 76.3%가 명절에 가족 및 친척들에게 듣는 잔소리 때문에 스트레스를 받은 경험이 있다고 응답했다는 점이다. 20대 청년들이 가장 듣기 싫은 잔소리는 "어른들 말 잘 들어"(22%), "만나는 사람은 있니?"(20.7%), "외모 관리해라"(20.3%) 순이었다.

5) 명절 스트레스를 주고받지 않으려면

명절 스트레스를 주고받지 않으려면 오랜만에 만난 가족구성원 한 사람 한 사람을 배려하고 존중해야 한다. 관심과 사랑의 표현이라고 할지라도 그 말이 과연 누구를 위한 것인지를 먼저 생각해야 한다. 듣는 사람 입장에서 생각하라는 의미다. 아프리카 속담에 '도끼는 잊어도 나무는 잊지 못한다'는 말이 있다. 도끼는 나무를 내려치고도 잊어버리지만 찍힌 나무는 그 상처를 평생 동안 몸에 지닌 채 살아야 한다는 의미다. 무심코 뱉은 말 한 마디가 상대방에게 큰 상처가 될 수 있다는 점을 명심해야 한다. 특히 외모, 학교, 성적, 취직, 연애, 결혼, 자식자랑과 관련된 질문과 잔소리는 상대방에게 상처를 줄 가능성이 매우 높다.

잔소리 대신 격려와 응원을 보내는 것이 좋다. 예를 들어, "취업은 했니?"라는 말 대신 "잘 될 거야", "힘내"라는 말이 더 적절하다. 타인의 이야기를 듣는 태도도 중요하다. 사랑과 관심의 표현이라고 생각하고, 너무 불편하게 받아들이지 않는 자세가 필요하다. 무슨 말이든지 잔소리나 공격이라고 여기지 말고, 관심의 표현으로 받아들이는 유연한 태도를 가져야 한다.

명절에 꼭 듣고 싶은 말

- "요즘 좋아 보이는구나"
- "열심히 사는 모습이 보기 좋다"
- "네가 최고다!"
- "밥 잘 먹고 다녀라"
- "다 잘 될거야"
- "건강 조심하고"
- "용돈 필요하지 않니?

6) 명절 스트레스에서 벗어나기

명절에 시댁에 먼저 가는 것이 당연한 것일까? 아내가 늘 시댁에 먼저 가준다면 그것은 고마운 일일까? 이 질문에 대부분의 한국 남자들이

"당연하다"고 생각한다. 그런데 "명절에 시댁부터 가야한다는 법은 없다"면서 시댁에 먼저 가준 아내에게 고마워해야 한다. "당연한걸 왜 고마워해야 하냐"며 이해를 못하면 곤란하다. 그렇다면 서로 상처주고 받지 않고 건강하고 지혜롭게 명절 스트레스에서 벗어나는 방법이 무엇일까? 이해하기, 소통의 장 만들기, 간소한 명절문화 만들기 등이 있다.

(1) 서로의 입장에서 이해하기

명절에 수고한 아내에게 고맙다고 표현하고, 아내의 입장이 되어서 이해하려고 노력하는 것만으로도 아내가 느끼는 명절 스트레스를 상당히 경감시킬 수 있다. 부모님 눈치가 보여 도와줄 수 없다면 일이 끝나고 나서라도 감사를 표현하고, 어깨라도 주물러주는 것이 꼭 필요하다. 많은 남편들이 마음상한 아내의 감정은 어루만져 주지 않고 이해를 시키려고 하는 것도 문제이다. 아내의 상한 감정을 살피는 것보다 중요하고 시급한 일은 없다. 남편이 아내의 상한 감정을 알아주고, 공감해주는 자세가 필요하다.

명절은 며느리만 힘든 것이 아니다. 요즘은 시어머니들이 며느리 눈치를 보고, 장인장모에게 사위는 결코 가벼운 존재가 아니다. 서로의 입장을 이해하고 서로 배려하고 존중해야 한다.

(2) 명절은 긍정적 소통의 기회

명절을 온 가족이 모여 긍정적으로 소통하는 기회로 삼는 것도 명절 스트레스에서 벗어나는 방법이다. 온 가족이 서로의 소중함을 느끼고 나누는 자리가 불통의 장으로 변질되면서 문제가 발생하기 때문에 남편(아들)이 소통의 중심에 서서 조율하고, 이해해야 한다. 아내들도 명절을 부담스럽고 불편한 날로만 여기지 말고 온 가족이 함께 모여 소통하는 의미 있는 시간이라고 생각해야 한다. 명절을 바라보는 관점의 전환이 필요하다. 미혼남녀, 청소년, 취업준비생들도 가족과 집안 어른들이 하시는 말씀을 사랑과 관심의 표현으로 듣는 자세와 지혜가 필요하다.

(3) 간소한 명절문화 만들기

간소한 명절문화 만들기는 허례허식이나 낭비를 없애는 것이다. 다만 소중한 가족문화가 사라지는 것은 경계해야 한다. 온 가족이 모여 함께 음식을 만들면서 전수되는 비법도 있을 것이고, 어른들의 말씀을 듣는 기회도 된다. 음식을 장만하는 일이 힘이 들고, 귀찮고, 어려워도 소중한 기술을 전수받는 기회라고 생각하는 것도 필요하다.

간소한 명절문화를 정착시키려면 시어머니나 장모의 역할이 중요하다. 시어머니는 주도권을 며느리에게 주고, 장모는 사위의 의견을 경청하고 따르는 태도를 보이는 것이 좋다. 서로 살아온 세대가 다르다 보니까 사고방식에 차이가 있을 수밖에 없기 때문에 어른들이 먼저 이해하고 노력하고 있음을 보여 주는 것이 효과적이다. 젊은 세대에 교육을 시키는 효과도 얻을 수 있다.

4 고부·장서갈등과 상담

1) 가족구성원들의 입장 이해하기

고부·장서갈등 문제를 호소하는 내담자를 둘러싼 가족들의 입장이 완전히 다른 경우가 많다. 따라서 고부·장서갈등 문제를 상담할 때에는 가장 먼저 가족구성원 각각의 입장을 이해할 필요가 있다. 시어머니, 며느리, 장인장모, 사위의 입장은 다음과 같다.

(1) 시어머니의 입장

- 내 아들 빼앗아간 고약한 존재
- 눈치가 보여서 작은 일도 못시켜
- 나는 이렇게까지 했는데….

(2) 며느리의 입장

- 결혼했으면 내꺼지.
- 나는 어머니 세대와 달라요.
- 나도 엄마가 있어요.

(3) 장인장모의 입장

- 아들보다 더 귀한 딸로 키웠는데.
- 우리 딸도 배울 만큼 배웠고, 능력 있다.
- 요즘이 어떤 세상인데….

(4) 사위의 입장

- 내 집에서라도 편히 쉴 수 있도록 해주세요.
- 부부 일에 지나치게 개입하지 말아주세요.
- 무시하고 평가하고 판단하지 말아 주세요.

2) 상대방의 입장이 되어보기

고부·장서갈등 상담의 두 번째 단계는 상대방의 입장이 되어보기다. 이 단계에서 상담자는 내담자에게 며느리, 시어머니, 장인장모, 사위가 듣고 싶어하는 말, 듣기 싫어하는 말 등을 알려주고 아름다운 입술로 관심과 사랑을 표현할 수 있도록 교육한다. 교육 내용은 다음과 같다.

(1) 며느리가 듣기 싫어하는 말

- "더 있다 가거라."
- "시누이 기다렸다 보고 가거라."
- "우리 아들 얼굴이 반쪽이 됐네."
- 친정 무시하고, 은근히 속긁는 말.

(2) 며느리가 듣고 싶어하는 말

- "준비하느라 수고했다."
- "어서 친정가야지."

(3) 지혜로운 시어머니는

- 아들의 행복을 먼저 생각한다.
- 며느리를 딸처럼 대해주고, 진짜 딸처럼 행동하도록 독려한다.
- 사생활을 존중해준다.
- 아들과 며느리가 다투면 며느리편에 선다.
- 며느리에게 기회를 준다.
- 자녀양육에 간섭하지 않는다.

(4) 지혜로운 며느리는

- 시어머니를 친정엄마 대하듯이 한다.
- 시누이를 내편으로 만든다.
- 시어머니의 말씀에 긍정적으로 반응한다
- 절대로 시댁 흉을 보지 않는다.

- 자주 웃고, 안부 전화를 자주 한다.

(5) 아들(딸)의 역할

- 어머니와 아내(남편) 사이에서 활동하는 간첩이 되어라.
- 사전에 포섭하고 후에 꼭 보상한다.
- 엄마(아빠) 닮아 사랑한다고 말하라.
- 천사아내(남편) 만드는 비결은 처가(시댁)에 있다.
- 아내와 어머니의 입장을 이해하고 중재자가 된다.

3) 성공적인 고부·장서갈등 상담

(1) 고부·장서갈등 해소 방법

- 고부·장서관계는 비혈연 관계임을 인정
- 서로 문화, 세계관, 가치관이 다름을 이해
- 문제를 극복할 주인공인 아들(딸)
- 되풀이되는 악순환의 고리를 바로 지금 끊어야
- 아름다운 입술로 말하고 웃는 얼굴로 대하라

(2) 실생활에서는 이렇게 행동하라

- 부부생활에서 발생하는 불만을 노골적으로 표현하지 말라.
- 서로 다른 생활습관을 비판하지 말라.
- 부모 앞에서 남편(아내)을 독점하지 말라.
- 부모를 노인취급하지 말라.
- 어느 한쪽만(친정이나 친가)을 편애하지 말라.
- 상대를 원하는 대로 변화시키지 말라.

함께 읽고 생각하기

고부갈등을 주제로 만든 영화

B급 며느리

〈B급 며느리〉(2017)는 한국 대부분의 시어머니와 며느리 사이에서 흔히 있는 고부갈등을 다룬 흥미진진한 다큐멘터리 영화다. 조금 특이한 점은 〈B급 며느리〉에 등장하는 며느리는 시댁에 가지 않는다. 보통의 시어머니들이 원하는 대로 고분고분 행동하지도 않는다. 며느리의 본분이라는 집안 대소사에도 절대 참여하지 않는다. 이쯤 되면 대한민국 대부분의 시어머니들을 뒷목잡고 쓰러지게 하는 나쁜 며느리가 분명하다.

그런데 그 나쁜 며느리가 엄마로서는 제 역할을 한다. 남편을 살뜰히 챙기고, 자녀를 씩씩하게 키우고 있다. 나쁜 며느리는 누가 봐도 A급 아내이자 엄마이다.

한 여자의 아들이자 남편은 어머니와 아내와 여러 차례 대화를 나누면서 조금씩 서로의 입장을 헤아리게 된다. 젊은 시절 혹독한 시집살이를 경험했던 어머니는 자기도 모르는 사이 자신이 겪었던 것처럼 며느리의 본분을 강조하는 시어머니가 되어 있었다. 어떻게 하면 어머니와 아내의 관계를 개선할지 해법을 모색하던 아들이자 남편은 이 문제가 단순히 두 사람만의 문제가 아니라 여성들이 일방적으로 희생을 강요하는 가부장제의 모순이자 부모보다 더 가난한 자식들이 겪고 있는 현실과 직결되어 있음을 알게 된다.

시어머니가 시집살이로 힘들어 할 당시 남편은 철저히 방관자였다. 그녀 스스로도 시집살이를 당연하다고 여겼다. 당시 남편에게는 혼자 벌어 가족 모두를 먹여 살리며 가부장제를 유지할 수 있는 탄탄한 경제력도 있었다. 시어머니가 젊은 시절 겪은 시집살이의 고통을 모른체 했던 남편은 아내와 며느리 사이에서 벌어지는 고부 갈등에도 여전히 방관자 입장을 취한다. 반면 고정수입이 없는 아들은 부모에게 돈을 빌려 쓰는 신세다. 며느리도 결혼과 출산, 육아 이후 경력이 완전 단절된 채 전업주부가 되었다. 부모에게 의존해야만 생계를 꾸려나가는 그들 부부가 부모로부터 완전한 독립을 이루고 싶은 마음은 굴뚝같지만 딱 거기까지다.

부모에게 손 벌리고 살면서 며느리의 본분을 다하지 않는 며느리가 시어머니는 몹시 못마땅하다. 분통이 터질 지경이다. 그렇다고 며느리도 부모의 도움을 계속 받고 싶은 것은 아니다. 자력으로 세 식구 먹고 살 수 있는 생활비를 벌기를 원한다. 실제로 일을 알아보고 있지만 경력이 단절된 기혼 여성이 할 수 있는 일이 극히 드물다. 상황이 그렇다 보니 며느리는 남편에게 경제적으로 더욱 의존한다.

시종일관 물러남이 없이 팽팽한 긴장 관계를 유지했던 며느리와 시어머니가 어느 한쪽의 화해의 제스처로 평화로운 결말을 맞이하게 된다. 이 영화의 감독도 먼저 화해의 손길을 내민 이유를 알지 못한다. 중요한 것은 치열한 다툼과 갈등 끝에 서로를 위한 타협을 했다는 것이다. 서로가 행복해질 수 있는 길을 함께 모색하면 수많은 여성들을 힘들게 하는 고부갈등이 조금씩 나아질 수 있다는 희망을 보여 주는 영화이다.

11
CHAPTER

치매와 상담

2012년 10월, 78세 남편이 아내의 목을 졸랐다. 아내의 숨이 멎자 남편은 베란다로 향했다. 그리고 아들에게 전화를 걸었다.

"내가 네 엄마를 죽였다. 나도 따라 간다."

마침 귀가 중이던 아들이 아버지를 붙잡아 간신히 목숨은 건졌지만 고통은 끝나지 않았다. 아들은 "아버지를 이해한다"고 했다. 이 비극적인 사건의 원인은 치매였다.

1 치매의 이해

1) 치매의 정의

치매는 복합적 인지장애와 다양한 이상 행동 때문에 독립적으로 생활할 수 없게 되는 뇌 질환이다. 그래서 치매를 극복하려면 의학 진단과 치료가 최우선임은 두말할 나위가 없다. 다만 치매는 아직 의학적으로만 완전히 해결할 수 없는 진행성 질환이고, 주변의 많은 보살핌을 필요로 하는 의존성 질환이다(김기웅, 2016).

치매는 영어로 'Dementia'인데, 라틴어 'Demens'에서 유래했다. de는 '상실', mens는 '정신'을 뜻한다. 즉, '정신이 상실된 상태' 또는 '정신이 없어진 상태'를 의미한다. 한자로는 어리석을 치(癡)자와 어리석을 매(呆)자를 쓴다. 즉, '우둔하고 무식하다'는 뜻이다. 치매는 또 '망령이 들었다', '정신이 나갔다', '바보나 멍청한 정신상태'라는 말로 표현되기도 한다. 이처럼 치매라는 단어가 가지고 있는 나쁜 의미가 환자는 물론 그 가족들에게까지 상처를 주고, 치매에 대한 부정적인 인식을 부추기고 있다. 의미가 너무 부정적인 탓에 일본은 치매를 '인지증', 대만은 '실지증', 홍콩은 '뇌퇴하증'이라는 용어로 바꾸어서 부르고 있다. 우리나라는 여러 학회와 협회에서 '인지증', '인지저하증', '인지쇠약증' 등의 용어를 사용할 것을 제안했지만, 의학용어라서 함부로 바꾸기 어렵다거나 치매 정책들이 제대로 정착된 다음 용어를 바꿔야 한다는 주장에 부딪혀 무산됐다(안준용 외, 2014 재인용).

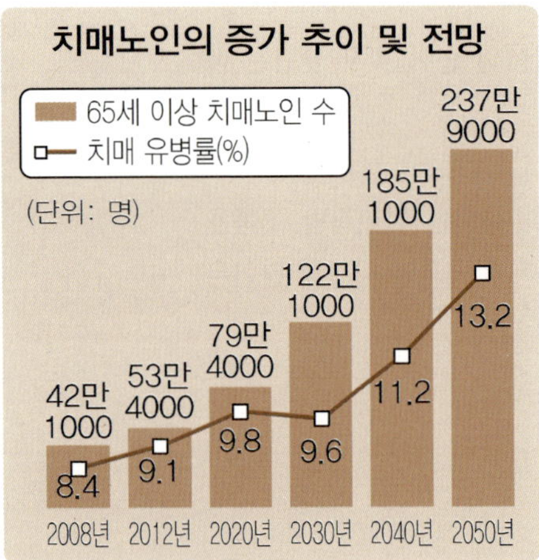

출처: 보건복지부.

우리나라의 치매 환자 증가속도는 세계 평균보다 훨씬 빨라서 17년마다 환자수가 2배씩 증가하고 있다. 2013년 우리나라 치매 환자는 57만 명이고 치매 환자의 가족은 230만 명에 달한다. 2024년에는 치매 환자 숫자가 100만 명, 그 가족은 400만 명을 훌쩍 넘을 것으로 추측되고 있다. 2041년에는 치매 환자 200만 명, 가족은 1,000만 명에 이를 것으로 추산된다(중앙치매센터, 2014). 우리나라의 치매 유병률은 9.4% 수준이다. 65세 이상 노인 10명 중 1명꼴로 걸리는 병이 치매라는 말이다. 치매는 결코 남의 일이 아니다.

2) 치매의 원인 및 진단

치매는 뇌세포 파괴로 인한 뇌손상으로 기억력, 언어 능력, 판단력 등의 인지기능이 저하돼 일상생활을 유지하는 데 어려움을 겪는 복합적인 질병이다. 따라서 치매의 원인이 무엇이라고 단정짓는 것이 쉽지 않다. 다만 현대의학의 발전으로 평균수명이 길어지면서 치매 환자가 급증한 것이 사실이다.

수명이 짧았던 과거에는 치매에 걸릴 정도로 노쇠하기 전에 사망하는 경우가 많았다. 100세 시대를 앞둔 현대사회에는 치매 환자도 그만큼 늘어날 가능성이 높다. 치매가 노인층에서 발병률이 높은 것은 사실이지만 젊다고 해서 안심할 수 있는 병은 아니다. 이른바 '초로기 치매' 환자가 늘고 있다. 초로기 치매는 50대 안팎의 젊은 나이에 발병하는 치매를 지칭하는 용어이다. 우리나라 초로기 치매 환자는 2006년 4,055명에서 2011년 7,768명으로 91%나 증가했다(국민건강보험공단, 2012). 특히 50대 초로기 치매 환자가 6,547명으로 가장 많다.

치매는 기억력, 언어능력, 시공간기능, 판단력 등의 인지기능 영역에서 전반적인 기억장애가 일어나고, 이외에 실인증, 실행증, 실어증 등 수행기능의 한 가지 이상의 장애가 동반될 때 진단할 수 있다.

3) 치매의 종류

치매의 종류에는 알츠하이머 치매, 혈관성 치매, 전두엽 치매, 루이소체 치매 등이 있다. 치매의 종류가 다양한 이유는 치매를 유발하는 원인이 수십 가지에 달할 만큼 많기 때문이다. 한국인들이 유독 많이 걸리는 치매는 알츠하이머(71.3%)이다. 그 다음으로는 혈관성 치매(16.9%)로 이 두 종류가 전체 치매의 90% 가량된다(안준용 외, 2014).

(1) 알츠하이머 치매

알츠하이머 치매(alzheimer's disease)는 1906년 독일의 알로이스 알츠하이머 박사에 의해 처음 알려졌다. 알츠하이머 치매는 뇌세포 안에 '베타 아밀로이드 단백질'이라는 물질이 쌓여 발생하는 것으로 보고 있다. 1

0~20년에 걸쳐 서서히 쌓인 베타 아밀로이드 단백질이 뇌세포의 기능을 마비시키고 파괴시킨다.

알츠하이머 치매의 원인은 정확하게 밝혀져 있지 않지만 생활습관에서 오는 것으로 추측하고 있다. 의학계에서는 베타 아밀로이드 단백질이 쌓이는 것을 막을 수는 없지만 평소 뇌 운동으로 뇌세포를 단련시키고, 규칙적인 운동, 건강한 식습관 같은 생활습관을 개선하면 예방할 수 있다고 보고 있다.

(2) 혈관성 치매

혈관성 치매는 뇌졸중이 주요 원인이다. 뇌혈관이 터지거나 막히면 뇌세포에 산소가 공급되지 않으면서 일시적으로 뇌세포가 대량으로 파괴돼 기능을 상실하기 때문에 발병한다. 알츠하이머 치매는 서서히 증상이 나타나지만 혈관성 치매는 하루아침에 치매 환자가 될 수도 있기 때문에 잔인한 면을 갖고 있다. 하지만 혈관성 치매는 뇌졸중을 예방하면 발병 가능성을 그만큼 낮출 수 있다. 고혈압, 당뇨, 고지혈증, 심장병, 비만 등을 평소에 잘 관리하는 것이 혈관성 치매 발병을 피하는 지름길이다.

(3) 전두엽 치매

전두엽 치매는 판단, 충동조절, 계획 등을 관리하는 전두엽이 손상되면서 발생한다. 전두엽 치매는 성격이 바뀌거나 우울증, 조울증 증상과 유사하게 나타나기 때문에 치매라고 진단하기가 어려운 경우가 많다.

(4) 루이소체 치매

루이소체 치매는 '루이소체(Lewy's Body)'라는 물질에 의해 뇌세포가 파괴되는 병이다. 가장 두드러진 특징은 환각이다. 발병 초기에는 잠꼬대나 심한 몸부림을 동반한 악몽 같은 수면 장애가 나타난다. 인지기능의 기복이 큰 것 또한 특징이다. 오전에는 중증 치매 환자처럼 심각한 기억 장애를 보이다가 오후에는 평상시와 비슷한 기억력을 보이기도 한다.

(5) 알코올성 치매

알코올성 치매는 알코올에 의한 뇌손상으로 나타난다. 알코올 중독증 환자가 많은 우리나라에서 알코올성 치매 예방을 위해서는 알코올 중독증 치료가 매우 중요하다.

4) 치매의 단계

치매는 크게 초기(경도 치매), 중기(중증 치매), 말기(고도 치매) 단계로 구분한다. 모든 치매 환자가 다음과 같은 단계를 거치는 것은 아니다.

(1) 초기 단계

초기 단계의 치매는 그 증상이 가볍지만 일상생활에서 장애가 또렷해지는 시기를 말한다. 통상 발병 3년까지 초기 단계를 유지하는 데 치매 유형이나 치료 여부에 따라 그 기간을 늘릴 수 있다. 일상생활을 유지할 수는 있지만 기억력 감퇴가 시작되면서 최근 기억이 가물가물해진다. 점차 그 증상이 악화되면서 일상생활에서 장애를 초래한다.

(2) 중기 단계

중기 단계에서부터 치매의 증상이 본격적으로 나타나기 시작한다. 초기 단계에서 가능했던 일들이 누군가의 도움을 받지 않고서는 수행할 수 없게 된다. 장소와 시간개념도 약해진다. 자신이 있는 곳이 어디인지, 지금이 몇 시인지 등을 정확하게 알지 못하게 된다. 잘 알고 지내던 사람도 혼동하는 증상이 나타난다.

(3) 말기 단계

치매가 발병하고 10년 정도가 되면 말기 단계에 접어든다. 지적능력을 거의 상실하고, 대소변을 가리지 못하는 지경에까지 이른다. 스스로 걷고, 먹고, 배변하는 일들이 누군가의 도움 없이는 할 수 없게 된다. 대부분의 기억이 상실돼서 가족조차 알아보지 못하는 상태가 된다.

2 치매의 증상과 특징

1) 치매의 증상

정신질환 진단 및 통계 편람(DSM-IV)에 따르면 치매의 일반적인 증상과 특징은 크게 '인지기능 장애'와 '정신증상'으로 구분된다.

(1) 인지기능 장애

인지기능 장애는 기억력 장애, 시공간기능 장애, 주의력 장애, 언어 장애, 시각적, 청각적, 촉각적 감각을 잃어버리는 실인증, 일상생활에서 기본적으로 필요로 하는 행동을 전혀 실행하지 못하는 실행증, 실행기능 장애 등이 포함된다.

(2) 정신증상

정신증상은 망각, 환각, 초조, 불안, 우울증, 무감동, 공격적 행동, 수면 장애 등의 증상을 말한다. 특히 치매 환자에게서는 망각과 환각, 강박적 행동, 수면 장애가 가장 많이 나타난다.

2) 치매 환자의 특성

치매 환자의 특성은 심리적 특성, 행동 장애로 구분할 수 있다.

(1) 심리적 특성

치매가 발병하면 다양한 심리적 특성을 보인다. 만성적 불쾌감, 우울 및 불안, 초조, 급격한 감정변화, 거짓말, 작화행동, 극도의 피해의식, 증오심 등이 그것이다. 또한 최근의 기억과 오래된 기억을 혼동하는 특성 등도 나타난다.

치매 환자들은 곧잘 잊어버린다. 시간, 계절, 장소도 분명하게 지각하지 못할 수 있다. 치매 증상이 악화되면 가족들조차 알아보지 못한다. 이러한 증상에서 기인한 우울, 불안, 초조, 불쾌감 등을 늘 가지고 있고, 부양하는 이들에게 그것을 적절하지 못한 방법으로 표현하기도 한다.

(2) 행동 장애

일반적으로 치매 환자들은 쉽게 분노하고, 감정기복이 매우 크다. 따라서 공격적인 행동을 보이는 경우가 많다. 공격적인 행동을 이해할 만한 이유가 없는 경우가 허다하지만 뚜렷한 원인이 있는 경우도 있다. 치매 환자의 자존심을 상하게 하거나, 오해할 수 있는 말이나 행동을 한 경우, 생활에 불만이 있거나 불안을 느낄 때 몹시 흥분해서 공격적인 행동을 보일 수 있다. 이외에도 배회, 망상, 성적행동, 거부증, 섬망 등의 행동 장애를 보이기도 한다.

① 배회

치매 환자는 인지능력이 떨어지기 때문에 집을 나가면 다시 돌아오지 못하고 거리를 배회하는 행동을 보인다. 이와 같은 일이 벌어지면 예상하지 못한 사고를 당할 수도 있기 때문에 치매 환자의 외출은 매우 위험한 행동이다. 반드시 보호자가 동행해야 한다.

② 망상

치매 환자는 가족이 자신을 버렸다고 생각하거나 누군가가 자신을 음해하거나 학대한다는 망상에 시달리기도 한다. 이와 같은 망상은 치매 환자를 돌보는 보호자를 몹시 힘들게 한다. 치매 환자가 망상증상을 보이면 그 행동이나 말이 잘못되었다고 지적하거나 설득하지 말고 받아들이는 것이 오히려 도움이 된다.

③ 성적 행동

치매 환자가 가족이나 간병인에게 성적 행동을 보이는 경우가 있다. 갑자기 옷을 벗거나 외설적인 이야기를 하는 등의 행동이 대표적인 증상이다. 성적 행동을 보이는 치매 환자로 인해서 몹시 당황스럽지만 담담하게 받아들이고 과도한 거부반응은 보이지 않는 것이 좋다.

④ 거부증

치매 환자들은 종종 식사, 약 복용, 목욕, 간병인 등 일상생활을 위해서 꼭 필요한 것들을 거부한다. 치매 환자들은 자신의 생각이나 감정을 적절하게 표현하지 못하기 때문에 거부하는 이유가 무엇인지를 살펴볼 필요가 있다.

⑤ 섬망

섬망은 착시 및 환시현상 등으로 커튼이나 벽의 옷을 보고 도둑이라고 소리를 치거나 몹시 흥분하는 행동을 말한다. 때와 장소에 어울리지 않는 행동을 하는 경우도 있다.

3) 치매진단

치매는 다음과 같은 기준에 따라 진단하며 치매의 하위 유형은 특정 생리적 원인을 감안하여 구분된다(APA, 2000).

치매의 일반적인 진단적 특징

A. 다음에 근거해 한 가지 또는 그 이상의 인지 영역(복합 주의력, 실행 기능, 학습 및 기억력, 언어능력, 지각-운동 기능, 사회인지)에 대해 이전의 수행 수준보다 유의한 인지기능 저하의 증거가 확인되어야 한다.
   ① 환자 자신, 환자의 상태를 잘 알고 있는 정보 제공자 또는 임상가가 인지기능의 유의한 저하가 있음을 염려함.
   ② 표준화된 신경심리검사 결과 또는 그렇지 못할 경우 수량화할 수 있는 임상가 평정을 통해 인지적 수행해서 실질적인 손상이 확인되어야 함.
B. 인지적 결함이 독립적인 일상적 활동 수행을 방해한다(즉, 최소한 복잡한 도구적 일상생활 활동에서 도움이 필요한 경우, 가령 물건값 지불, 약물관리 등에서 도움이 필요한 경우).
C. 인지 결함이 섬망의 맥락에 한정해 발생하지 않는다.
D. 인지 결함이 다른 정신장애(예: 주요우울장애, 조현병)로 설명되지 않는다.

* American Psychiatric Association(2013).

(1) 치매가 의심되는 증상

- 최근에 본인이 무엇을 했는지 잘 기억나지 않는다.
- 물건이나 사람의 이름이 떠오르지 않아 표현이 어렵다.
- 이유 없이 화가 나거나 갑자기 우울해진다.
- 움직이거나 속옷을 갈아입는 것조차 싫을 정도로 매사가 귀찮고 힘들다.
- 냄새를 잘 못 맡고(후각), 다른 사람의 말이 안들린다(청각).
- "무슨 일 있느냐?"는 말을 들을 정도로 멍해질 때가 많다.
- 간단한 물건값 계산이 안돼서 장보기가 힘들다.
- 잠이 안 올 정도로 불안하고 잠꼬대가 심하다.

- 늘 다니던 길이 낯설거나 길을 잃고 헤매기도 한다.
- 이유 없이 체중이 빠진다.

(2) 치매에 대한 편견

치매가 절망적인 질병으로 인식되면서 치매를 둘러싼 오해와 편견이 너무 많다. 치매는 노인병, 치매 유전설, 건망증은 치매의 전조증상, 치매는 불치병 등이 바로 그것이다.

① 치매는 노인들만 걸리는 병이다

전체 치매 환자의 90% 이상이 65세 이상이다. 그러나 30~50대에 발병하는 초로기 치매 환자도 있다. 20대에 치매 진단을 받은 사례가 국내에서 보고된 경우도 있다. 물론 초로기 치매 발병률은 매우 낮지만 치매가 노인들만 걸리는 병이 아니라는 것을 증명해준다.

② 치매는 유전된다

치매가 유전되는 경우가 있다. 그것을 '유전성 치매'라고 하는 데 유전될 확률이 매우 높다. 그러나 유전성 치매는 전체 치매의 1% 미만으로 드물게 발생한다. 다만 치매 가족력이 있는 경우에는 조금 더 세심하게 관리하고 정기적으로 검진을 받는 것이 좋다.

③ 건망증은 치매의 전조증상이다

가벼운 건망증이라도 반복되면 치매검사를 받아보는 것이 좋다. 그러나 치매와 건망증은 엄연히 다르다. 잊어버린 것을 알아차리고 잊어버린 것을 다시 찾는 것은 건망증이지만 잊어버린 사실조차 잊어버리면 치매를 의심할 수 있다. 또한 매우 익숙한 일상생활을 어느 날 갑자기 어떻게 해야 하는지 방법이 생각나지 않으면 치매를 의심할 수 있다.

④ 치매는 불치병이다

현재 의학기술로 치매가 발병하면 이전의 상태로 되돌아가는 것은 불가능하다. 한 번 파괴된 뇌세포를 재생시킬 수 없기 때문이다. 하지만 치매 치료약은 있다. 완치는 못하더라도 진행속도를 현저히 늦출 수는 있다. 2005년 영국의 의료진이 추적한 결과 치매약을 꾸준히 먹은 사람 10명 중 9명이 치매가 발병한지 5년이 지나도 일상생활을 유지하고 있었다는 연구결과가 있다(안준용 외, 2004 재인용).

3 치매상담의 실제

치매상담에서 가장 시급하고 중요한 점은 '정확한 진단'과 '빠른 의학적 치료'이다. 상담서비스는 그 다음이다. 상담서비스가 효과적인 이유는 치매 환자와 그 가족들에게 심리적이고 사회적인 상담서비스를 제공하면 치료와 적응에 도움을 줄 수 있기에 좋다.

치매 환자뿐만 아니라 가족들을 위한 상담서비스를 제공하는 이유는 치매 발병 사실은 환자에게도 엄청난 충격이지만 가족들에게도 말할 수 없는 신체적, 심리적, 경제적, 영적 고통을 가져다주기 때문이다. 따라서 치매상담을 하는 상담자는 치매 환자와 그 가족들에게 적절한 상담서비스를 제공하기 위하여 다음과 같은 사항을 반드시 고려해야 한다.

1) 치매에 대한 정보제공

환자는 물론 그 가족들도 치매에 대한 정확한 정보와 지식이 있어야 한다. 치매의 증상과 특징, 경과 및 치료방법, 간병 방법 등 전반적인 정보와 지식을 제공해야 한다. 치매 환자의 부양에 대한 장기적인 계획을 세울 수 있도록 돕는 일도 중요하다. 집에서 모실지 아니면 시설에서 모실지, 시설에 모신다면 언제 어디로 가야 하는지 등 치매 환자와 그 가족들이 함께 적절한 치료계획을 세울 수 있도록 도와야 한다.

2) 치매 환자와 가족들의 감정처리

가족 중에 치매 환자가 발생하면 그 충격은 이루 말할 수 없을 정도로 크다. 환자 본인과 가족들 마음속에 실망감, 분노감, 죄책감 등 여러 감정들이 생길 수밖에 없다. 이때 상담자는 환자와 그 가족들의 고통스럽고 힘든 감정을 솔직하게 표현하도록 격려해야 한다. 이때 상담자에게는 엄청난 상처를 입은 환자와 그 가족들을 따뜻하게 품어주는 자세와 태도가 그 어느 때보다 요구된다.

3) 구체적인 부양계획 세우고 실천하기

치매 환자를 간병하는 것은 가족들이 책임을 분담하는 것이 좋다. 치매 환자를 돌보는 일은 신체적, 정신적, 경제적으로 대단히 힘든 일이다. 또한 장기치료가 필요하기 때문에 특정인 혼자 치매 환자를 전담해서 돌본다는 것 자체가 불가능하다. 경제적 부담도 함께 나눠야 한다. 경증치매에서 중증치매로 발전하면 요양시설 입소를 심각하게 고민해야 한다. 치매 환자를 위로하고, 치매 환자를 돌보는 구성원을 충분히 이해하고 서로 위로하며 격려하도록 상담자가 곁에서 도와줘야 한다.

4) 치매 환자를 돌보는 가족(간병인)의 수고 알아주기

치매 환자를 돌본다는 것 자체가 끔찍한 고통이라고 해도 과언이 아니다. 상담자는 치매 환자를 돌보고 있는 가족(간병인)이 얼마나 수고를 하고 있는지 알아줘야 한다. 주 부양자 주변 사람들에게도 적극적으로 알려서 주 부양자에게 격려와 응원, 감사와 사랑을 적극적으로 표현할 수 있도록 독려해야 한다. 주 부양자의 수고를 알아주는 것만으로도 치매 환자 부양 스트레스를 상당히 줄일 수 있다.

5) 치매노인 상담 기법

치매노인에게 상담서비스를 제공하는 것이 과연 효과가 있는지에 대한 논란이 있지만 정서적 지지를 제공하는 것은 분명 유익하다. 치매노인을 상담하는 기법을 '인정치료(Validation Theroy)'라고 한다. 치매노인의 혼돈된 말과 행동을 근거있고 유효한 것으로 인정하는 것이다. 인정치료에서 사용하고 있는 기법은 감정 인정하기, 추궁하지 않기, 반복하기, 반대상황 상상하기, 회상하기, 충족되지 않은 욕구 확인하기, 선호하는 감각 파악하기 등이 있다(원영희 외, 2015).

(1) 감정 인정하기

감정 인정하기는 치매 노인들이 드러내고 싶어 하는 감정들을 인정하는 것에 초점을 두고 대화하는 기법이다. 인내심을 갖고 노인의 이야기를 경청하면서 이면에 감춰진 감정을 살피고 인정해 준다.

(2) 추궁하지 않기

치매 노인은 자신의 말과 행동, 감정을 논리적으로 이해하기가 어렵다. 그래서 왜 그렇게 행동했는지를 모르고 관심이 없는 경우도 많다. 이때 치매 노인에게 왜 그렇게 행동했는지를 추궁해서는 안 된다. 사실적인 질문을 통해 위협적이지 않게 감정을 표현하도록 유도해야 한다.

(3) 반복하기

반복하기는 치매노인이 한 말을 반복해주는 기법이다. 자신이 말한 내용을 다시 듣게 되면 자신의 이야기를 잘 들어주고 있다는 느낌을 줘서 상담자와의 관계도 좋아지고, 치매노인이 위안을 얻기도 한다.

(4) 반대상황 상상하기

반대상황 상상하기는 현재의 행동이나 상황이 일어나지 않았을 때를 가정하게 함으로써 문제해결 방법을 치매노인 스스로 발견하게 하는 기법이다.

(5) 회상하기

회상하기는 과거를 돌이켜 생각하게 함으로써 익숙했던 기제들을 재정립할 수 있도록 하는 기법이다. 대부분 과거의 즐겁고 행복했던 기억들을 회상하게 하면서 대화를 유도해가는 방식으로 활용된다.

(6) 충족되지 않은 욕구 확인하기

충족되지 않은 욕구 확인하기는 치매노인의 행동을 관찰해서 나타나는 행동이 충족되지 않은 과거의 욕구와 관련이 있는지를 파악하는 기법이다. 예를 들어, 인형을 계속 껴안고 있는 치매노인은 유아기 미해결 사건이 있을 수 있다.

(7) 선호하는 감각 파악하기

치매노인이 주로 사용하는 감각을 파악한 다음 그 감각기능을 이용해서 대화를 이용하는 기법이다. 예를 들어, 얼굴 표정, 후각, 손잡기 등의 감각을 이용해서 정보를 파악하는 치매노인에게 동일한 감각기능의 자극을 활용해서 대화를 이어나가는 방식이다.

(8) 신체적 접촉하기

신체적 접촉하기 기법은 치매노인의 손을 잡거나 어깨를 감싸는 것이다. 예를 들어, 치매노인이 불안해할 때 손을 잡아주면 편안해지는 효과를 기대하는 기법이다. 그러나 지남력이 떨어진 치매노인들에게 신체적 접촉이 오해를 만들어 오히려 부정적인 영향을 줄 수 있기 때문에 유의해야 한다.

(9) 모호한 표현 사용하기

모호한 표현 사용하기는 치매노인들의 잘못된 표현을 지적하거나 고쳐주려고 하지 말고 '그것', '이것' 등의 대명사를 사용하면서 치매노인의 생각이나 감정을 표현하도록 유도하는 기법이다.

4 치매노인 보호자 상담

치매 환자 보호자 상담의 목표는 크게 '극심한 스트레스 알아주는 것'과 '조금이라도 간호(부양) 스트레스에서 벗어나도록 도와주는 것'이다. 따라서 치매 환자 보호자를 상담할 때는 다음과 같은 사항을 고려해야 한다.

1) 극심한 스트레스

치매가 발병하면 누군가로부터 매우 오랜 시간 동안 돌봄을 받아야 한다. 통상 10년 이상 이어지는 치매간호를 하면서 극심한 신체적, 정서적, 물질적 스트레스를 받을 수밖에 없다. 그 오랜 기간 치매 환자를 간호하면서 치매 환자에 대한 존경심이 상실되고, 극단적인 경우에는 치매 환자를 학대하는 상황이 벌어지기도 한다. 따라서 치매 환자 보호자를 상담할 때는 그들의 극심한 스트레스를 가장 먼저 다루는 것이 좋다.

이러한 경우에는 보호자로 하여금 잠시라도 수발 부담에서 벗어날 수 있는 방안을 제공해 주어야 한다.

2) 정보제공

치매 환자 보호자에게는 간호 스트레스를 경감시켜 주는 것만큼 시급하고 중요한 일이 없다. 따라서 치매 환자 보호자를 상담할 때는 치매 환자를 적절하고 편안하게 돕는 서비스에 대한 정보제공을 해주는 것이 좋다. 방문요양서비스, 주간보호센터, 지역사회 중심의 지원서비스 등을 파악하고 활용할 수 있도록 정보를 제공해 주는 것이 좋다.

■ 치매 환자를 돌볼 때 참고해야 할 사항

- 옷을 쉽고 편하게 입을 수 있도록 입는 순서대로 놓아둔다.
- 음식을 규칙적인 시간에 천천히 조금씩 먹게 한다.
- 화장실에 갈 시간을 정해두거나 방에 간이 변기를 준비한다.
- 세면, 양치질, 목욕 등을 규칙적으로 하게 한다.
- 치매 환자가 쓰는 물건은 늘 제자리에 둔다.
- 낯선 환경이나 사람과 갑자기 마주치지 않도록 주의한다.
- 치매 환자와 부양하는 가족이 감정적으로 대립하지 않게 한다.
- 치매 환자가 무서운 질병에 걸려 고통받고 있다는 사실을 잊지 말아야 한다.

■ 치매를 적극적으로 예방하고 주의해야 하는 경우

- 부모 중에 치매 환자가 있는 경우
- 저학력, 문맹, 고령
- 우울증 환자, 내성적인 성격
- 비만, 고지혈증, 고혈압, 당뇨 환자
- 하루 평균 3잔 이상의 술을 마시는 경우
- 10분 이상 기절한 경험이 있는 경우

■ 치매 예방에 좋은 습관

- 칼로리 섭취를 줄이고 체중감량하기
- 저지방 위주의 식사
- 비타민 E, 비타민 C, 엽산, 종합비타민 복용
- 매일 과일, 채소, 차 등의 항산화 식품 먹기
- 하루 6잔 이상 물마시기
- 등 푸른 생선, 견과류, 올리브유 등 좋은 지방 섭취

■ 치매 예방에 나쁜 습관

- 스트레스와 과식
- 흡연
- 카페인 과다섭취
- 가공식품 및 혈당 지표 높은 탄수화물 먹기
- 버터, 치즈, 마가린 등 나쁜 지방 과다 섭취

[활동지]

치매검사지(보호자용)

환자의 상태를 가장 잘 알고 있는 보호자가 작성하여 주십시오.

작성일: ______________년 ____________월____________일
설문지 작성자의 이름: ________________________________
환자와의 관계: 환자의______________________
환자와 (동거한다, 동거하지 않는다)

다음 문항을 읽고 환자의 최근 6개월 간의 해당 사항에 동그라미 해주세요.		
1	( )	전화번호나 사람 이름을 기억하기 힘들다.
2	( )	어떤 일이 언제 일어났는지 기억하지 못할 때가 있다.
3	( )	며칠 전에 들었던 이야기를 잊는다.
4	( )	오래 전부터 해오던 일은 잘 하나 새로운 것을 배우기가 힘들다.
5	( )	반복되는 일상생활에 변화가 생겼을 때 금방 적응하기가 힘들다.
6	( )	본인에게 중요한 사항을 잊을 때가 있다(배우자 생일, 결혼기념일 등).
7	( )	다른 사람에게 같은 이야기를 반복할 때가 있다.
8	( )	어떤 일을 해놓고 잊은 적이 있다.
9	( )	약속을 해놓고도 잊어버려 다시 반복한 적이 있다.
10	( )	이야기 도중 방금 자기가 무슨 이야기를 하고 있었는지를 잊을 때가 있다.
11	( )	약 먹는 시간을 놓치기도 한다.
12	( )	여러 가지 물건을 사러 갔다가 한두 가지를 빠트리기도 한다.
13	( )	가스 불을 끄는 것을 잊어버린 적이 있다. 또는 음식을 태운 적이 있다.
14	( )	남에게 같은 질문을 반복한다.
15	( )	어떤 일을 해놓고도 했는지 안했는지 몰라 다시 확인해야 한다.
16	( )	물건을 두고 다니거나 또는 가지고 갈 물건을 놓고 간다.
17	( )	하고 싶은 말이나 표현이 금방 떠오르지 않는다.
18	( )	물건 이름이 금방 생각나지 않는다.
19	( )	개인적인 편지나 사무적인 편지를 쓰기 힘들다.
20	( )	갈수록 말수가 줄어드는 경향이 있다.

다음 문항을 읽고 환자의 최근 6개월 간의 해당 사항에 동그라미 해주세요.		
21	( )	신문이나 잡지를 읽을 때 이야기 줄거리를 파악하지 못한다.
22	( )	책을 읽을 때 같은 문장을 여러 번 읽어야 이해가 된다.
23	( )	텔레비전에 나오는 이야기를 따라 가기 힘들다.
24	( )	자주 보는 친구나 친척을 바로 알아보지 못한다.
25	( )	물건을 어디에 두고 나중에 어디에 두었는지 몰라 찾게 된다.
26	( )	전에 가본 장소를 기억하지 못한다.
27	( )	방향감각이 떨어졌다.
28	( )	길을 잃거나 헤맨 적이 있다.
29	( )	항상 물건을 두는 장소를 망각하고 엉뚱한 곳을 찾는다.
30	( )	계산능력이 떨어졌다.
31	( )	돈 관리를 하는 데 실수가 있다.
32	( )	과거에 쓰던 기구 사용이 서툴러졌다.

* 최성혜·나덕렬·강연욱·이원용·박병주(1998).

12

CHAPTER

죽음과 죽음준비교육

"완전하지 못한 인간에게 죽음은 미완성의 완성이다."

우리 속담에 "대문 밖이 저승"이라는 말이 있다. 사람은 언제 죽을지 모른다는 의미다. 분명한 것은 사람은 반드시 죽는다. 이 사실을 수용하지 못하면 마지막 순간까지 죽음을 인정하지 않으려 하고, 죽음으로부터 달아나려고만 한다. 우리가 죽음이 무엇인지 배우고, 이해하고, 준비해야 하는 이유가 바로 이 때문이다.

1 죽음의 이해

1) 죽음의 정의

죽음은 학회, 사전적 죽음, 법률상 죽음, 의학적 죽음으로 나눌 수 있다. 학회에서는 죽음을 '심장기능 및 호흡기능과 뇌반사의 불가역적 정지 또는 소실(대한의학협회, 1983)이라고 정의했고, 표준국어대사전(국립국어원, 2016)에서는 죽음을 '죽는 일, 생물의 생명이 없어지는 현상'이라고 정의하고 있다. 법률상의 죽음은 "사람은 생존한 동안 권리와 의무의 주체가 된다(민법 제3조)"고 규정하고 있다. 즉, 사망은 일반적 권리능력의 유일한 소멸원인이다. 의학적 죽음의 정의는 심장의 박동이 끝나고, 호흡이 멎으며, 동공이 고정되고, 반응이 없어지는 상태로 규정하고 있다. 그러나 죽음에 대한 정의는 성별, 연령, 학교, 종교, 건강상태, 가치관, 철학에 따라 달라지기 때문에 죽음의 개념이나 의미를 규정한다는 것은 간단한 문제가 아니다(서혜경, 2009).

- 학회의 정의: 심장기능 및 호흡기능과 뇌반사의 불가역적 정지 또는 소실
- 사전적 죽음: 죽는 일, 생물의 생명이 없어지는 현상
- 법률상 죽음: 사망은 일반적 권리능력의 유일한 소멸원인
- 의학적 죽음: 심장의 박동이 끝나고, 호흡이 멎으며, 동공이 고정되고, 반응이 없어지는 상태

2) 각 종교의 죽음에 대한 이해

(1) 불교

불교에서는 죽음을 '생야일편 부운기(生也一片 浮雲起) 사야일편 부운멸(死也一片 浮雲滅)이라고 표현한다. 태어나는 것은 한 조각의 구름이 일어나는 것이요, 죽는 것은 한 조각의 구름이 사라지는 것이라는 뜻이다. 윤회설을 믿는 불교에서는 죽음을 생사의 고통을 뛰어넘는 초월의 경지를 가리켜 열반이라고 한다. 따라서 불교에서 말하는 죽음은 한 생의 종말인 동시에 재생을 향한 행로의 출발을 의미한다. 영혼을 육신으로부터 해방시켜 극락왕생(極樂往生)할 수 있다고 믿는다.

(2) 유교

유교의 핵심은 조상숭배다. 사실 유교는 조상숭배를 제외하면 종교적인 요소가 미약한 편이다. 대가족 제도의 통일과 조화를 유지하는 사회적 원리이자 국가의 안정을 유지하는 정치적 원리였다. 그러나 시간이

흐르면서 민간신앙의 영향을 받으면서 종교적 요소를 포함하게 되었다. 유교에서는 죽음보다 '이 세상에서 어떻게 바로 살 것인가'를 중요시했다. 유교의 영향을 받은 사람들이 죽음을 그리 긴요한 문제가 아니라고 여기면서 경시하거나 등한시 하는 경향이 생겼다.

(3) 기독교

기독교에서 인간을 하나님의 형상을 지닌 존재로 지음받았을 뿐만 아니라 죽지 않아도 되는 존재로 창조되었는데 인간의 타락으로 죽음이 다가오게 되었다고 인식한다. 성경은 죽음을 영적, 육체적, 영원한 죽음으로 구분한다. 영적인 죽음은 하나님과의 분리, 육체적 죽음은 영혼과 육체의 분리, 영원한 죽음은 하나님으로부터 영원히 분리되어 죄에 대한 형벌을 받는 것을 의미한다. 기독교인들은 예수를 믿음으로 천국에서 영원히 살게 됨을 믿고, 육체의 죽음을 잠과 같이 여긴다. 그래서 죽음을 영혼의 안식으로 생각한다. 그래서 죽음을 슬퍼하거나 두려워할 이유가 없다고 생각한다. 기독교에서 죽음은 육체의 낡은 옷을 벗어버리고 하나님께서 주시는 새 옷으로 갈아입고 새 삶을 사는 것과 같다고 여긴다.

2 죽음과 애도단계

1) 죽음과 애도단계

사람마다 죽음에 대해 반응하는 양식이 다르지만 공통적인 심리적 반응을 보인다. 죽음과 애도의 과정은 개인적인 성격과 철학, 질병과 사회적 환경 등에 따라 다르게 나타난다. 따라서 큐블러－로스(Kubler-Ross)의 죽음의 단계, 패티슨(Pattison)의 삶에서 죽음에 이르는 단계, 슈나이더(Schneider)의 8가지 애도과정, 볼비(Bowlby)의 애도단계, 실버맨과 클라스(Silverman and Klass)의 유대관계이론을 근거로 추측해 볼 수 있을 뿐이다.

(1) 큐블러-로스의 죽음의 단계

① 부정과 고립

큐블러-로스에 의하면 죽음에 이르는 질병에 걸렸다는 것을 처음 알았을 때 나타나는 공통적인 반응이 부정 또는 고립(denial and isolation)이다. 대부분의 사람들이 "자신에게는 절대 일어날 리 없는 일"이라고 여기고 진단이나 결과가 잘못되었다고 부인한다. 여기서 부정은 충격을 완화시키기 위한 전환적 방어의 한 형태이다.

② 분노

죽음에 임박한 사람은 죽음을 부정하는 것이 더 이상 소용없다는 것을 깨닫게 된다. 그러면서 분노(anger)를 느끼고 표현한다. 생각과 감정과 정서가 "하필이면 내가 왜 죽어야 하는가"에 초점이 맞춰지기 때문이다. 분노단계에 있는 사람에게는 섣부르게 위로나 고통을 이해한다 등의 표현을 해서는 안 된다.

③ 타협

타협(bargaining)단계에서는 죽음이 연기되거나 늦추어질 수 있다는 자그마한 희망을 가지게 된다. 이 단계에서 환자는 생명을 단지 몇 주, 몇 달, 몇 년을 연장하려고 노력한다. 그러나 이내 그 희망이 부질없다는 것을 깨닫게 된다.

④ 우울

우울(depression)단계에서 환자는 자신의 죽음을 확실하게 받아들이기 시작한다. 죽음에 이르는 구체적인 증상이 심해지면서 우울과 예비적인 슬픔이 나타나기도 한다. 이 단계에서는 임박한 죽음에 대하여 슬퍼하고 우울해 하는 것이 필요하기 때문에 무조건적인 격려와 위로는 피하는 것이 좋다.

⑤ 수용

수용(acceptance)단계에서 환자는 죽음을 수용하고 혼자있고 싶어 한다. 감정이 결여된 상태이고 신체적 통증과 불편이 일시적으로 없어지기도 한다. 죽음의 불가피함을 받아들인 자기 자신과 진정으로 타협할 수 있다. 자기 자신과 가족, 미워했던 사람에 대한 진정한 용서가 이 단계에서 나타나는 경우가 많다.

(2) 패티슨의 '삶에서 죽음에 이르는 단계'

패티슨(Pattison)은 생애궤도(trajectory of life)를 "기대하는 생애주기와 인생을 살아가는 방식에 대한 계획을 수립하는 것"이라고 정의하였다. 패티슨은 인간이 기대했던 것보다 빠르게 죽게 된다는 것을 인식하기 때문에 생애궤도는 수정되어야만 한다고 주장하였다. 패티슨은 실제로 죽는 시기와의 시간 간격을 '삶과 죽음의 간격(living-dying interval)'이라고 불렀다. 삶과 죽음의 간격에는 급성, 만성, 말기 단계가 있다.

① 급성단계

죽음에 이르는 질병에 걸렸다는 사실을 알게 된 환자들은 가장 심각한 위기에 부딪히게 된다. 너무 빨리 죽게 된다는 것과 희망했던 것을 성취하지 못하게 될 것이라는 사실 때문에 과도한 두려움과 스트레스를 느낀다. 이 단계에서 상담자는 정서적인 지지가 필요하고 환자들이 죽음을 이성적으로 수용할 수 있도록 도와야 한다.

② 만성단계

만성적 위기 단계에서는 죽음의 두려움을 직면하기 시작한다. 외로움, 고통, 사랑하는 사람과의 이별 등이 표면화된다. 이 단계에서는 죽음과 인생에 대한 시각과 죽음에 대한 두려움 등을 이야기하게 하면서 불안과 두려움을 경감시키는 것이 효과적이다.

③ 말기 단계

말기 단계에서는 좋아질 것이라는 희망을 철회하고 더 나빠지게 된다는 사실을 깨닫는다. 이 단계에서는 환자의 성격이 내성적으로 바뀌어 가고, 사람들과 거리를 두려고 한다. 그러나 모든 사람들이 동일한 반응을 보이는 것은 아니다.

(3) 슈나이더의 8가지 애도과정

슈나이더(Schneider)는 죽음에 대한 애도의 과정을 8단계로 설명하였다. 1단계는 상실초기의 자각단계이다. 이 단계에서는 신체적·행동적·정서적·인지적·영적 차원에서 충격, 혼돈, 마비, 이탈, 불신, 지남력 상실 등의 반응을 보인다. 2단계는 버티는 단계이다. 중요한 사람의 죽음을 자각하는 것을 제한하려는 시도인데 일정 기간 동안 죽음과 이별에 대한 긍정적 측면의 사고와 정서에 에너지를 집중하고 내적 자원과 희망을 이용하는 단계이다. 3단계는 놓아줌의 단계이다. 중요한 사람의 죽음에 대한 슬픔과 고통의 한계를 인식하고 비현실적인 목적, 부당한 가정, 불필요한 환상을 버리는 과정이다. 4단계는 상실의 범위에 대한 자각단계이다. 중요한 사람을 상실하면서 의식의 범람, 박탈감, 극도의 슬픔을 경험하는 데 이와 같은 대처가 더 이상 현실을 방어할 수 없다고 느끼는 단계이다. 5단계는 상실에 대한 시각 획득 단계이다. 중요한 사람의 죽음을 수용하고 받아들일 수 있는 시간을 갖는 것이다. 6단계는 상실의 해결단계이다. 상실과 무관한 행동을 추구하면서 슬픔이 해소되는 단계이다. 자기용서, 회복, 헌신, 행동과 신념에 대한 책임감 수용, 일을 마무리하기, 종결을 고하는 단계이다. 7단계는 슬픔의 재구성 단계이다. 중요한 사람의 죽음으로 인한 슬픔이 어느 정도 해결되었을 때 자신의 강점과 한계, 죽음, 한정성 등을 생각하면서 개인성장을 위한 동기와 추진력을 가지는 단계이다. 8단계는 새로운 애착단계로의 전환단계이다. 개인의 신체적·정서적·인지적·행동적·영적 측면이 통합되고, 상실을 이해하고, 수용하는 높은 단계로의 전환과정이다. 물론 전환단계에 이르렀다고 해서 중요한 사람을 상실한 슬픔이 끝나는 것은 아니다. 전환단계에서는 어쩔 수 없는 것에 따르면서 더 개방적인 생각으로 삶에 접근하고, 새로운 힘을 창조하는 에너지를 갖게 되는 것이다(이미현, 2017).

(4) 볼비의 애도단계

볼비(Bowlby)는 애착이론을 근거로 애도단계를 설명하였다. 볼비에 따르면 중요한 사람의 죽음을 경험하면 큰 충격을 받거나 혼란 이외의 다른 감정을 느끼지 못하는 마비상태에 이른다. 처음에는 죽음으로 인한 상실의 의미와 중요성을 이해할 수 없지만, 다음 단계에서는 고인과 다시 연결되고자 하는 깊은 열망을 느끼고 고인의 소지품이나 사진에 집착한다. 사랑했던 사람에 대한 기억이 유가족들의 사고의 패턴이 되기도 한다. 이 단계에서 유가족들은 애착관계의 대상을 잃었다는 현실을 직면하게 된다. 이 단계에서 벗어나면 재조직의 단계로 접어든다. 재조직의 단계에서는 새로운 역할과 고인 없이 살아가야 하는 새로운 기술을 습득한다.

(5) 실버맨과 클라스의 유대관계이론

실버맨과 클라스(Silverman & Claesz)는 사별에 대한 단계이론의 대안으로 지속적인 유대관계이론을 설명하였다. 그들은 사별과정은 상실을 해결하는 과정이라기보다 오랜 기간에 걸쳐 협상하고, 상실의 의미를 재협상하는 과정이라고 주장하였다. 상실은 결코 완전히 해결되지는 않지만 슬픔의 형태나 기능은 시간이 지남에 따라 변하게 되며 자신의 삶에 적응해가면서 상실과 협상하게 된다는 것이다. 그러나 이러한 시기들을 예측하고 구분하는 것은 대단히 어렵다. 또한 모든 사람들이 슬픔을 이기고 건강하게 되기까지 모든 단계의 애도과정을 경험해야 한다는 증거도 없다. 그런데도 애도단계를 이론적으로 제시하는 이유는 죽음과 애도과정에서 발생하는 필수적인 반응을 이해하는 것이 매우 중요하기 때문이다.

함께 읽고 생각하기 죽음에 이르는 몇 가지 징후

- 목에서 나는 가래 끓는 소리: 곧 죽음을 앞둔 이에게서는 가래 끓는 듯한 소리가 난다. 그 소리를 낼 때부터 숨을 거두기까지 걸리는 시간은 평균 16시간이다. 가래 끓는 소리는 무언가를 삼키는 기능이 더는 작동하지 않는다는 징후이기도 하다. 어떨 때는 후두덮개가 기도를 막기도 전에 혀가 침을 뒤쪽으로 분비하기도 하고, 또 어떨 때는 혀가 전혀 안 움직여 분비된 침이 기도를 타고 폐까지 흘러 들어가기도 한다. 들어와선 안 되는 침이 들어온 상태에서도 폐는 계속해서 숨을 쉬려고 하는 데 이때 가래 끓는 듯한 그렁그렁한 소리가 난다.
- 호흡 곤란: 죽음을 앞둔 이가 겪는 호흡 곤란을 뜻하는 'Air hunger'는 임종을 앞둔 이에게서 흔히 나타나는 증상 가운데 하나로 의사들은 통증을 완화해주려고 몇 가지 조처를 한다. 호흡 곤란이 올 때 환자가 통증을 느끼는 이유로 뇌가 명령을 내리는 호흡량과 실제 폐가 들이쉬고 내쉬는 호흡량의 불일치 때문이다.
- 마지막 경련과 불안 증세: 죽음을 앞두고 나타나는 마지막 경련이나 불안, 섬망을 목도한 사람은 다가오는 죽음을 향한 한 인간의 실존적 반응을 보는 것이라 믿곤 한다. 특히 강력한 발작에 가까운 섬망은 몸과 마음이 제구실을 못하게 되는 데 대해 인간이 보일 수 있는 가장 격렬한 저항이라 해도 무방하다. 우리가 세상에 나올 때 자지러지도록 우는 것처럼 누구는 세상을 떠날 때도 목 놓아 울기도 한다(뉴욕타임스, 2017).

2) 사별과 애도

사별(bereavement)은 사랑하는 사람을 죽음으로 상실한 것을 말한다. 사랑하는 사람과 뜻하지 않게 사별하게 되면 상상할 수 없는 슬픔에 잠긴다. 사랑하는 사람의 죽음에서 비롯된 고통이나 상실감의 정도는 쉽게 이해될 수 없다.

노부부에게 사별은 어느 한 사람은 반드시 겪어야 하는 과정이다. 사별을 경험하게 되면 고인에 대한 그리움, 허전함, 죄책감, 극도로 우울한 느낌 등 정신적, 신체적, 사회적, 영적 고통이 수반될 수밖에 없다. 그럼에도 사별의 고통에서 벗어나야 한다. 그 고통에서 벗어나는 과정을 사별의 애도과정이라고 한다. 사별의 애도과정은 개인적이고, 독특한 체험이다. 나타나는 반응도 제각각이다. 사별의 애도과정에서 해결해야 할 과제를 소개하면 다음과 같다.

- 상실을 현실로 받아들인다.
- 슬픔의 고통을 감내한다.
- 사랑하는 사람이 없는 상황에 적응한다.
- 고인과의 감정을 정리하고 다른 사람들과 관계를 시작한다.

노인이 겪는 사별의 유형과 고통

누구나 사랑하는 가족을 상실하면 극심한 고통을 겪는데 나이와 사망원인, 대상에 따라 남겨진 가족들의 슬픔 정도가 조금씩 차이가 난다. 노인들에게 가장 큰 고통을 주는 사별은 배우자 사별과 성인자녀와의 사별이다.

배우자 사별은 노년기 부부에게 가장 큰 스트레스를 유발하는 사건이다. 대개 남성보다 여성노인이 혼자되는 비율이 높다. 배우자 사별을 경험하고 나면 혼자 사는 생활에 적응해야 하는 과제가 생긴다. 사별 이후 1년 정도 지나면 사회참여가 증가되고 정서적으로 안정을 되찾는다. 새로운 역할과 생활양식도 갖게 된다. 가족역할의 재협상이 이루어지고 새로운 취미활동이나 여가에 참여하면서 새로운 사회관계망을 형성하게 된다.

배우자와 사별한 이후 홀로 남은 노인의 경우 노후를 어떻게 살아갈 것인지를 계획해야 한다. 홀로된 이후의 삶에 적응을 돕고, 상실감을 감소시키고, 어떻게 살아갈 것인지에 대한 방법을 생각해 볼 수 있는 장점이 있다.

배우자 사별에 적응은 성별, 연령, 사별에 대한 예측여부 등이 영향을 준다. 여성이 남성에 비해 적응이 용이하다. 가족 간의 강한 유대가 있고, 생애발달과정에서 가족 내의 역할 변동에 직접적으로 관여해 왔기 때문이다. 홀로된 남성은 가족과의 정서적 유대가 여성보다 낮고, 믿을 만한 친구가 있을 가능성은 적은데 건강에 문제가 있을 가능성은 높아서 사별 이후 적응이 어렵다. 또한 연령이 높을수록 사별에 대한 계획과 준비를 할 기회가 많아 낮은 연령대보다 적응이 비교적 쉽다. 배우자가 사망할 것이라는 것을 사전에 알고 있었던 경우가 사별 이후 생활에 적응이 용이하다.

성인자녀의 사별은 노인이 된 부모에게 굉장히 큰 고통이다. 자녀보다 오래 살아남는다는 것은 부모가 기대하는 일이 절대 아니기 때문에 노부모가 성인자녀와의 사별을 받아들이는 것이 매우 어렵다. 성인자녀를 잃는다는 것은 배우자를 잃거나 부모를 잃는 것만큼이나 고통스러운 일이다. 모스(Moss & Moss, 1995)는 성인자녀의 죽음이 노부부에게 주는 부정적인 영향력을 다음과 같이 제시하였다.

- 부모의 세계관 붕괴
- 부모와 자식 사이에 확립된 유대상실
- 부모의 정체성에 대한 위협
- 살아남은 자로서의 강한 죄책감
- 부부관계에서의 불균형과 긴장

3 죽음준비교육

"잘 죽자는 말은 잘 살자는 뜻이다"

죽음준비교육은 죽음을 바르게 이해하고, 삶을 보다 의미 있게 살도록 도와주며, 갑자기 찾아오는 죽음을 편안히 받아들일 수 있도록 준비하는 것을 의미한다. 사람들로 하여금 죽음을 자연스럽게 수용하도록 돕는 것이 목적이다.

죽음준비교육은 '죽음교육(death education)'과 '죽음상담(death counseling)' 영역을 포괄한다. 죽음교육은 죽음과 관련된 지식과 죽음의 가치와 태도를 재정립하는 기회를 제공하는 활동을 말한다. 죽음상담은 자신의 죽음이나 의미 있는 타자의 죽음으로 인한 심각한 상실감으로부터 회복할 수 있도록 원조하는 과정이다.

미국에서는 1960년대부터 죽음에 대한 교육이 시작되었다. 유치원에서부터 초·중·고등학교, 대학교에 이르기까지 죽음에 대한 강좌를 교과과목으로 가르치고 있다. 평생교육 차원에서도 교육하고 있다. 일본에서는 1980년부터 죽음학을 정식강좌로 채택했다. 우리나라에서는 2007년 '삶과 죽음을 생각하는 회'에서 죽음준비교육이 시작되었다.

1) 죽음준비교육의 필요성

죽음준비교육은 모든 연령층에게 필요하다. 최근에는 죽음준비교육이 시행되는 곳이 늘고, 죽음준비가 사회적 이슈로 부각되고 있지만 과거에는 죽음에 대해 말하는 것조차 금기시되었던 것이 사실이다. 이와 같이 죽음을 회피하는 문화의 영향으로 죽음을 준비해야겠다는 의식이나 죽음을 준비하는 구체적인 정보나 지식이 없었다.

특히 인생의 마지막 단계에 있는 노인들에게는 죽음이 직접적인 문제이기 때문에 많은 두려움을 갖게 된다. 따라서 노인들에게 죽음에 대한 두려움을 감소시키고, 남아 있는 삶을 풍성하고 충실하게 살아갈 수 있도록 돕는 죽음준비교육이 필요하다. 남아 있는 가족들을 위한 행정적, 법적 책무를 제대로 실행하기 위해서도 필요하다. 죽기 전에 화해와 용서를 하기 위해서도 죽음준비교육이 필요하다.

죽음은 만남을 기약하지 못하는 이별이다. 아내나 남편, 자식이나 부모, 사랑하는 친구와 연인과의 관계를 단절하고 떠나야 한다. 서로 위로하고 평화를 나누면서 감사와 행복을 공유할 수 있는 이별을 준비하지 않으면 안 된다. 의식이 있고 마음과 몸이 성할 때 화해와 용서를 해야 한다. 사랑하기 때문에 겪는 슬픔과 행복감은 간직하면 그만이다. 그러나 원한은 그렇지 않다. 살면서 서로 미워하고, 질시하고, 배신했던 일을 안고 죽을 수는 없다. 더 이상 화해할 수 있는 길이 없기 때문이다. 유기체가 살아오면서 서로 주고 받은 상처를 고백하고 화해와 용서를 해야 한다.

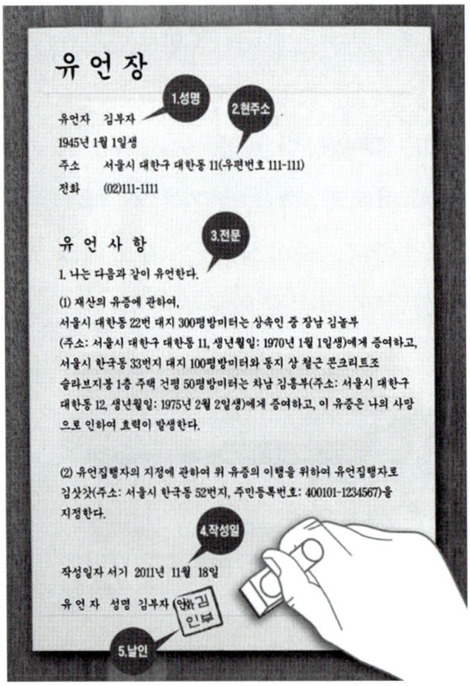

유언장

유언자 김부자
1945년 1월 1일생
주소 서울시 대한구 대한동 11(우편번호 111-111)
전화 (02)111-1111

유언사항

1. 나는 다음과 같이 유언한다.

(1) 재산의 유증에 관하여,
서울시 대한동 22번 대지 300평방미터는 상속인 중 장남 김놀부 (주소: 서울시 대한구 대한동 11, 생년월일: 1970년 1월 1일생)에게 증여하고, 서울시 한국동 33번지 대지 100평방미터와 동지 상 철근 콘크리트조 슬라브지붕 1층 주택 건평 50평방미터는 차남 김흥부(주소: 서울시 대한구 대한동 12, 생년월일: 1975년 2월 2일생)에게 증여하고, 이 유증은 나의 사망으로 인하여 효력이 발생한다.

(2) 유언집행자의 지정에 관하여 위 유증의 이행을 위하여 유언집행자로 김삿갓(주소: 서울시 한국동 52번지, 주민등록번호: 400101-1234567)을 지정한다.

작성일자 서기 2011년 11월 18일

유언자 성명 김부자 (인)

죽음준비교육의 필요성

- 죽음을 승인하기 위하여
- 죽음을 이해하기 위하여
- 죽기 전에 책무를 다하기 위하여
- 화해와 용서를 실천하기 위하여

2) 노인 죽음준비교육의 목적

노인은 자신이 죽음이 임박했다는 것을 알고 있는 동시에 지금-여기에서의 일상이 이어지리라고 생각한다. 이러한 불균형한 정서적 긴장은 노인들을 불안과 초조, 분노와 절망에 빠지게 만들기도 한다. 노인들은 이러한 정서적 긴장상태의 원인이 죽음에 대한 두려움 때문이라고 명시적으로 지칭하지 않는다.

죽음준비교육은 노인들이 죽음에 대해 솔직하게 논의할 수 있도록 돕는다. 그것이 죽음준비교육의 첫 번째 목적이다. 죽음이 두렵지 않은 사람은 아무도 없다. 죽음을 피하고 싶다고 생각하지 않는 사람도 없다. 그러나 어느 누구도 죽음을 피할 수 없다. 따라서 노인들이 솔직하게 죽음에 대한 생각과 인식, 정서와 느낌 등을 이야기하면서 죽음을 회피하지 말고 직면해 볼 필요가 있다.

또한 죽음준비교육은 노인들이 죽음을 이해하도록 돕는다. 그것이 죽음준비교육의 두 번째 목적이다. 죽음이 무엇인지 알고, 자신의 죽음을 이야기할 수 있다면 삶도 죽음도 훨씬 더 밝아질 것이다. 노인들은 오랜 세월을 살면서 많은 사람들의 죽음을 경험했고, 죽음에 대해 고뇌하면서 나름대로 죽음을 수용하고 있다. 철학, 문학, 종교에서 경험이 죽음에 대한 지혜들이 가득하다. 그 죽음에 대한 지혜를 바탕으로 죽음을 어떻게 인식하고 느끼고 있는지를 꺼내놓게 하면 노인들 스스로 죽음을 이해하게 된다.

3) 죽음준비교육의 효과

죽음준비교육은 죽음을 어쩔 수 없이 받아들여야 하는 암울한 숙명이 아니라 스스로 준비하고 맞이할 수 있다는 자신감을 갖게 해준다. 죽음준비를 어떻게 하느냐에 따라 죽음이 축복이 될 수도 있고 그렇지 않을 수도 있다는 사실을 노인들 스스로 발언하게 된다면 그들의 삶이 훨씬 더 밝아지고 따뜻해질 것이다. 죽음에 대한 불안과 초조가 그만큼 사그라질 것이다. 죽음준비교육의 구체적인 효과는 다음과 같다.

(1) 죽음의 공포를 완화시킨다

죽음준비교육의 가장 큰 효과는 죽음의 공포를 완화시키는 것이다. 죽음 그 자체를 체험적으로 알 수는 없지만 죽음과 삶의 의미를 통찰할 수는 있다. 무의식중에 억압하고 있던 죽음에 대한 공포를 의식화하면서 죽음의 공포를 완화시킬 수 있다.

(2) 죽음과 친숙해진다

죽음준비교육을 받으면서 죽음에 대해 사색하고 죽음에 대한 글을 읽는 등 여러 활동을 하면서 무의식적으로 죽음과 친숙해진다. 처음에는 불안하고 두렵지만 계속 접하다 보면 친숙해지고 불안감이 사라지기 마련이다.

(3) 변화의 원칙을 이해하게 된다

죽음준비교육을 받으면서 일생이 변화의 연속임을 깨닫고 죽음도 하나의 변화 과정이라는 것을 인지하게 된다. 인간은 일생동안 무수한 변화를 거치면서 어른이 되고 노화한다. 이러한 변화 과정의 연장이 바로 죽음이라는 것을 수용하게 되면 죽음에 대한 공포가 완화된다.

(4) 영원한 생명에 대한 희망이 생긴다

영원한 생명에 대한 희망은 죽음의 공포를 극복하는 가장 강력한 도구이다. 종교적인 의미뿐만 아니라 죽음이 끝이 아니고 영원한 생명이 있다는 것을 인지하는 것 자체가 노인들이 죽음불안과 공포에서 벗어나는 데 큰 도움이 된다. "사람이 죽으면 어떻게 되는가?"에 대한 궁극적인 대답이 되기 때문이다. 죽는다고 해서 모든 것의 끝이 아니라는 것을 인식하게 되면 삶과 죽음에 대한 태도가 완전히 달라진다.

4 죽음준비교육의 실제

성공적인 죽음준비교육을 위해서는 노인들 스스로 자신의 인생을 돌아보면서 삶과 죽음의 의미를 되새겨 보는 기회를 제공하는 것이 효과적이다. 그 방법으로는 자서전 쓰기가 좋다.

자서전은 한 개인의 일생의 사적(史蹟)을 적은 기록이다. 자기가 쓴 자신의 전기를 '자서전'이라고 한다. 자서전은 개인적인 역사 회고를 바탕으로 다가올 미래와 여생을 계획하기 위한 좋은 길잡이가 된다.

자서전은 화려하고 좋은 이야기로 구성될 필요는 없다. 개인의 희로애락이 어우러진 삶 자체가 녹아 있으면 된다. 자신이 주인공이며, 고유하고 독특한 삶이었다는 것을 발견하는 것이 중요하다. 자서전은 개인적 차원만이 아니라 사회·문화적인 조건에 대한 해석도 가능하게 한다. 자서전을 쓰는 방법은 다음과 같다.

1) 자서전 쓰기

① 자서전 쓰기 주제를 정한다(인생의 주제 정하기).
② 어떤 순서로 진행할지 설계한다(시간, 장소, 주제에 따라).
③ 즐거웠던 일, 슬펐던 기억, 아쉬웠던 경험 작성(사진을 활용하기도).
④ 좋았던 일과 아쉬운 일에 대해 허심탄회하게 표현하기.
⑤ 자서전을 쓴 소감을 적고 이야기한다.

2) 사진으로 쓰는 자서전

<table>
<tr><td>주제</td><td colspan="2">사진으로 쓰는 자서전</td><td>소요시간</td><td>90분</td></tr>
<tr><td>목표</td><td colspan="4">1) 삶을 돌이켜보고 기억에 남는 추억을 사진으로 정리한다.
2) 잊고 지냈던 소중한 삶을 발견하고 남은 삶의 의미를 새롭게 한다.
3) 사진으로 삶을 정리하면서 가족의 소중함과 자신의 중요함을 인식한다.</td></tr>
<tr><td>준비물</td><td colspan="4">기억에 남는 사진 50장(어린시절, 청년기, 장년기, 중년기, 노년기)</td></tr>
<tr><td rowspan="3">진행과정</td><td>도입</td><td colspan="3">1) 건강박수치기
2) 즐거운 노래를 부르면서 분위기 조성</td></tr>
<tr><td>전개</td><td colspan="3">1) 인생의 사계절에 해당되는 사진을 소개한다.
• 20대까지: 부모님의 아름다운 추억을 소개한다.
• 20대(청년기)부터 40대(장년기)까지
• 40~65세 전까지: 경로우대증이 나오기 전(중년기)까지
• 65세부터: 경로우대증이 나온 후(노년기)부터의 삶
• '가장 좋아하는 나의 모습' 한 장을 소개한다.

2) 참여자들이 돌아가면서 준비해온 사진을 소개한다.
• 발표하는 사람이 편안하고 부드러운 분위기에서 발표를 할 수 있도록 잔잔한 음악을 들려준다.
• 듣는 사람들은 발표하는 사람이 허심탄회한 마음으로 발표를 할 수 있도록 경청한다.
• 타인의 삶을 통하여 사람을 이해할 수 있는 열린 마음이 생기도록 한다.
• 삶은 각자가 아름답고 귀하다는 것을 이해하고 격려한다.
3) 삶에서 좋았던 기억을 회상함으로써 풍성하고 건강한 삶을 살 수 있도록 격려한다.
• 가장 의미있는 사진에 제목을 정하고 소개한다.
• 사진을 보면서 아쉬움이 있는 사진이 있다면 그 사연을 나눈다.</td></tr>
<tr><td>마무리</td><td colspan="3">• 오늘 프로그램에 대한 소감을 나눈다.
• 다음 주 프로그램에 대한 소개
• '나는 행복하다'라는 말을 크게 외치면서 한바탕 웃고 마무리</td></tr>
</table>

3) 유언장쓰기

∞ 이것은 미리 쓰는 유언장의 기본 형식입니다.
∞ 이 외에도 자유롭게 남기고 싶은 이야기를 쓰시면 됩니다.
∞ 반드시 자필로 기록하시고 도장을 찍으셔야 법적으로 유효합니다.
∞ 성명, 주민등록번호, 주소, 작성 연월일, 장소는 필수 기입사항입니다.
(* 표시 항목은 필수입니다.)

* 성명: (*도장)
* 주민등록번호:
* 생년월일:
* 주소:
* 작성일: 년 월 일 / * 작성 장소:

Ⅰ. 사랑하는 사람들에게 드리는 말씀

1. 나의 배우자에게

2. 자녀들에게

3. 친구, 친지들에게

4) 죽음에 대한 인식확인하기

내 삶의 남은 시간이 ( ) 뿐이라면

우선순위	하고 싶은 일
1	
2	
3	

내 삶의 남은 시간이 ( ) 뿐이라면

우선순위	하고 싶은 일
1	
2	
3	

내 삶의 남은 시간이 ( ) 뿐이라면

우선순위	하고 싶은 일
1	
2	
3	

5) 나의 장례식 체크리스트

1. 1) 장례식을 하겠다. (　　　　)
   2) 장례식을 하지 않겠다. (　　　　)

2. 장례식의 형식은
   1) 전통적인 예식으로 하기를 원한다 (　　　　)
   2) 나의 종교인 ______________식으로 하기를 원한다. (　　　　)
   3) 내 장례식에는 조문객이 검은 상복을 입지 않고 평상복으로 와주었으면 한다. (　　　　)
   4) 가족이 원하는 대로 해도 상관없다. (　　　　)
   5) 기타 ______________

3. 1) 영결식을 하기를 희망한다. (　　　　)
   2) 영결식은 필요없다고 생각한다. (　　　　)

4. 1) 장례식은 간소하게 가족과 가까운 친지, 친구와 하고 싶다. (　　　　)
   2) 최대한 성대하게 치르고 싶다. (　　　　)

5. 장례식의 장소는
   1) ______________장례식장 (　　　　)
   2) ______________성당 (　　　　)
   3) 집 (　　　　)
   4) 기타 ______________에서 하기를 희망한다.

6. 장례식 때 수의는
   1) 준비되어 있다. (　　　　)
   2) 평소 입던 옷 중 가장 잘 어울리는 옷을 입었으면 한다. (　　　　)
      ↳ 구체적으로 ______________
   3) 가족의 선택에 따르겠다. (　　　　)
   4) 기타 ______________

7. 1) 관 등의 용품은 화려하고 값비싼 것으로 하지 않기를 희망한다. (　　　　)
   2) 최대한 좋은 것으로 했으면 한다. (　　　　)
   3) 기타 ______________

8. 영정사진은
   1) 준비되어 있다 (　　　　)　　　　2) 아직 준비되지 않았다 (　　　　)

9. 장례식에서 특별히 원하는 것을 적어보십시오.
   1) 제단 장식 또는 헌화에는 내가 좋아하는 ________________꽃을 사용하기를 희망한다.
   2) 좋아하는 음악을 틀어 주었으면 한다.
      ↳ 구체적으로 ________________________________
   3) 영결식에서 틀어주었으면 하는 동영상이 준비되어 있다.
   4) 관에 함께 넣었으면 하는 것은 ____이다.
   5) 장례식에 오신 분들께 답례를 한다면 어떤 방식으로 하기를 원하십니까?
      ____
   6) 그밖에 원하는 것은?
      ____

10. 장례 후
   1) 매장하겠다.　　　(　　　　)
      선산으로 가겠다. (　　　　)
      _____________ 공원묘지로 가겠다. (　　　　)
      아직 준비하지 않았으므로 가족의 선택에 따르겠다. (　　　　)
   2) 화장하겠다. (　　　　)
      ________________봉안당(납골당)으로 가겠다. (　　　　)
      수목장을 하겠다. (　　　　)
      해양장을 하겠다. (　　　　)
      기타 ________________________________
      준비하지 않았으므로 가족의 선택에 따르겠다. (　　　　)

11. 장례비용은
   1) 준비되어 있다면(구체적으로 비용까지)
      장례보험
      예금
      상조회 가입
   2) 준비되어 있지 않다 (　　　　)

함께 읽고 생각하기

웰다잉 실천한 그들의 마지막 순간

미국의 경제학자이자 사회운동가였던 스콧 니어링(1883~1983)은 죽음을 두려워하지 않았다. 그는 필요 이상의 치료를 거부했다. 니어링은 몸에 이상이 생기자 스스로 곡기를 끊고 딱 100세가 되던 해 세상을 떠났다. 그는 시신에 작업복을 입힌 후 침낭 속에 넣어 화장해 달라고 부탁했다. 남은 재는 자신이 살던 집 근처의 나무 밑에 뿌려 달라는 말을 남겼다.

2009년 선종한 김수환 추기경도 무의미한 생명연장 치료에 반대했다. 생명을 소중히 여기는 가톨릭에서 김 추기경의 연명치료 반대는 논란이 있을 수도 있었다. 의료진은 연명치료 중단을 머뭇거렸다. 그러나 김 추기경의 의지가 확고했기 때문에 정진석 추기경이 연명치료 중단의사를 공증했다.

법정(1932~2010) 스님도 "살아 있는 모든 것은 때가 되면 생을 마감한다"며 연명치료를 거부했다. 그는 소탈하게 피안(彼岸)으로 갔다. 법정 스님은 "관을 짜지 말고 승복이면 족하니 수의를 입히지도 말고, 삼일장도 하지 말고 지체 없이 화장하라"고 했다. 법정스님은 또 "사리를 찾지 말고 탑도 비도 세우지 말라. 내 것이라고 하는 것이 남아 있다면 모두 맑고 향기로운 사회 구현 활동에 사용해 달라. 일절 장례의식을 행하지 말고 관과 수의를 마련하지 말라" 고 했다. 베스트셀러 〈감옥으로부터의 사색〉을 저술한 신영복(1941~2016) 성공회대 교수는 감옥에서 그랬던 것처럼 죽음에 주눅 들지 않았다. 지난해 흑색종의 피부암을 치료하다 상태가 악화되자 퇴원해 집에서 임종을 맞았다. 그는 마지막 10여 일간 곡기를 끊었다. 마지막까지 의식이 있었고 밝은 표정으로 세상을 떠났다고 전해진다.

소설가 박경리(1926~2008)는 임종하던 해 5월 〈버리고 갈 것만 남아서 참 홀가분하다〉 라는 시집을 냈다. 박경리는 마지막 순간까지 펜을 놓지 않았고 39편의 시를 모아 책을 엮었다. 시집에 수록된 '옛날의 그집'은 이렇게 끝을 맺는다.

'모진 세월 가고/ 아아 편안하다 늙어서 이리 편안한 것을/ 버리고 갈 것만 남아서 참 홀가분하다'. 최종현(1926~1998) 전 SK 회장도 연명치료를 받지 않았다. 그는 수술 이후 폐암이 재발하자 항암제와 방사선 치료 등을 거부하고 자택으로 돌아왔다. 기능이 좋아진 신제품 항암제가 나왔으니 써 보라는 의료진의 권고를 거부했고 명상을 하면서 생의 마지막 6개월을 보냈다. 가끔 통증 완화제를 맞고 기호흡을 통해 통증을 조절하는 정도였다.

퇴계 이황(1501~1570)도 품격 있게 떠났다. "퇴계는 1570년 12월 자제들에게 명하여 다른 이들의 서적을 기록해 돌려보내게 했다. 제자들에게 퇴계는 '평소 그릇된 식견으로 종일 강론한다는 것도 역시 쉽지 않았소'라고 하고 이날 아침 화분의 매화에 물을 주라 하고 유시 초 누운 자리를 정돈하게 하고는 일어나 앉아 편한 듯이 운명했다"(〈해동잡록〉).

싱가포르를 일류 국가로 올린 리콴유(李光耀·1923~2015) 전 총리는 두 달 가까이 폐렴으로 입원했지만 항생제 치료만 받았을 뿐 연명치료는 받지 않았다. 리 총리는 이미 2013년 자서전에서 무의미한 연명치료 거부의사를 공개했다. 그는 "내가 움직이지 못하고 인공 튜브로 연명하게 되면 의사들은 나를 떠나도록 허용해야 한다"고 밝혔고 이런 사전 의료지침을 의사와 변호사까지 서명한 공식 문서로 만들었다(중앙선데이, 2017).

고명한 외(2014). 올 댓 음악치료사. 서울: 학지사.

고화정(2013). 한국 은퇴자 유형화 연구. 이화여자대학교대학원 박사학위논문.

국민건강보험관리공단 http://www.nhic.co.kr

권두승·조아미(2011). 성인학습 및 상담. 서울: 교육과학사.

권석만·민병배(2008). 노년기 정신장애. 서울: 학지사.

권육상(2005). 최신노인복지론. 서울: 유풍출판사.

권중돈(2012). 노인복지론. 서울: 학지사.

기영화(2011). 노인교육의 실제. 서울: 학지사.

김남원(2017). 은퇴인식, 노후생활 인식, 은퇴준비 행동, 은퇴만족도 예측 간의 구조관계 분석. 전주대학교 일반대학원 박사학위논문.

김동배 외(2005). 인간행동이론과 사회복지실천. 서울: 학지사.

김미혜·신경림(2005). 한국노인의 성공적 노후척도개발에 관한 연구. 한국노년학, 25(2), 35-52.

김민순(2017). '노인 10명 중 3명 '마음의 병'… 우울한 노년'. 세계일보, 2017년 10월 31일, A16면.

김선희 외(2004). 노인학대 전문상담. 서울: 시그마프레스.

김유숙(2015). 가족상담. 서울: 학지사.

김윤종(2017). '몇세부터 '노인'일까… 시민 생각 들어보니 국민 48%가 "70세 넘어야 노인"'. 동아일보, 2017 2월 13일. A13면.

김영경(2008). 노인상담의 첫 걸음. 서울: 시그마프레스,

김창대 외(2011). 상담 및 심리교육 프로그램 개발과 평가. 서울: 학지사.

김태현(1997). 노년기 부부의 상호 간 지지와 역할공유 및 결혼적응에 관한 연구. 한국노년학, 17(2), 167-182.

김혜경 외(2006). 가족복지론. 경기: 공동체.

김희수·이은숙(2014). 노인상담의 이해. 경기: 양서원.

김희수·홍성훈·이은숙(2009). 노인상담의 이해. 경기: 양서원.

데이비드 보차드·패트리샤 도노호(2012). 은퇴의 기술. 서울: 황소걸음.

박상욱(2009). 레크리에이션메뉴얼. 서울: 태화원.

박재간 외(2006). **노인상담론**. 경기: 공동체.

배정원(2017). '다가온 100세 시대… 무형자산 늘려라', 조선일보. 2017년 2월 18일 C7면.

설순호(2016). **노년기 정신장애**. 서울: 학지사.

성호준(2017). '죽음은 옮겨감에 불과, 존중받으면서 가고 싶다'. 중앙선데이, 2017년 2월 5일, 7면.

심현섭 외(2012). **의사소통장애의 이해**. 서울: 학지사.

안용성(2017). '다가온 인구절벽…50년 뒤 한국 일할 사람 없다'. 세계일보. 2017년 1월1일. A16면.

안준용·석남준·박상기(2016). **치매, 이길 수 있는 전쟁**. 서울: 비타북스.

윤영선·윤석윤· 최병일(2015). **은퇴자의 공부법**. 서울: 어른의 시간.

윤찬중·명봉호(2008). **노인여가와 치료레크리에이션**. 인천: 진영사.

이미현(2017). 아버지를 사별한 청소년 자녀의 적응경험. 전주대학교 일반대학원 박사학위논문.

이병권(2015). **100세 시대, 행복한 노후를 위한 든든한 은퇴설계**. 서울: 새로운 제안.

이신숙·이경주(2002). 노인의 일상적 스트레스, 사회적 지지, 심리적 적응에 관한 연구. 한국노년학, 22(2), 1-20.

이은희(2007). **노인학대 연구**. 경기: 한국학술정보.

이장호·김영경(2013). **노인상담: 경험적 접근**. 서울: 시그마프레스.

이장호, 최승애(2014). **노인상담연습**. 경기: 법문사.

이장호·김현아·백지연(2011). **상담심리 가이드북**. 서울: 북스힐.

이장호 외(2013). **노인상담의 실제**. 경기: 법문사.

이호선(2012). **노인상담**. 서울: 학지사.

임성관(2017). **노인을 위한 독서치료**. 서울: 시간의 물레.

원영희 외(2015). **노인복지상담**. 경기: 공동체.

전영수(2013). **은퇴위기 중년보고서**. 서울: 고려원북스.

정여주(2010). **노인미술치료**. 서울: 학지사.

정종화 외(2014). **동료상담의 이론과 실제**. 경기: 공동체.

정호옥(2011). **희망은 나이 들지 않는다**. 서울: 비전과 리더십.

콜레트 메나주 저, 심영아 역(2013). **노년예찬**. 서울: 정은문고.

피터G, 피터슨(2002). **노인들의 사회 그 불안한 미래**. 서울: 에코리브르.

한국노년학포럼(2010). **노년학척도집**. 서울: 나눔의 집.

한국노년학회(2000). **노년학의 이해**. 대영문화사.

한규량(2011). **노인복지 상담이론과 실제**. 서울: 대한출판.

한정란(2001). **교육노년학**. 서울: 학지사

현외성 외(2011). **노인상담론**. 서울: 창지사.

홍주연(2000). 성격과 자아통합감이 노인 회상 기능에 미치는 영향. 이화여자대학교대학원 박사학위논문.

Daniel L, Segel, Sara H, Qualls, Michael A, Smyer 저, 홍주연 역(2016). **노인정신건강과 노인상담**.서울: 학지사.

Anderson, B. L., Kiecolt-Glaser, J. K., & Glaser, R.(1994). *A Biobehavioral Model of Cancer Stress and Disease Course*. American Psychologist, 49, 389-404.

Atchley, R. C.(1989). *A Continuity Theory of Normal Aging*. The Gerontologist, 29, 183-190.

Baer, R. A.(2003). *Mindfulness Training as a Clinical Intervention: A Conceptual and Empirical Review*, Clinical Psychology: Science and Practice, 10(2), 125-141.

Bengtson., V. L., Elisabath, O. B. & Tonya, M. P.(1997). *Theory, Explanation, and Third Generation of Theoretical Development in Social Gerontology*. Journal of Gerontology, Social Sciences, 52B(2), 72-88.

Collings, P.(2001). *If You Got Everything, It'S Good Enough: Perspectives on Successful Aging in a Canadian Inuit Community*. Journal of Cross-Cultural Gerontology, 16, 127-155.

Diener, E.(1984). *Subjective Well-being*. Psychological Bulletin, 95(3), 542-575.

Elkin, I., Shea, T. Watkins, J. Imber, S. D., Sotsky, S. M., Collins, J. F., Glass, D. R., Pilkonis, P. A., Leber, W. R., Docherty, J. P., Fiester, S. J., & Parloff, M. B.(1989). *NIMH Treatment of Depression Collaborative Research Program, I: General Effectiveness of Treatments*. Archives of General Psychiatry, 46, 971-982.

Fisher, B. J.(1995) *Successful Aging, Life Satisfaction, and Generativity in Later Life*. International Journal Aging and Human Development, 41(3), 239-250.

Hollon, S. D., DeRubeis, R. J., Evans, M. D., Wiemer, M. J., Garvey, M. J., Grove, W. M., & Tuason, V. B.(1992). *Cognitive Therapy and Pharmacotherapy for*. Depression. Archives of General Psychiatry, 49, 774-781.

Levinson, D. J.(1986). *A Conception of Adult Development*. American Psychologist, 41, 3-13.

SARA MANNING PESKIN, M.D. 'The Symptoms of Dying'. 뉴욕타임스, 2017년 6월 20일.

Murphy, C.(1983). *Age-related Effect on Threshold Psychophysical Function, and Pleasantness of Menthol*. Journal of Gerontology, 38, 217-222.

Myers, J. E.(1990) *Aging: An Overview for Mental Health Counselors*. Journal of Mental Health Counseling, 12, 245-259.

Jarvik, L. F.(1976). Aging and depression: Some unanswered questions. Journal of Gerontology, 31, 324-326.

Katzman, R.(1987). *Alzheimer's Disease: Advances and Opportunities*. Journal of American Geriatrics Society, 35, 69-73.

Pedersen J. B.(2007) *Sexuality and Aging*, Clinical Geropsychology., 2007, p.141.

Kessel, B., *Sexuality in the Older Person(commentaty)*, Age and Ageing, 2001(30), pp.121-124.

Vaillant, G. E.(2002). *Aging Well*. Brown and Company.

저자소개

장선철

현) 전주대학교 사회과학대학 상담심리학과 교수

상담심리학, 진로상담, 특수아동상담, 집단상담, 현대인의 정신건강, 건전한 성격론, 교육심리학, 인간의 이해, 사회변화와 직업세계 등 30여 권의 저서와 수십 편의 논문 발표

김남원

전주대학교 상담심리학 박사

현) 전주대학교 교육대학원 상담교육전공 객원교수

전주비전대학교 사회복지경영과 외래교수

서울 용산노인종합복지관, 서울 온누리교회, 서울 신일교회, 군포시 청소년쉼터 하나로, 전라북도 경찰학교, 익산 노인종합복지관, 군산 노인종합복지관 등에서 노인특강 및 노인상담 프로그램 진행

21세기 행복학(공저, 태영출판사) 저서와 은퇴인식, 노후생활 인식, 은퇴준비행동, 은퇴만족도 예측 간의 구조관계 분석(2017), 은퇴 및 노후생활 인식과 은퇴준비 행동 및 은퇴만족도의 관계(2016), 은퇴 및 노후생활 인식, 은퇴준비 행동, 은퇴만족도 사이에서 경제적 은퇴준비 상황의 조절효과(2016), 회상집단상담이 노인의 자아통합감 및 생활만족도에 미치는 효과(2010) 논문 발표

노인상담

초판 1쇄 인쇄 / 2018년 2월 20일
초판 1쇄 발행 / 2018년 2월 25일

•

공저자 / 장선철 · 김남원
발행인 / 이　　중　　수
발행처 / **동　　문　　사**

•

서울특별시 서대문구 홍제원 1길 12
(홍제동 137-8)
Tel: 02)736-3718(대), 736-3710, 3720
Fax: 02)736-3719
등록번호: 제9-17호
가격: 18,000원

•

ISBN: 978-89-8251-959-8(93330)
E-mail: dong736@naver.com
www.dongmunsa.com